U0031411

清點
每一個人
THE SUM
OF THE PEOPLE

How the Census Has Shaped Nations,
from the Ancient World to the Modern Age

ANDREW WHITBY

安德魯・惠特畢——著　　周宜芳——譯

獻給安娜——有些事物無法量化

摩西和以利亞撒祭司就在約旦河邊、耶利哥對面的摩押平原對以色列人說:「你們要按照耶和華的吩咐統計二十歲以上的男子。」

　　　　　　　　　　——《聖經》〈民數記〉二十六章,三至四節
　　　　　　　　　　　　　　　　（當代譯本修訂版）

---

†　為求閱讀理解順暢,本書將視上下語意選用當代譯本修訂版《聖經》段落,其餘未特別標注之處皆採用和合本《聖經》。

CONTENTS

人口統計，大有關係

　　約旦河西岸北端的法庫阿（Faqqu'a）村莊外，穆罕默德・阿塔里（Mohammed Atari）站在一座橄欖樹園一方舒爽的蔭涼裡。他告訴我們，這些是古羅馬時代的樹——這是個驚人的宣告，不過那節瘤錯結、要兩或三臂才能合抱的樹幹都是明證。穆罕默德身穿黑色上衫、兩截褲，頭包著黑棕雙色的阿拉伯頭巾，還戴了一頂寬邊布帽。他眼睛盯著我們那些拖著長長的隊伍步下山坡、朝我們走來的團員，隨著團員走近，他默默點算著人頭。他伸出右手的中指和食指，兩兩數算停歇樹間的人。我們總共有十八個人：十四名瑞士遊客加上他們的瑞士導遊；我這個來自澳洲的闖入者；穆罕默德，他是巴勒斯坦人；還有他的同事阿梅德（Ahmed），也是巴勒斯坦人，他領著一匹驢子，名叫「卡西米羅」（Casimiro）。

　　在我們前頭走了一天的是另一個更大的團體，三十個挪威人。他們的導遊涅達爾（Nedal）清點人數的方式不是直接一個個點算。他把團員分成六組，每組五個人；他們一停下來，每一組有多少人一目瞭然，馬上便可確認有沒有人走丟。這個有效率的程序有其必要，因為他們會經常停下來唱聖歌或讀經文，這點和我們不同。這群挪威人是朝聖者，至於瑞士人，多半只是一般觀光客（不過是勇敢無懼的那種），來這裡是為了觀賞風景，體驗文化和歷史，還有親身經歷徒步旅行。

穆罕默德和涅達爾分別用自己的方法小心看管著各自的團體。我們走的路線都是「聖誕之路」（the Nativity Trail）：這是一條長途步行的路線，從以色列的拿撒勒（Nazareth）到約旦河西岸的伯利恆（Bethlehem），我們的導遊可不希望我們走散了。現代劃定的分界線貫穿這片古老的土地，但並非全都看得出來：它們是一場未解決的衝突所留下來的傷口，遲遲沒有癒合。

但是，在今天，橄欖樹下一片祥和。陽光閃耀，路面相當平坦，易於步行。穆罕默德帶的這團快樂又自如，這是他們此行想要的。我對此處的興趣卻不同。雖然這群愛冒險的瑞士退休人士好心地收容了我，但那群虔誠的挪威團引起我更強烈的共鳴。儘管宗教不是我的動機，我也在此展開了一趟朝聖之旅。

那時， 凱撒奧古斯都頒下諭旨

·

一九九一年，我五年級，我父母把我轉到一所頗負盛名的聖公會學校。我們家不是特別虔誠的宗教家庭，但這是一所好學校，我很快就習慣了每週進禮拜堂敬拜的節奏。在校第一年的那個學期，最後一週裡的某一天，我坐在教堂的長椅上，布里斯本夏日凝滯、慵懶的空氣裡讓我悶熱難耐。一個男孩起立，走到有著鷹翼裝飾底座的講台就定位，開口朗讀：「〈路加福音〉二章，一到七節。」

那時，凱撒奧古斯都頒下諭旨，命羅馬帝國的人民都辦理戶口登記。這是第一次戶口登記，正值居里紐任敘利亞總督。大家都回到本鄉辦理戶口登記。約瑟因為是大衛家族的人，就從加利利的拿撒勒鎮趕到猶太地區大衛的故鄉伯利恆，要和已許配給他、懷著身孕的瑪麗亞一起登記。他們抵達目的地時，瑪麗亞產期到了，便生下第一胎，是個兒子。她用布把孩子裹好，安放在馬槽裡，因為旅店沒有房間了。（當代譯本修訂版）

他讀到「居里紐」（Quirinius）時結巴了一下。我卻為「加利利」（Galilee）和「猶太」（Judea）的奇特發音而大感驚奇。還有「戶口登記」（census），對我而言，這個字是個新詞彙。

倘若我是個比較細心的孩子，我就不會覺得這是個新詞彙，因為就在當時不過幾個月前，一九九一年八月六日，澳洲政府進行了人口普查。儘管我顯然沒怎麼留意到這場普查，但它盡責地關注到身在將近一千七百萬人當中的我。我可以想像得到，在我們家的廚房裡，我母親手邊有一疊半開的尋常郵件，她倚著檯面，填寫那份橘色的表格。（當時的我可能正在另一個房間裡看電視。）

如今，在美國生活多年的我在網路上發現了一份一九九一年澳洲普查表格的空白存檔。表頭寫著：「普查就像是為我們的國家做一次盤點（stocktaking）。」這是做普查的人最喜歡的描述，可以追溯至超過一世紀之前。我想，我能理解他們不斷援引這個說法的原因：「census」這個語彙源自拉丁語，發音時唇齒間會穿梭著可疑的嘶嘶聲，而「stocktaking」屬於盎格魯撒克遜語系，長相令人安心。盤點的意思就是清點倉庫貨架上的箱子：產品甲有多少箱，產品乙又有多少箱。盤點是例行事務：沒什麼好擔心的，甚至也沒什麼好傷腦筋的。[1]

但是，清點國民人數與清點貨物箱數是兩回事。人不會坐著不動，不會像箱子一樣靜靜地等著點算畫記。人無法用像是「零脂」、「低碳」等標籤簡單分類，雖然統計學家有時候會假裝他們可以。點算人數自有一套方法，它甚至是一門科學，但不是會計。點算的對象如果是箱子，箱子無動於衷，但換作是人，這種行動可能會對他們形成壓迫，或是賦予他們權力，甚至會改變他們的自我身分認同。對於被點算，民眾有可能接受，也有可能反抗。

今日，世界上絕大多數的國家都是至少十年做一次人口清點，也就是十年一度的普查，而「十年一度（decennial）」又是另一個源自拉丁語的字彙。從我們用於描述普查的字裡行間，以及前文引用〈路加福音〉對耶穌誕生的場景記述，如果你因此以為古羅馬人是普查的始祖，那也算是情有可原，只不過事實並非如此。就像法律、稅賦和宗教一樣，人口統計也是一種社群制度，它的歷史和社群的形成本身一樣悠久，可以追溯至古中國、肥沃月灣，或許還包括人類開始大規模群居的其他每個地方。

現代的普查與古羅馬時期的普查也不盡相似。就像許多源遠流長的制度一樣，在歷史的長河裡，普查也有許多彼此各異、相互衝突的功能。普查的出現是為了滿足統治者的行政管理需求，但最終發展成民主制度的重要支柱。普查在統計學家自稱是統計學家之前就吸引了他們的關注，接著普查蓬勃發展，在統計學家這個名號正式成立之際，成了科學探索的工具。當國家與帝國兼併之時，普查是它們的定義和柱石。然而，人民也不只一次利用普查來抗議，反對那些帝國。

人口普查這個概念不僅限於國家與帝國，小型的社區、城市和省也會實施人口統計。就算是位於內華達沙漠的黑石市（Black Rock City）這個臨時城市（每年只有在無政府主義者活動「火人祭」〔Burning Man festival〕期間重建）也有人口統計（二〇一八年的人口大約是七萬人），但本書的重點在於國家的普查。普查程序往往有強烈的象徵主義色彩，用於劃分疆域國界時，它的力道不亞於地圖或邊界圍牆。普查是集體自我反思的時刻，相當於豆子罐頭決定要清點自己而做的盤點。[2]

人口統計的戰場上

我之所以踏上這片聖地（具體而言是約旦河西岸），是為了更深入理解這套古老的制度。在這段著名的《聖經》記述裡，那些普查體制裡的古羅馬老祖先所走過的路，我也想要重新走一回；這是我的朝聖之旅。但是，在檢視現代的人口普查時，這裡也是世界上深具啟發性的一個角落。巴勒斯坦是個未境之國，此處就像一座興建中的建築物，管線堆和電梯井裸露在外，現代國家的基礎建設（包括人口普查）也是脆弱不堪。

我來到這裡還有另一個更深層的原因：在這個夾在地中海與約旦河之間的狹長地帶，人口統計成了一個戰場。根據以色列最新的計算，這裡的居民大約有九百萬人，其中七百萬是猶太人，其餘大部分是阿拉伯裔以色列人（或者說，巴勒斯坦裔以色列人——但是在一個名詞從來就不中性的地區，兩者只能算是大約相同，而不是完全等同）。巴勒斯坦的領土與以色列為鄰：約旦河西岸（夾在以色列海岸與約旦河之間）以及加薩走廊（與埃及為鄰，切進以色列海岸的一小片土地）。大約有五百萬人以此地為家，以他們的種族（如果不是公民身分）來看，他們是那兩百萬阿拉伯裔以色列人的同胞。在這塊土地上，算術一刀切分出七百萬猶太人和七百萬阿拉伯人。

這塊包含以色列和巴勒斯坦的土地，面積和比利時差不多，是兩個不相容的主權主張所爭執的標的。那項爭端已經鬱結了幾十年，經常釀成暴力事件。這塊土地小雖小，在全球的舞台上卻有著異常突出的重要性，已成了複雜難題的代稱。這個地區的歷史被人熱烈辯論，即便是當今的事實也難逃爭議，包括我在前文所引述的人口資料。不過，有一件事是大家普遍都同意的；要解決這個爭端，解決辦法只有以下兩者之一：「兩國解決方案」或「一國解決方案」。

一九四七年，聯合國在針對當時的英屬巴勒斯坦託管地（British Mandate of Palestine）所做的分治決議裡正式提出了「兩國解決方案」。長久以來，國際社會都偏好這項議案，也就是以色列和巴勒斯坦分別建國，比鄰而立。一般的以色列人與巴勒斯坦人也一直對這個方案表示歡迎。此方案的聲勢在一九九〇年代中期的《奧斯陸協議》（Oslo accords）達到顛峰，在這一系列的協議下，以色列和巴勒斯坦人之間建立了可行的關係，讓巴勒斯坦初具雛形的政府得以成形。不久後，以色列總理以撒‧拉賓（Yitzhak Rabin）在一項和平集會裡被自己的公民刺殺身亡。「兩國解決方案」自此變得相當渺茫。

另一個「一國解決方案」，也就是讓猶太人和巴勒斯坦人這兩個群體在單一邊界裡和諧共處，共享主權和政府權力。今日的以色列有相當可觀的阿拉伯語非猶太少數群體，因此已是實質上的雙民族國家（binational state）。但是，如果約旦河西岸和加薩走廊正式併入，這個少數群體會變得龐大許多；在這個共有的國家裡，說阿拉伯語的少數群體將會在人數上與另一個民族旗鼓相當。正因為這點，對於許多猶太以色列人來說，「一國解決方案」是無法想像的，因為根據他們主張的基本原則，以色列應該是猶太人的避難所。

對以色列來說，人口統計的難題並不是什麼新挑戰。聯合國一九四七年的分治計劃是根據英國一九二二年與一九三一年的人口普查資料而議定的，在普查報告裡，穆斯林、猶太人、基督徒以及其他人一清二楚地分列在不同欄目，不過在真實世界裡，他們是混居的。按照聯合國的計劃（按照任何可能的計劃），為數可觀的阿拉伯少數族群被納入提案裡的猶太國家，對此，官方報告只是冷淡帶過：「這是計劃的失誤。」占多數的猶太人比例其實不到五〇％，而要維持一個號稱是猶太人的國家，這實在不是個能讓人放心的優勢。對以色列的建國者來說，這不只是個失誤而已，而是生存的威脅。[3]

一九四七年後期，衝突陸續發生，一九四八年以色列宣布獨立後，衝突更是嚴重。人口組成的狀態迅速變遷。多達七十五萬的阿拉伯人逃離了他們那片被指定為猶太國領土裡的家園（還是一樣，這個數字有爭議）。這至少有部分是刻意的驅逐行動。巴勒斯坦人稱之為「大災難」（Nakba）；今日，這是巴勒斯坦民族故事的重大事件，這是他們的出埃及記。

在人口統計的戰場上，普查一下子就化身為武器。一九四八年十一月八日，在以阿戰火最為猛烈之際，以色列這個國家迅速進行了第一次人口統計。從統計學的觀點來看，這件事說起來相當詭異：為了求取準確性，普查舉行的時機應該是在穩定的承平年間。當前的國際建議指稱：「時間點應選在大部分人待在自己的經常居住地之時……傳統節慶、朝聖與禁食期……不適合進行普查工作。」戰爭期間顯然極不適合，所以連列舉都不用提。然而，當時以色列實施了七個小時的宵禁，以確保居民待在家裡，普查人員也有軍隊保護，於是普查大功告成。[4]

當時，《巴勒斯坦郵報》（*Palestine Post*）不以為然地評述，說以色列政府利用「緊急時期，給人民套上了永恆的監視制度。」《郵報》說對了一半。雖然以色列政府確實利用了緊急時期，但當局並不是要建立監視制度，而是要定義更根本的事物：新國家的公民。點算人口時，每個家戶的居民都獲發一個註冊號碼，成為個人的公民記錄。至於不在家的人，尤其是數十萬流亡在外的阿拉伯人，則不在計算之列；他們沒有拿到註冊號碼，也就不是以色列人。此刻，在這個主張擁有他們家園所在地主權的國家，他們名副其實地在一夜之間失去成為公民的機會。這不是盤點。以色列的第一次普查與其說是清點人口，不如說是創造人口，讓他們偏好的人口平衡得以維持長久不墜。[5]

這個做法奏效了。一九四八年結束的時候，以色列的人口有超過八〇％是猶太人，這個國家的「猶太性」也因此得到了遠遠更為有力的保證。對於數十萬巴勒斯坦難民來說，這場普查把短暫的流亡變成長期的驅逐，釀成一場人道災難、一個長久的難民問題，以及和平的重大障礙。[6]

隔離牆

國際上關於實施普查的具體建議，遠遠不只是進行的時機。身為這類事務監管單位的聯合國統計部門把人口統計定義為（注：以下段落取自聯合國《人口和住房普查的原則和建議》中文版內容）：

在某一特定時間對一國或一國內某一明確劃定地區所有人口進行的調查，包括收集、匯編、分析、公布或以其他方式傳播相關人口、經濟和社會數據的整個過程。[7]

這些文字來自《人口和住房普查的原則和建議》（*Principles and Recommendations for Population and Housing Censuses*）一書，可謂普查的聖經。以委員會所撰寫的長篇技術文件來說，這本書稱得上是清楚明瞭的典範。至少我在曼哈頓中心的聯合國總部附近第一次翻閱它時，我是這麼認為的。如今，在約旦河西岸，這些文字讀來卻是滿紙模稜兩可，霎時之間，這些名詞的定義全都含糊不清：公民、居民、領土、法定權力、國家。

二〇一九年的巴勒斯坦算不上是一個國家。一九八八年，巴勒斯坦領袖阿拉法特（Yasser Arafat）在流亡期間宣布，巴勒斯坦是獨立國家。在我寫作本書之際，聯合國一百九十三個會員國中，巴勒斯坦得到一百三十七國的承認。以色列不在其中，但是以色列確實承認巴勒斯坦自治政府，並與其往來。巴勒斯坦主張自己擁有約旦河西岸全部的土地，雖然實務上，在以色列所控制的地區裡，巴勒斯坦自治政府只統治一群內飛地。巴勒期坦主張對加薩走廊的主權，然則自二〇〇七年起，加薩走廊由另一個巴勒斯坦的對立支派哈馬斯（Hamas）所統治。巴勒斯坦也主張耶路撒冷是巴勒斯坦的首都，耶路撒冷城內也有部分居民是巴勒斯坦的公民，但是巴勒斯坦自治政府被禁止治理耶路撒冷。[8]

有兩個群體在約旦河西岸並居。實際而言，巴勒斯坦國存在於指定的 A 區和 B 區。一九九〇年代《奧斯陸協議》進行協商之際，A、B 兩區就已經有許多巴勒斯坦人口，如今這些人實際上就是巴勒斯坦公民。西岸的其他地方被劃為 C 區，由以色列控制，不屬於巴勒斯坦自治政府的管轄範圍。C 區包含大約六十萬名的以色列公民，他們居住在一百多個屯墾區裡，這些屯墾區是以色列從一九六七年開始占領此地後逐漸建立的。聯合國安理會認為，這些屯墾區違反了國際法。[9]

我和瑞士同伴們每天走路都會看到這個複雜的地理政治地貌散布在各地的實體符號，其中最著名的就是所謂的「隔離牆」，是以色列政府為了管控自身領土與約旦河西岸之間的遷徙所建造的工事。圍牆（最高聳處有二十六英尺〔注：接近八公尺〕高）大致上依照一九四九年的停火線而建，但有些地方，隔離牆繞道深入約旦河西岸，圈出更大的屯墾區，並把這些土地劃為以色列所有。我們離開拿撒勒後不久，在傑寧（Jenin）附近的檢查哨穿越隔離牆。區分《奧斯陸協議》分區的內部界線比較不明顯，雖然我一下子明白了，那是因為我們的路線在安排上刻意避開了它們。屯墾區無所不在，散布在我們周圍的

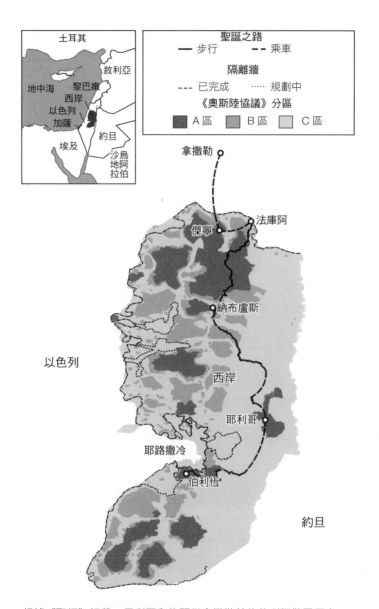

根據《聖經》記載，馬利亞和約瑟從拿撒勒前往伯利恆做羅馬人口普查登記。「聖誕之路」這條現代觀光路線大致上是跟著這段《聖經》記載的旅程走，穿越一個複雜的政治地帶。（地圖資料來源：Natural Earth, UN OCHA oPT, Imbach Reisen。）

山丘上，但是彼此之間總會保持一段距離。

在耶路撒冷鄰近地區的西岸中心地帶，官方的邊境線特別曲折。要穿越這裡會有困難，所以我們的路線朝向西南，往約旦河谷和耶利哥（Jericho）走去。挪威團的導遊涅達爾講到，兩千年前，瑪麗亞（注：和合本為馬利亞，後文皆稱馬利亞）和約瑟前往登記羅馬普查時，也走了同樣曲折的路線。連接拿撒勒和伯利恆的古老道路是所謂的族長之路（Way of the Patriarchs），不過這條路穿越了撒馬利亞人的領土，這群人和猶太人有關聯，但有時候會敵視猶太人。關於這件事，各方沒有明確的共識；有其他證據顯示，猶太人經常行經撒馬利亞人的土地。不過，即使是這種最理想的情況，這趟旅途也要跋涉大約八十英里（注：約一百二十九公里）。這個地區風光秀麗，但是地勢多石而艱險。有時阿梅德還得哄誘驢子卡西米羅繼續走。我想，對於一個即將臨盆的懷孕婦女來說，這是一段難受的旅程，甚至令人火大，畢竟普查的目的是為了讓羅馬方便課稅。[10]

現代的普查不是為了課稅，也無需讓普查的對象辛辛苦苦跋涉。一九九七、二〇〇七和二〇一七年，巴勒斯坦自治政府在約旦河西岸與加薩走廊進行了三次普查，皆按照聯合國的建議執行。兩千年前，羅馬普查要人民到集中地登記，並記錄在莎草紙卷上。如今，巴勒斯坦的普查員帶著表格和平板電腦，前往他們要統計調查的對象府上。在富裕的國家，人民通常會本己做普查登記，以郵寄通訊收取並遞交普查表格，或是上網完成填表。有幾個國家的普查現在已經虛擬化，從一個不斷更新的全體人口登記名冊彙整資料。

巴勒斯坦還沒有發展到這個地步。即使到了二〇一七年，帶著平板電腦的普查員也遵循著相當傳統的流程：首先，畫出有人居住的地區，接著挨家挨戶蒐集他們在每一戶裡所遇到每一個人的資訊。普查員（而非接受普查的民眾）得因應巴勒斯坦準國家級的複雜疆域，像是有人駐守和無人看守的檢查哨、圍牆、柵門、壕溝以及鐵絲網。不管在什麼地方，普查都牽涉到運籌學與統計學，但是在巴勒斯坦，普查還涉及外交。

政治永遠都在不遠處

我與巴勒斯坦中央統計局（Palestinian Central Bureau of Statistics；PCBS）的普查團隊在他們的辦公室見了面，地點在巴勒斯坦自治政府的行政首都拉馬拉（Ramallah）。拉馬拉位於耶路撒冷北部，就在相當於現代版族長之路的六〇號公路旁。馬利亞和約瑟在他們前往伯利恆的路上，可能曾經走過這裡——伯利恆就在此處南方十六英里處（注：約二十六公里）。今天，在耶路撒冷周圍錯綜複雜的邊境圍繞下，這個距離看起來分外遙遠。由於我們的聖誕之路旅遊路線帶著我們往西，繞過所有複雜之地，所以我是後來自己回頭來到這裡。

我一找到正確的建築，局裡就有一男三女、共四位資深人員來接待我。自從一九九七年，巴勒斯坦再次實行現代普查，他們就有人曾參與這項工作。上了茶，我們便開始討論在巴勒斯坦做普查有多複雜。[11]

三次普查中，最大的挑戰就是東耶路撒冷。一九四八年戰爭之後，這個城市就一分為二：以色列占領西耶路撒冷，東耶路撒冷則被約旦占領（聯合國的國際城市計劃沒有結果）。約旦在一九六七年戰爭戰敗後，東耶路撒冷也被以色列控制。當時，以色列進行了普查，而在那裡的巴勒斯坦人得到了以色列的永久居民身分。如今，他們擁有以色列身分證，理論上可以申請完整的以色列公民身分。不過，大部分的人都沒有申請（據說是九五％）。他們的身分仍然不是很穩固。

巴勒斯坦自治政府把東耶路撒冷認定為被占領的巴勒斯坦領土，是未來巴勒斯坦國不可或缺的一部分；因此，那裡的居民理應被納入巴勒斯坦的普查裡。在一九九七年的第一次普查中，自治政府正是這麼做的。此舉是公然蔑視以色列，也是巴勒斯坦透過統計手段持續抵抗的行為。當時巴勒斯坦統計局的主管稱之為「公民起義」（這個名詞借用了過去一段動盪時期之名，時期隨著《奧斯陸協議》的簽訂而結束）。以色列主張，自治政府的行為違反了《奧斯陸協議》，並起而取締在東耶路撒冷進行的巴勒斯坦普查工作。以色列至少進行過一次逮捕行動，東耶路撒冷的普查也戛然而止。[12]

二〇一七年，遭到逮捕的十七個人據報與巴勒斯坦自治政府執政的法塔赫黨（Fatah Party）有關。以色列警方指控他們「參與人口普查相關的活動」。當時，巴勒斯坦中央統計局否認有在東耶路撒冷運作，並宣稱遭到逮捕的人「與人口普查無關」。然而，最後的普查報告卻有東耶路撒冷的普查資料。[13]

我向巴勒斯坦的統計人員請教這個問題，他們給了我一個精心設計的模糊答案，與官方的否認說法互相應和。（據我推論，普查工作是由住在耶路撒冷的側翼組織擔任，而不是中央統計局的人。）普查人員在約旦河西岸及加薩走廊都用電子平板電腦做普查，但在東耶路撒冷，他們使用書面表格，問卷也比巴勒斯坦其他各地用的簡短。這些策略似乎是為了避免引起以色列太多的注意。不用說，聯合國那本兩百九十九頁的《人口和住房普查的原則和建議》沒有記載該如何處理這種狀況。

二〇一七年的普查人員還面臨了兩項重大的運籌困難。一是隔離牆，一九九七年，這座牆還沒出現，二〇〇七年起開始大量增建。一些巴勒斯坦社區只限登記居住該區的人進出，使得普查的人力部署更加困難。他們告訴我：「我們多半是從同樣的行政區雇用在地的人手，特別是在隔離牆後的當地人。」平板電子裝置能讓資料透過無線網路傳輸到位於拉馬拉的總部，減少了必要書面文件的遞件量，也減少了遭以色列士兵沒收的機會。在加薩走廊，普查的情況也差不多：當局雇用在地的工作人員，並運用視訊會議或其他技術，把差旅往返降至最低。即便有這類措施，他們說，二〇一七的普查需要「隨時準備好緊急計劃」。

訪談結束後，我搭乘二一八號公車回到耶路撒冷。車子經過著名的卡蘭迪亞（Qalandiya）檢查哨，是耶路撒冷和約旦河西岸的分界。我們在檢查哨等待時，我再次迅速翻閱了巴勒斯坦官方的普查報告。我注意到人口總數：約旦河西岸有兩百九十萬人（包括暗地裡在東耶路撒冷做普查得到的二十八萬一千一百六十三人）；加薩有一百九十萬人；總共是四百八十萬人。在許多方面，這都是一份枯燥的技術文件，滿紙都是統計學深奧觀念的慣例討論，像是非抽樣誤差、覆蓋率和惠普爾指數（注：Whipple's index，用於估算人口普查或其他調查中，年齡或出生日期準確程度的指數）等等。[14]

但是，政治永遠都在不遠處。文件提到，普查是「建立國家的基柱」與「國家主權的真實表現」。人口普查受阻於「以色列占領地的手續，以及包括兼併牆和屯墾區擴張在內的障礙。」我們離開檢查哨、重新進入耶路撒冷時，在巴士後方那道愈來愈遠的圍牆「扼住了在牆後生活的那些人」。即便是通常令人昏昏欲睡的方法論部分都提到，「因為以色列不斷侵略、占領土地，並孤立巴勒斯坦人居住地的人口，造成了不穩定」。[15]

雖然我並不懷疑巴勒斯坦普查在統計上的嚴謹，不過與普查並行的地緣政治目的也無庸置疑地存在著。就連現在看來可想而知的逮捕行動都是證明：巴勒斯坦自治政府還看不到能真正統治東耶路撒冷的那一天。因此，儘管官方否認，但自治政府統計那裡的人民，與其說是為了行政目的，似乎還不如說是為了象徵意義：公開聲明領土權。巴士在耶路撒冷舊城大馬士革門附近的公車站停了下來，在合上報告之前，我又注意到另一個更有力的象徵：田野調查的完成日期是二〇一七年的十二月二十四日，也就是聖誕節前夕。[16]

意志之國

普查做為建立國家的戰術有其道理。在國際法中，一個國家的傳統定義條件為常住人口、明確的領土、政府，以及與其他國家建交的能力。普查當然是證明常住人口這項條件最直接的方式，此外，普查也是政府有能力的指標。

一九九三年，巴勒斯坦裔的文化評論家愛德華・薩伊德（Edward

Said）評論第一次《奧斯陸協議》時，他呼籲相關當局應立即進行普查：「不只是做為官僚活動，也是對於無論身在何處的巴勒斯坦人授予公民權（enfranchisement）……這是在因缺乏主權而生的限制之外，歷史與政治的自我實現行動。」薩伊德所說的資格（或資格的缺乏）中，「無論身在何處」有其重要性。今日，無論是因為曾經住在歷史上的巴勒斯坦，還是因為有住在那裡的親生父母或祖父母，大約有一千三百萬人口或許可以被視為巴勒斯坦人。這群人大約有一半住在約旦河西岸、加薩走廊和以色列，另一半則散落在約旦、黎巴嫩、敘利亞和其他地方。薩伊德主張，藉由舉行普查，他們會「接近建制一個國家，而不只是一群人。」但是，四年之後、也就是一九九七年才來臨的這場普查並沒有把「無論身在何處」的巴勒斯坦人納入考量，而是遵照國際規範，只計入巴勒斯坦宣告的明確領土上的人口；這份普查捨棄了薩伊德版的民族自我實現，強化了特定、明確的國家宣告。[17]

　　普查官要不斷在公民、國籍、民族和種族的界線周旋。公民是當中最清楚的，其他分類則立基於共同的歷史、文化和祖系，因此模糊得多。以色列本身就是這種複雜性的寫照。二〇一三年，有一群活動分子向高等法院請願，希望法院准許他們在登記國家人口時，能把他們的民族記錄為「以色列族」。法院駁回了他們的請求，法院的結論是，在以色列一國之內有猶太人、阿拉伯人和其他民族，但是沒有以色列族。有朝一日，法院或許會容許這個民族選項出現，但是支持基層的法院裁決，「技術一統計的登記」並非能產生這種效力的流程。[18]

　　我們可以說，法院其實錯了：民族、種族和族群並不是根據生物

序章｜人口統計，大有關係　25

上的起源而來，而正是經由「技術—統計的登記」分配、甚至是創造出來的，這種例子在歷史上俯拾皆是。一九六○年，也就是自行填表的普查方式被普遍運用之前，美國的普查中，種族大部分是由普查官來決定的，而普查官百分之百是白人。如今這種情況已不復見。在許多國家，普查把民族、種族和族群視為關乎自我身分認同的事項，並拒絕仲裁或是揣測這些模糊的類別。當然，那也不是非常正確。一個人不會光是踏進以色列就能成功地自我認定為猶太人。這些或許不是客觀的觀念，但也不純然屬於主觀。

我在以色列時，總理便雅憫·納坦雅胡（Benjamin Netanyahu）發表了一席言論，主張「以色列是猶太人的民族國家——而且只有猶太人」，於是一場辯論隨之爆發。二○一八年，以色列通過了一項立法，納坦雅胡的這番言論就有了堅實的法理依據。以色列現在是一個以猶太民族為宗的國家；以色列民族並不存在，因為根據法律，以色列民族就是猶太民族。[19]

這樣的論述沒有為可行的「一國解決方案」留有太多空間，但是一如我們在這場長達數天的步行裡討論到的，我發現我的瑞士伙伴比較樂觀。他們提醒我，民族身分不是固定的。在有大半歷史都在腥風血雨裡根據族群、宗教支派和語系重新安排構成國家的歐洲，有四個官方語言的瑞士是個例外。退休教師羅伯托（Roberto）說德語，但是他的姓氏引人遙想他的家族與義大利的淵源，他教我一個瑞士人用來描述他們自己的字彙，就是「Willensnation」（注：意志之國，此為德語）：一個由意志的純然力量而誕生、凝聚的國家。真是個充滿希望的故事。

位於伯利恆的聖誕教堂是聖誕之路的終點，根據傳統，這是耶穌誕生的馬槽之所在。令我（而不是其他人）失望的是，〈路加福音〉並沒有描述羅馬的人口普查是如何、又是在何地舉行的，甚至也沒有提及，在馬利亞理應身體微恙，還得照顧新生兒的挑戰下，這家人是否成功完成了登記。於是，這裡也是我朝聖之旅的終點。

　　我曾經造訪過的敬拜之地，沒有一個像聖誕教堂這樣：與其說它是一間教堂，不如說是一串彼此相連的教堂群——希臘正教會、亞美尼亞使徒教會和羅馬天主教會全都分占同一個地點。這種人稱「現狀」（Status Quo）的安排可追溯至奧圖曼帝國時期。這個建築群最神聖的部分被具體而微地呈現出來，也就是地下室所謂的「石洞」（Grotto）。此處據說是馬利亞產下耶穌的原址。這個地下室空間點著十五盞吊燈，而這個數字的組成在現狀詔令裡也有明確的記載：六盞屬於希臘正教會，五盞屬於亞美尼亞使徒教會，四盞於屬羅馬天主教會。就我所知，這個配置比例沒有時代的意涵，純粹是一八五二年一位厭倦了宗教紛爭的土耳其蘇丹封存了當下的現狀。我在石洞燈下閱讀這些事實的當下，想起了位於北方一百五十英里（注：約兩百四十一公里）處的另一個脆弱現狀。

　　黎巴嫩是全球人口普查的浪子，上一回的全面普查已是一九三二年的事了，當時還是法國統治的時期。一九四三年，黎巴嫩獨立之後，各個宗教支派開始根據那份十年前的統計資料瓜分權力。雖然基督徒的人數整體而言超越了穆斯林，但無論是馬龍尼禮教會（注：Maronite Christian，通稱馬龍派，天主教會的一部分）、遜尼派、什葉派，以及十七個官方登記的支派，沒有任何一個單一群體握有主宰權。因此，黎巴嫩創造了自己的「現狀」：政府最高職位按一九三一年的人口比例分配，而國會席次與公職人員名額也按照六比五這個比例，分配基督徒與穆斯林。[20]

隨著時間推移，這些人口群體的比例也開始變動，但六比五的協議比例仍然維持不變。變動的量化與協定的重議太具顛覆性了，因此，一九四五至一九七五年間，歷任的繼任政府選擇忽視這個議題，拒絕進行黎巴嫩的人口普查。從一九七五年打到一九九〇年的內戰結束時，這個比例修改為一比一，也就是穆斯林與基督徒等比，反映基督徒人口萎縮這個幾乎可以確定為正確、但沒有官方資料可茲證明的想法。[21]

你可以認為這種新安排不過是政治妥協的產物，完全與人口統計無關，就像美國各州無論人口多少都有兩名參議員一樣。但是，黎巴嫩人不是這麼想的：他們所遵奉的民主理想是政治權力應該反映在人數上。既然實務上不可能（至少暴力衝突的風險不可能免除），全新的人口普查就是一種挑釁。不管怎麼看，完整的官方統計（據估計黎巴嫩約有六百萬人）都不太可能在短時間內實現。

我步出聖誕教堂，轉眼來到馬槽廣場。我在想，那些主張以色列與巴勒斯坦應採取「一國解決方案」的倡議者，是否曾想像過它會更像瑞士或黎巴嫩。

清點每一個人

二〇一九年四月一日，我從聖地回到美國，此時，距離這個國家下一個普查日恰好整整一年。在大部分的十年週期裡，到了這個時間點，人口普查的主要參數（當然還有那些會問到的問題）都已經定案。但是，這一次不一樣。商務部長臨時指示在普查裡增加一個問題，結果引發了愈演愈烈的辯論；普查局的專家幾乎一致建議，不要增加這個問題：此人是美國公民嗎？

一如在這個愛打官司的國家經常會發生的事，這場辯論演變成一件訴訟（其實是好幾件），官司一路打到最高法院。控方主張，這個臨時增加的問題會讓非公民怯於參加普查，尤其是那些沒有身分的人。「商務部訴紐約案」（*Dept. of Commerce v. New York*）的言詞辯論排定於四月二十三日舉行。《紐約時報》（*New York Times*）有篇社論將此案稱為法庭開議最受矚目的案件。我跑遍全世界尋訪普查的故事，這種事卻在我移居的地方自己送上門來。[22]

到了四月二十三日，法庭辯論的謄本一發布，我立刻就拿起來讀。雙方的質詢重點在於提案問題的正當性，而法官則在歷史與國際的比較裡周旋。第一分鐘，代表商務部的副總檢察長宣稱，這樣的一個問題「以某種形式納入普查已經有將近兩百年的歷史。」大法官索托梅約（Sonia Sotomayor）打斷了他的話，主張這是過度簡化（說得對）。後來，大法官卡瓦諾（Brett Kavanaugh）認為，許多其他國家都會詢問回覆者的公民身分，聯合國也把公民身分納入建議的普查主題。他說：「問題在於，在這個案件裡，我們就納入公民身分這個問題的見解，應該受到國際慣例、聯合國建議，以及美國歷史上的做法所影響嗎？」

本書的答案是肯定的。歷史與國際觀點之所以重要，不僅是為了理解那些已解決的案件關鍵，而是能從更廣泛的角度去理解現代普查的意義。普查不是在某個時間點和地點就形於完備，而是在全世界各地的觀念緩慢而持續的交互作用中發展。黎巴嫩糾結的信念基本上是美國的觀念，也就是每次普查後，政治權力都應該重新分配。北歐的觀念則是，人應該個別普查，而不是淪為一個家計單位中沒有名字的一員。測試普查準確性的現代方法首度試行的地方是印度。雖然每一次普查都是一時一地之事，但從智識面而論，普查穿越國境、橫跨海洋，還會回溯好幾個世紀。

我會在接下的各章裡論述，普查不只是個別國家計劃的集合，而是一項人類計劃。我的目標是講述一個更大的故事：說明清點人口的體制如何演進、如何隨著社會變遷而改變，有時候，它又如何回頭來改變這些社會。為了說明，我會援引一項在二十世紀晚期展開的學者運動，也就是開始把統計研究本身當作研究的對象。一些學術論述因此運動而生，剖析了某些國家的普查，不過，這些論述都沒有為非專家讀者描繪普查的全球歷史，而這正是我在本書所要做的。

學者經常把人口普查視為權力的工具：根據法國哲學家傅柯（Michel Foucault）的觀點，普查是一種「國家形成」和控制的機制；用政治科學家詹姆士‧史考特（James Scott）的話來說，普查是讓社會「可辨讀」的嘗試；或是一如人類學家班迺迪克‧安德森（Benedict Anderson）所言，普查是由上而下、藉由「為殖民國家的心智分類」而為的建國計劃。這些觀點都深具真知灼見：即使是最簡單、最根本的普查結果，也就是對人口規模的所知，都有一種權力，就如十九世紀的馬爾薩斯學說以及它在二十世紀的回響所描繪的一樣。[23]

但是，人口普查也可以是一種與權力無關的工具。它曾經被普查的對象接納、剝奪，甚至推翻。它曾做為個人與少數群體自我表達的媒介。就算是在最嚴格的統治下（例如納粹），人民也能在人口普查中找到一面抗議的畫布。沒錯，人口普查從來就不是一張空白的畫布，而更像是輪廓和色盤都由當權者定義的數字填畫；然而，當權者不但會設定問題，有時候也會設定可能的答案。不過，那些乖乖按照設定回答就會被剝奪權能的人，還是可以藉由回答違反預期的答案、作答時語帶弦外之音（有時真的是答非所問），或是訴諸最後的手段（也就是完全不參與），來拒絕這些措施。這些事之所以可能，原因在於人口普查在根本上就具有民主化的特質：普查需要群眾的參與。這不完全是國家的事，也不完全是人民的事，而是國家與人民之間持續不斷的協商。[24]

　　協商最重要的階段或許是在十八與十九世紀時達成的：人口普查開始與納稅、服兵役等個人義務脫鉤（在此之前，這些義務是早期普查涉及的特性）。一開始，這件事的發生純屬偶然，幾乎是意外，但最終演變成更接近承諾性質的事務。所有平板電腦和無線傳輸為巴勒斯坦二〇一七年的普查與兩千年前在同一片土地上的居里紐普查做了根本上的區隔。今日，人口普查是一件獨特的事，是國家看見人民、但不會看到任何個人的一種方式。

　　這或許也是普查要延續下去所面臨的最大的威脅，因為儘管傳統的普查已經擺脫了在個別公民與其政府之間斡旋兩者關係的角色，那些關係卻已然走向深化。在二十世紀，個人義務已與中央化福利國家帶來的個人權利結合在一起。因此，今日的普查要與許多其他資訊來源競爭：申請、報稅、註冊、記錄和公開，每一項都為公民和國家牽起直接的關係，每一項都是讓公民「曝光」的方式。[25]

如今，人口普查仍然位居種種資訊來源的中心，但這無法保證普查的未來。在這個有駕照和護照、報稅和福利發放、指紋和視網膜掃瞄、每小時社群媒體現況更新和每分鐘地點追蹤的世界裡，傳統的普查似乎有時空倒錯之感，就像某一群社會學家所說的「極端現代主義的過時介入」。普查久久實施一次、執行成本高昂，而且又受限於嚴格的隱私規定。[26]

有些國家現在完全禁止十年一度的人口普查，轉而維持人口名冊記錄，也就是公民與訪客的資料庫，由於資料庫會不斷更新，其正確度與即時性都足以讓十年一次特別進行的人口普查變得多餘。這個做法始於北歐世界，現在正流傳到其他歐洲國家以及歐洲以外的地方。人口名冊很可能會成為數算、分類人民這段漫長歷史的下一個階段。

不過，傳統的人口普查目前仍是主流，也是本書的核心。動用大量普查官的實際普查有其特別之處。一八八二年，托爾斯泰（Leo Tolstoy）也曾經加入這樣的一支普查大軍，在莫斯科的卡莫尼契斯基區（Khamovnitcheskiy）挨家挨戶地計算當地居民。他很嚴肅地看待自己的工作，與莫斯科形形色色的勞工階層面對面：「工匠、製靴匠、製刷工人、製櫃工作、車床工人、鞋匠、裁縫、鐵匠……計程車司機、獨居年輕女士……女性小販、洗衣工、舊衣買賣商、錢莊、零工，以及沒有任何固定工作的人。」他寫道，人口普查「提供了……一面鏡子，讓整個社區以及我們每個人對鏡凝視，不管願不願意。」[27] 普查絕對不是枯燥的統計活動，它最終和人有關，是量化社會史的一種形式。一八六七年，當時還是美國國會議員詹姆士‧嘉菲爾德（注：James Garfield，日後為第二十任美國總統）指出：

　　一直到最近，歷史學家都是從總合角度來研究國家，為我們講述帝王、朝代、圍城與戰爭的故事。至於人民這個有自己的生命、成長、源頭、要素和律法的偉大社會主體本身，歷史學家什麼都沒告訴我們。現在，統計的探究帶領歷史學家走進陋室、居家、作坊、礦場、田野、監獄、醫院和所有人類本質展現自身弱點和優勢的地方。[28]

　　這也是這些人的故事：不只是那些被點算的人，還有、也特別是那些擔任點算工作的人。在你的想像裡，後者可能像狄更斯（Charles Dickens）筆下的人物格萊恩先生（注：Mr. Gradgrind，長篇小說《艱難時世》〔Hard Times〕裡的人物，以功利主義為生活原則的教育家）一樣，是「一個講究事實和計算的人」，除此之外，他幾乎漠不關心。整體而言，大眾文化並沒有接受谷歌首席經濟學家哈爾‧范里安（Hal Varian）二〇〇九年的預測，也就是統計學家「在接下來的十年會成為最吸引人的工作」。統計學家還是甩不掉他們無趣的形象，更遑論政府的統計學家了，他們在大眾心目中的印象更是糟糕。他們是灰色西裝官僚裡最灰的那個，抱著筆記本、打孔卡片、計算機，或是筆記型電腦（視時代允許）。（可以說，他們自己應該為此負點責任：打從一九四二年起，美國普查局就位於華盛頓外一個名為「蘇特蘭」〔注：Suitland，直譯為西裝之地〕的郊區，這很值得狄更斯大書特書。）[29]

　　但是，人口普查一向是個浩盪而無畏的行動，因此普查人員不只是駐守在政府辦公室裡，也會橫越北大西洋，在阿拉斯加的荒野沿著無名之河泛舟而上，或是開好幾天的車，橫越澳洲偏遠的內陸。隨著普查的功能改變，它背後的人也會跟著改變，網羅軍人、牧師、公僕、科學家、國際官僚；時至今日，有時候還會有律師加入陣容（也許這早已司空見慣）。

儘管如此，還是會有格萊恩先生這樣的人。人口普查會挑起一種執迷，一種欲罷不能、非要數遍每個人的衝動。在普查的故事裡，有一種人總是一再出現，他們想把世界整整齊齊地排進編了號碼的箱子裡。我不想排除他們，因為我對這樣的人深有共鳴（我在此承認我不客觀）。我可能就是其中之一。身為經濟學家，長久以來我都在使用普查資料，儘管我從未參與過普查的執行，但我投入了許多時間和實施普查的人相處。不過，我竭盡全力爬出自己的框架，例如，面對普查人員所助長的濫權和犯罪時，我不會閃躲。

在清點人口的漫長歷史裡，這只是許多可以講述的故事之一。為了涵蓋這樣廣闊的歷史和地理，我不得不做篩選。就像普查本身，本書也是一系列的快照，強調一個沒有得到應有重視的觀念在演進過程裡的重要時刻，並從它現今的形貌追溯它的過去，也就是在每一個地方清點每一個人的一種嘗試。我無法把演進的每一步都納入書裡，因此我只挑能出幾個時刻，並在必要的地方偏離一下，檢視刻畫它們的人物、觀念和科技，以及這些人事物又是如何回過頭來，對普查對象造成哪些影響。

說到底，普查最令我著迷之處在於它淘澄濾淨之後的本質，那就是「清點每一個人」這個單純的概念。這帶有一種近乎浪漫的色彩。

清點是因為有價值，數算是因為重要。被點算就是被納入，或是被知道。兩千年前，羅馬皇帝奧古斯都發出諭令：「羅馬全境都必須實施普查」。點算全世界：根據這個標準，普查是一個失敗的故事，這個故事裡，被點算到的人和沒被點算到的人一樣多。然而，我們還是不斷嘗試。寫作本書之際，十年普查的另一個高峰年度（二〇二〇年和二〇二一年）將臨。在超過兩百個國家，我們又再度努力清點每一個人。我們注定會失敗，但是在失敗中，我們可能比過去都更接近成功。

　　這就是我們如何一路走到這裡的故事，也是我們接下來可能往哪裡去的故事。

第 1 章
民數記

　　二〇二〇年，全球人口逼近八十億大關，而我們可望在二〇二三年達到這個里程碑。一個世紀以前，也就是一九二〇年，全球人口為十八億。一八二〇年時，人口突破十億——雖然追溯的年代愈久遠，我們愈無法確定人口的數字到底為何。光是從數量上來看，智人是地球上最成功的動物物種之一。今日，即使是在居住環境最惡劣的南極洲，也有超過一千名流動人口。或許南極洲還算不上是最不宜居的地方：我走筆至此的此刻，在我的北北東方、北緯五十一度、距離地表上方兩百五十英里處（注：約四百零二公里），還有三個人住在國際太空站裡。

　　但事情不是一直如此。大約在三十萬年前，智人出現在非洲的天空下。一直到十萬年前，我們的祖先大概都不曾超過一千萬人，但他們用適應力來彌補人數上的不足。他們從非洲往外開枝散葉，進入歐亞大陸、大洋洲，最後到了美洲。當然，那一千萬個人全都對這種跨洲的興旺繁衍一無所知。

　　在〈創世紀〉裡，上帝答應讓以撒的後裔加增，「像天上的星那樣多」（注：二十六章四節），這個比喻看似清楚明白，但自古以來，這其實是個令人費解之謎。肉眼能看到的星星數量其實少得可憐：大約只有九千顆。石器時代的天文學家仰望天空時，絕對不可能知道那裡還有更多星體存在。在望遠鏡發明問世之前，繁星之浩瀚不過是一種印象，而非可以驗證的事實。

不過，與地上人間相比，穹蒼還是擁擠得多。史前時代人煙稀少，地球上的人類以小型的狩獵採集者群體謀生。一個人一輩子打過交道的人數，不曾超過幾百個人。基本的社會單位，也就是所謂的「游群」（band，或是部落），大約由十到五十人組成，這些人都有親屬關係。接著，幾個游群會形成更大型的團體，他們緊鄰而居，合作從事諸如打獵等活動。演化心理學家羅賓・鄧巴（Robin Dunbar）有一項廣為人知的觀察指出，人類只能維持大約一百五十個有意義的人際關係。鄧巴主張，這個限制天生存在於人類的大腦新皮質裡。我們大腦灰質的量顯示了我們能維持親近關係的容納量。鄧巴指出的數字是自然、自我調節的人口規模，是早期人類團體不需要更繁複的社會結構就可以長成的最大規模。在這些緊密交織的團體裡，成員的身分不需要正式化，也不需要計算人數。人人彼此認識。他們不必刻意費什麼勁，也能追蹤彼此在社群生活裡不可或缺的義務：她分給我一些莓果；我做一個矛頭給他。[1]

確實，嚴格的量化或許不可能做到。有些最古老的語言沒有數字的語彙，像是亞馬遜河流域的皮哈拉族（Pirahã）和澳洲北領地的瓦爾皮瑞人（Warlpiri）所說的語言。BBC 記錄片《一的故事》（The Story of 1）裡有一段訪談，年輕的瓦爾皮瑞人李歐・揚皮金帕・韋恩

（Leo Jampijinpa Wayne）向長者亞帕爾亞里（Japaljarri）的提問。

「您有幾個孫子啊？」李歐用瓦爾皮瑞語問道。

亞帕爾亞里回答：「很多。貝揚、帕倫、亞馬來、揚岡，」每說一個名字，他的右手食指就在紅土上畫一筆。「很多。」

智人出現後，大概有長達二十九萬年的時間，這都是最接近普查的事物。[2]

落實公民義務

後來，改變終於出現，更大的部落形成了：游群形成有共同文化和語言、由社會階層所統治的聚落。在美索不達米亞，人類種植作物，學習農耕，利用底格里斯河與幼發拉底河每年泛濫沖積而成的肥沃土壤。大約在六千年前，最早的農業文明興起，也就是蘇美城邦。又過了大約一千年，這些城邦中，有一座城市已成長到足以在城牆內容納五萬多人的規模。如今那座城市已然消失，約略位於現代的巴格達和巴斯拉（注：Basra，伊拉克第一大港）之間，名為烏魯克（Uruk），我們所說的伊拉克（Iraq）就是由此而來。

今日，我們通常以五萬人做為城市人口的門檻。對於生活在五千年之前的人類來說，這想必是一個幾乎無法想像的數字。但是，許多現代城市的人口規模都遠遠大於這個數字。畢竟，現代的城市光是一座建築就能裝得下五萬人，比方說洋基球場。[3]

在過去數十年間，認知科學家開始研究「數字感」（number sense）這個概念，也就是我們判斷數量的能力。我們似乎有好幾種認知機制，可以用來做這類的判斷：有用於極少數量的（三或四），有用於中等數量的（或許高達一百），也有用於大數量的。但是，一般來說，這些研究都側重我們如何點算簡單的物件或抽象的形體。由於人類演化為社群動物，我們應該可以合理推測，我們對人的數字感會與對螢幕上圓點的數字感有所不同。[4]

這個特殊的例子雖然還沒有什麼研究，不過我們靠著內觀就能驗證。我們可以輕輕鬆鬆一眼就目測出五到十個人：比方說運動隊伍。但是，如果是同在一間教室裡的二十五個人——這個人數少到足以迅速估計，但是無法立刻認出誰在場、誰沒來（教師每天點名是有道理的）。大廳電影院能容納更多人，可能一百到兩百五十個人——顯然比一間教室多，但仍然還在可以合理估計的範圍內。許多音樂廳的容納人數至少是電影院的十倍，而從舞台往觀眾席望去，你大概還是可以區分米蘭斯卡拉大劇院（La Scala）的兩千人，以及倫敦皇家亞伯特廳（Royal Albert Hall）滿座時的五千人之間的差異，但是你內在的數量感至此大概已經撐到極限了。

等到數量進入下一個等級，如烏魯克的人口、體育場的群眾以及更大規模的群體，即使是最粗略的數字感似乎都已經崩垮。美國前總統川普二〇一六年的就職典禮出席人數估計，從二十萬人到九十萬人都有（姑且不論他自己誇大宣稱的超過百萬人）。公元前四八〇年的溫泉關（Thermopylae）戰役中，據說波斯軍隊有一百萬人，雖然現代學者相信人數應該比較接近十萬人。面對這樣的群眾，目測不是那麼有用，因為觀察者不可能有接觸十萬人的直接經驗。要讓視野一次涵蓋這麼多人都很勉強。無論是從華盛頓紀念碑的觀景台俯瞰，還是從山頂瞭望古老的戰場，遠處的人影都會變得模糊，化為無法點算的群眾。我們從事狩獵採集的祖先從來不曾需要、因此也從未演化出這種直接估算如此大數量的感知或認知能力。我們只能從憑藉感覺轉而運用推理來做到大數量的估算：刻意、抽象、講求方法的計算。

城市等級的群眾規模所帶來的不只是理解問題，還有協調問題。每一個社會都建構於相互義務網之上。在狩獵採集者之間，這些義務或許可以在人與人之間直接維持。每個人都知道其他每一個人的工作。債務會自動強制執行。這種人人心裡都有一本帳的制度，可以透過社會次結構（部落裡的家庭，王國裡的部落）適用一陣子。但是，到了某個時候，就需要更繁複、抽象和正式的社會慣例與體制。

蘇美城邦之所以能夠繁榮，原因就在於專精分工和交易得以推動，像是陶匠可以用陶盤和農夫交換穀物。但是有些必需品落在以物以物的結構之外：我們無法以個人名義購買、但必須共同商定的事物，像是司法制度、集體自衛，或是建造一座神廟，安撫會降禍報復的洪水之神。

無論有貢獻與否，經濟學家把這種能讓社群裡的每個人都受惠的事物稱作公共財（public goods）。但要是沒有人貢獻，公共財就無從產出。在一個村莊裡，同儕壓力或許能發揮強迫自願貢獻的作用，而城市的出現伴隨著隱私的可能性。在城市裡，人可以躲在人群裡，躲避純自願性質的公民義務，而不必害怕遭到責難。反之，歷史上強制課徵稅賦、以威迫的方式徵收每一位公民生產成果的政府俯拾皆是。稅賦的形式可能是金錢或穀物，或是公民自身的勞動力（從更廣泛的角度理解時），像是徵兵或是徭役，一種為了建造道路、運河或金字塔而為的公民徵召。為了大規模落實這些正式公民義務，必須有人清點人民、評估他們的義務，並登記和審查這些義務的免除。有效的行政管理有賴統治者對被統治者（王國的子民）之知悉。人口普查於焉誕生。

最早的普查

公元前四千年，文明的曙光初現之際，也就是蘇美文化的早期，有普查嗎？蘇美社會享有公共財，包括防洪堤和灌溉水渠，因此當時顯然曾編組並協調過大批的勞動力。正確的居民人數有助於這項工作的推動。但這類的普查不管形式為何，都是名副其實的史前事件，因為書寫的發展本身或許是公元前三二〇〇年的事。

就像現代社會裡幾乎所有的事物一樣，今日的普查也仰賴書寫。但是，就算沒有書寫，簡單的人數計算也完全可行。希臘「史學之父」希羅多德（Herodotus）曾提到一個關於斯基泰人（Scythians）的故事。他們是公元前一千年住在中亞的游牧戰士民族。「他們的國王名叫阿里安塔斯（Ariantas），由於他想要知道到底有多少斯基泰人，於是下了詔令，要每個人交出一個箭鏃；要是有人膽敢違抗聖旨，就要處以死刑。數量龐大的箭鏃按照規定繳了上來，而國王（理應已經點算過數量）決定用這些箭鏃打造紀念碑，流傳於世。」殖民時期之前的非洲也有類似的方法，例如達荷美王國〔Kingdom of Dahomey，今日的貝南（Benin）〕使用寶螺殼，或是伊博族（Igbo，今日屬奈及利亞）使用薯蕷。這種點算物件的方法既能避免直接點算到人，也不

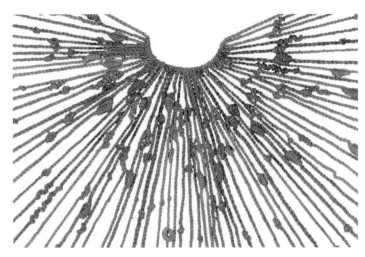

印加帝國使用繩結排列「奇普」來記錄人口普查資料。雖然有數百個奇普留存至今，但大部分都還沒有解碼，圖中的奇普亦然，其年代介於公元一四三〇至一五三〇年間。（大英博物館館藏，Am1907,0319.286）

需要書寫。[5]

事實上，原型文字（proto-literate）時期的社會能夠進行高度複雜的人口普查。西班牙在十五世紀征服南美洲時，當時主宰安地斯山區的印加人記錄了繁複的人口普查統計資料，並與稅賦做連結，雖然這些資料缺乏我們能夠認可為書寫的元素。印加人不是用文字，而是用彩繩編出一團團稱為「奇普」（khipu）的複雜繩結，做為資訊編碼。現存於博物館的上千個奇普當中，有三分之二都包含數字資料，而至少有五十個被認為和普查有關。只可惜，我們對奇普只有片段而殘缺的理解。我們已經知道數字如何表達：十進位制，比方說，一個繞三圈的結代表三（或三十，或三百，取決於它所在的位置）。但我們還不理解要怎麼解讀非數字屬性，例如線繩材質、編繩技巧、顏色，以及左向或右向的繩結。因此，一般來說，要確認任何一個奇普所包含的人口普查資料是不可能的事。[6]

我們對於印加普查程序的理解大多來自後來的殖民地記述。十七世紀的祕魯編年史家馬丁・德・穆魯亞（Martín de Murúa）寫到：

每隔五年，他們會派遣臨時普查官員（*quipucamayos*，由會計師和監工擔任），稱之為「*tucuyricuc*」（意為「看到一切的人」）以治理者和訪客的身分到達他們負責的省區。他們一抵達城鎮，就召集所有人到城鎮外的一處田野集合（或是在城鎮裡集合，如果廣場夠容納所有人的話），從衰老的年長者到襁褓中的新生兒都包括在內；普查官會要求男性列隊，排成十排，女性則另外排成十排。他們按照年齡排位，並依此而行……[7]

如果印加不需要書寫就能清點他們的人口（一般認為，在西班牙人抵達時為數有一千萬），那為什麼蘇美人不能？確實，年代最早的蘇美記錄當中，有許多資料都和會計有關。即使在公元前四千年之前，陶幣就用於計算、記錄和溝通財貨的數量。把會計方法應用在人身上似乎不算是超乎尋常的躍進。

然而，沒有書面證據，這種早期的普查內容仍然以臆測的成分居多。（尤其，有人認為「第一場普查」可以追溯至公元前三八○○年的巴比倫，而這個經常被一再提及的主張似乎出自二十世紀初一名過度狂熱的統計學家的誤解。）[8] 雖說有印加的奇普，但普查具有抽象的本質，因此無需留太多空間給實體工藝品，考古學只能帶我們探索到這裡。為了確認普查的開端，我們必須等待書寫的發展——那也是歷史的發展。即使到了那時，最早的普查報告也不是來自當代的記述，而是在事件發生數個世紀之後的書寫（雖然仍然在遠古時代）。

自生齒以上，皆書於版

最早以書面呈現的普查不是來自美索布達米亞，而是另一個文明的源頭：中國的黃河流域。就像美索布達米亞，黃河河谷也有類似的肥沃沖積土壤，提供了定居農業的理想環境。但是，泛濫的洪水能養育生命，也能輕易奪取生命。在中國的傳說裡，第一個朝代決定性的戰役就是對抗大自然：壯闊的黃河。公元前二一○○年左右，在禹的治理下，中國終於贏得了這場與大自然的戰爭。禹是個神話人物，大家為他的名字冠上「大」字，以表彰他的貢獻。他的前任嘗試以防堵的方式治水卻告失敗，而大禹成功地把水導入灌溉水渠。漢朝（公元前二○六年至公元二二○年）歷史也把中國人民的第一次普查歸功於大禹。這個論點相當可信，因為控制中國早期水患所需要的龐大土木工程確實需要進行某種人數清點，但是大禹的普查，以及傳統說法的一千三百五十五萬三千九百二十三人幾乎可以確定是後來的渲染。根據現代的估計，中國在那個時期的人口不超過四、五百萬。[9]

到了公元前第一個千年的周朝時期（從神話進入可考的歷史），我們發現普查是中國政府的既定體制。周朝受到儒家思想的影響，重視優良政府、和平、繁榮、道德和正義等原則，而這些都因為有層級化的官僚制度與詳盡的記錄才能發揮力量。在這樣的一個國家，普查是國家機器的基石。[10]

據說孔子本身對普查深為尊崇。根據《論語》的記載，孔子在路上遇到帶著人口書表的官員經過時，會屈身伏在車前橫木上，向對方鞠躬，以示尊敬。同理，據說君王本人也要跪著收受那些書表。儒家思想主張，優良政府能吸引人民移居，前來歸附，因此普查人口數不只是判斷國家繁榮的依據，也是行政管理品質的指標。[11]

雖然前現代的普查有時候會被摒為簡單的活動，完全以強制實行稅賦和徵兵等義務為焦點，中國清點人口的用意卻不只於此。公元二〇〇年左右，儒學家徐幹曾寫下一篇關於人口的文章，論及普查的用途。除了徵稅和徵兵，文中還列舉出更多項目：「以分田里，以令貢賦，以造器用，以制祿食，以起田役，以作軍旅」，還有「國以之建典，家以之立度」。這些功能（土地分配、規劃製造活動、制定經濟法規等）超越了個人義務的範疇，與現代普查所主張更廣泛的目的互相呼應。「故民數者，」徐幹問道：「其惟審民數乎？」（顯然不只如此。）[12]

中國早期的這些普查看起來也相當兼容並蓄。大部分的古代普查只計算成年男性公民。但是根據一位二十世紀早期研究者（注：陳煥章，清末民初思想家，師從康有為，一九一一年獲哥倫比亞大學哲學博士學位，後於在香港設「孔教學院」）的論述，周朝的普查所納入的對象「自生齒以上，皆書於版」（注：語出《周禮》〈秋官〉），每個人都含括在內，似乎也同時把男性和女性納入計算，也有文件報告九州之地個別的性別比例。[13]

最早的中國普查沒有做到的（或者沒有流傳後世的）是可靠的人口計數。人口總數的數字，高者有公元前三三三年的三千萬，低者有公元前二〇〇年的五百萬。既然普查和稅收相關，低報的狀況應該會隨著稅賦負擔的加重或減輕而有所變化。古代中國的幅員廣大（雖然不及現代，但仍在一百萬平方英里之譜），需要分權化的治理，謊報因而有機可乘。比方說，地方官員可能會在壓低轄境戶數，只上繳一部分的稅收，其餘則中飽私囊。[14]

這類問題並非中國獨有。隨著國家的實體擴張、人口增加，正式的公民義務也愈形複雜。儘管一如徐幹的觀察，人口資料有諸多用途，但是普查的執行架構往往取決於個人義務，尤其是稅賦這個複雜的議題。即使在前工業化的經濟體，賦稅也有許多選擇：直接稅可以依據人數、土地及其他財產、或是產出的比例來核定（今日分別稱為人頭稅、財富稅或所得稅）。稅賦的核定與收取或許是分開執行，各自有不同的週期。收稅工作可能授權給地區領導者或是出售特許權給民間。這些選項都受到一國所實行的政治結構所限制，而又回過頭來影響政治結構。

古代普查唯一的共同點，或許在於它們並不是為了歷史人口學家之利而建構的，那些人苦心孤詣解讀這些普查所揭露的人口總數，但現代意義上的統計準確性不是那些普查的重點。

撒但的詭計

回到美索不達米亞。蘇美文化持續主宰超過兩千年，最後讓位給其他文明：先是巴比倫人，後來在公元前九一一年，輪到正在崛起的新亞述帝國（Neo-Assyrian Empire）。在其後的兩個世紀，亞述人橫掃美索不達米亞，最終到達死海，接觸到兩個西方王國，而那裡有一支獨特的新民族群體正在成形，有自己的普查神話，這個民族就是以色列人。

　　這並不是一次愉快的相遇。以色列王國遭到摧毀，而它在南方的雙胞胎——猶大王國（注：Kingdom of Judah，從以色列王國分裂，亦稱「南國猶大」，與「北國以色列」相對），則一息尚存，成為帝國的從屬國，為以色列文化保住微弱的命脈。一個世紀之後，亞述崩垮，在大約公元前六〇〇年時，猶大落入新的巴比倫帝國手中。人民被迫流亡，開始記錄他們早期的歷史。這些故事最後集結成《妥拉經》（Toroh），也就是基督徒所說的《摩西五經》：〈創世紀〉、〈出埃及記〉、〈利未記〉、〈民數記〉、〈申命記〉。

　　那至少算得上是一場現代的歷史性普查；《妥拉經》本身講述了一個相當不同的故事。在大家熟悉的那場開天闢地的重頭戲落幕之後，〈出埃及記〉成為主要的敘事線，這是猶太人的建國神話，傳統上可追溯自公元前一五〇〇年左右。以色列人為了躲避饑荒，接受了法老王的邀請，到埃及避難。在那裡，區區四百三十年間，這個原本只有七十人的游群成長到人口可能多達幾百萬的民族。這種極為迅速的人口增長（可以與早期的美洲殖民地或今日下撒哈拉沙漠非洲的部分地區相提並論）引起了埃及人的注意。埃及人覺得自己受到威脅，便奴役以色列人。於是，摩西這位新領導者扛下責任，帶領他的族人走進西奈（Sinai）的曠野，爭取自由。[15]

　　這趟沙漠之旅應該相當單調沉悶，但〈出埃及記〉與〈利未記〉的作者摩西並沒有記述旅途的細節，而是利用這段時期建構猶太人生活的律法和習俗，包括最有名的十誡，以及沒那麼知名的人口普查規矩。讓現代的解經者感到遺憾、也讓後來的宗教權威機構感到困惑的是，這些規矩並不像十誡那麼直接明瞭。〈出埃及記〉提到，二十歲以上的人應該要納入人口普查。每個人應該要「為自己的生命把贖價奉給耶和華」，繳納「銀子半舍客勒（注：shekel，古代近東地區貨幣單位）」，「免得數的時候在他們中間有災殃」（三十章十一至十六節）。這些銀錢應該用於會幕，也就是上帝指示以色列人在沙漠裡建造的流動聖所。

以上所有文字是否意指點算人口在本質上是有罪的，或這是上帝專屬的特權，所以才要以贖金取代懲罰？又或者，這項稅收其實才是普查的原因——為了支付建造會幕的開銷而為的審慎財政管理、平衡預算措施？（在沙漠裡，朱紅色線製的幔子和金鉤可不是便宜的東西。）但若是如此，普查能否為沒那麼神聖的目的而推行呢？這些模糊之處影響深遠。[16]

解讀變得難上加難，因為經卷最早實際記載的數目似乎完全無視〈出埃及記〉裡的規定。第一次普查出現在取名貼切的〈民數記〉一章（二至三節）：[17]

你要按以色列全會眾的家室、宗族、人名的數目計算所有的男丁。凡以色列中，從二十歲以外，能出去打仗的，你和亞倫要照他們的軍隊數點。

普查要按照支派執行，並得彙報人數。這次普查的目的不是為了稅賦措施，而是軍事點閱，為了以色列人進入應許之地時預期遭遇到的抵抗而做準備。這個相當平淡無奇的目的，與〈出埃及記〉的描述形成了強烈的對比；而且沒有贖罪或贖金。之後也沒有災殃降臨。但這次普查是上帝直接對摩西下達的命令，或許因此凌駕律法之上。

　　無論法律地位如何，〈民數記〉的普查在歷史上（以及統計上）絕對是虛構的故事。經書記載的人口數極不可信：六十萬三千五百五十名年滿二十歲之人，代表總人口有兩百萬到三百萬。相照之下，今日屬於埃及的西奈半島只能支應大約一百四十萬人口。數百萬人在一個地方居住了數十年，卻沒留下任何考古跡證，實在不是容易的事。公元前一五○○年，或許真有一支獨特的以色列民族存在，但是他們可能只是住在約旦河邊，不受奴隸販子的侵擾。[18]

　　假設我們不採信〈出埃及記〉的故事（說到底，摩西是和大禹一樣的歷史人物），而是樂觀地想像，這個普查是發生在未來以色列王國與猶大王國所在的地區。即使在那時，兩百萬到三百萬人這個數字還是太高；現代人口統計學家估計，當時的猶太人口大約是一萬人。那麼，我們要怎麼解釋猶太─基督典籍裡這段極其確鑿卻又如此離譜的記載？[19]

　　當然，舊約容易在數字上誇張。經上所記，世界在六日內完工。瑪土撒拉（Methuselah）活了九百六十九歲。摩西享一百二十歲嵩壽。學者和其附隨者發明理論，合理化這些數字的古怪之處：解讀錯誤、抄寫錯誤、象徵而非字面上的意義云云。

　　以〈民數記〉的普查來說，最有說服力的理論是主張翻譯錯誤。我們現在使用的印度─阿拉伯數字系統（包括關鍵的數字○），在《妥拉經》寫成的當下還沒有問世，因此，〈民數記〉裡的數字是用文字來敘述表達：六百又三個千，五百與五十。希伯來語和英語一樣，一個字可能有多重意義，需依語境來分辨。而《妥拉經》的希伯來文（就像現代阿拉伯文）並沒有記錄母音，因而增加了混淆的範疇。考慮到這些因素，有些學者相信，前文裡譯為「千」的那個字，一個比較好的譯法是「隊伍」或「部隊」。按照這樣的解讀，呂便（注：Reuben，以色列人祖先雅各〔又名以色列〕的長子，後來為以色列十二支派名稱）這一支的人數就不是像一般翻譯的四萬六千五百人，而是四十六隊，共五百名男子。把這個邏輯套用於十二支派，得出的總數大約是六百隊，共五千五百名男子——據此推估，總人口數大約是數萬人。[20]

這個理論儘管巧妙簡練，但卻無法解決所有內在的不一致，而且這些數字仍然完全可能和歷史無關：最好的情況是象徵性質，最壞的情況是沒有意義。《妥拉經》寫成的年代對於算術的標準較為寬鬆，而在一個講到海水分開、河水變血水的故事裡，幾個有問題的普查結果根本稱不上是最浮誇的元素。[21]

確實，《聖經》記載的第一個人口數或許數字本身並沒有絕對的意義，而是要拿來與第二次的人口總數記錄比較和解讀，而出乎意料，四十年後的第二次人口總數略低於第一次。之前繁衍眾多的以色列人生育力已然驟降。但在敘事脈絡下，這一點說得通。摩西那一代因為缺乏信心，受到上帝的譴責而死在沙漠裡；只有孩童可以抵達流奶與蜜之地。人口的停滯反映的是人民實際上的停滯不前，像是一種有點呆板的實物教學，來訓誡不忠。[22]

〈出埃及記〉裡曾提及的普查律法目前被遺忘了，大約五百年後，在大衛王的統治期間，普查終於重現。這個故事說了兩次（一次在〈撒母耳記下〉，另一次在〈歷代志上〉，而兩個版本幾乎所有的細節都相符。這時已統一以色列和猶大的大衛王，指示他的元帥約押（Joab）清點人數，目的也是為了建立軍隊。或許是對〈出埃及記〉的律法有所警覺，約押表示反對，卻被大衛駁回。在王國裡奔走了九個月後，約押帶回一份一百三十萬名勇士的名冊。大衛在聽取結果宣布時，突然間莫名地想到自己有罪，於是乞求上帝的原諒。上帝有點隨興地讓大衛從三種懲罰裡選擇一項：三年的饑荒（注：〈撒母耳記下〉是寫七年，〈歷代志上〉則是三年）、被敵人追擊三個月，或是三日的瘟疫。大衛選擇了瘟疫。結果有七萬人死亡。在這一點，兩個版本吻合。不過，其中有一個重大的差異：在第一個版本中，啟示大衛做人口調查的是上帝，因此天譴看起來相當專橫而不公平。但是第二個版本顯示，煽動者不是上帝，而是撒但。[23]

民數引發的災難（這是第一次，但不是最後一次）為普查蒙上陰影。由於《妥拉經》沒有明確的指引，因此宗教權威提出各種拘泥支微末節的解釋，以迴避直接點算人頭。有些人主張，如果準確按照〈出埃及記〉的指示，那麼點算的是半舍客勒的銀子，而不是人本身。這種主張的另一個變化是允許點算人體部位，例如鼻子，顯然是以此替代點算這些部位所屬的個人。

但是，關於何時准允和不准數算人民，有這麼多層層疊疊且經常相互矛盾的指引，因此許多猶太（以及後來的基督教）群體謹慎地把普查列為禁忌。莫忘大衛王的例子：如果普查實際上可能是惡魔的詭計，那麼一律避免或許才是上策。在接下來的千年期間，「以色列的人數」成長「如海沙」，一如上帝對何西阿（注：Hosea，以色列先知）的承諾（在他之前是雅各）。但是，當他們加倍增長，他們依舊安然不受點算，就像沙子一樣，「不可量，不可數」（〈何西阿書〉一章十節）。[24]

希羅多德如是說

近東地區還有一場古代普查，記述的細節較少，但更可信，記述者就是那位希羅多德。根據他在《歷史》（Histories）一書上的記載，公元前六世紀中（大約與《妥拉經》寫成的時間同時），埃及在法老王雅赫摩斯二世（Amasis II）的統治時期進行了年度普查，雅赫摩斯二世統治埃及超過四十年，「規定每個埃及人每年都要到所屬省分的省長面前申報自己如何謀生」。申報疏漏會被處死。希羅多德盛讚這些措施，並且認為埃及在雅赫摩斯二世的統治下已經締造財富的高峰。這個鍍金時代的光芒讓普查法也跟著沾光：希羅多德宣稱，雅典的改革派立法者梭倫（Solon）採用了埃及律法，對雅典人實施類似的規定。希羅多德寫道：「但願它能長久施行，以法律來說，它再優越也沒有了。」[25]

希臘哲學家也對人口議題感興趣。公元前四世紀中期，柏拉圖和亞里斯多德都曾撰文探討這個主題。柏拉圖主張，一個理想的城邦應該要有五千零四十個公民（指的是家戶單位裡的男性人數）：這個人數多到足以在經濟上自給自足以及自我防衛，但又少到足以實施憲政。他挑選五千零四十這個數字，正是因為它可以做「最多、最規則的連續整除」，意思是可以用很多方式均等分配（現代數學稱之為高合成數）。當然，柏拉圖特別執著於它可以用十二連除兩次（5040=12×12×35）。他認為這對於社會組織來說特別實用。此外，十二這個數字對希臘人而言有特殊意義，對許多文化也一樣（我們至今日仍然保留了一些傳統：例如時鐘分成十二個小時，一年有十二個月。）他想必認同現代對〈民數記〉的重新解釋，也就是以色列十二支派的成年男子總數約為五千多人。柏拉圖的推論是一個很好的提醒，顯示神祕學、數祕術的考量或許扭曲了許多早期的人口計數。[26]

如果就像希羅多德所宣稱的，雅赫摩斯二世的埃及是普查觀念的出口國，那麼最重要的進口國應該就是位於義大利中部台伯河岸的一個城邦。羅馬人在羅馬王政時期的晚期實施了人口普查，就在更為人熟知的羅馬共和於公元前五〇九年宣布成立不久之前。羅馬人給這個程序取了一個我們如今還在用的名字（普查「census」源自拉丁文的「cēnsēre」，意指「評估」），讓普查成為他們社會秩序的根基，而且隨著他們領土的擴張而進一步推展。

這時的羅馬還沒有成為未來那個廣大的帝國。在共和之初，羅馬約有十萬人（不包括奴隸），他們大部分都在城外從事農業，或許只有兩萬五千人是真正的城市居民。後來，羅馬人把他們所知的普查歸功於倒數第二位國王塞爾維烏斯·利烏斯（Servius Tullius）的發明。不過，如果普查的開端是在王政時期，它可能只是簡單點算符合從軍年齡的男性，而不像以色列的普查。羅馬共和巔峰時期繁複的儀典規章，是歷經好幾個世紀才發展出來的。到了公元前二世紀，普查（以及負責執行的兩名普查官）在權力和核心所具備的地位，與任何文明相比都是空前絕後。[27]

在二十一世紀，一個有志角逐美國總統大位的人，或許會先從軍，或加入學校董事會，然後在州政治圈裡往上爬，也可能是成為參議員，最後入主至高的大位。在羅馬共和，情況也相仿，一個有抱負的政治家會從事一系列的公職，也就是所謂的「問政之路」（cursus honorum）。這條路的起點也是從軍，並在歷任一連串的高階職位之後，最後擔任執政官（consul），也就是羅馬共和最有權力的行政官。不過，這並非問政之路的終點：最高階的職位是監察官（censor），通常只有當過執政官的人才能擔任。

監察官的權力表現不像執政官那麼直接；監察官沒有統治權、軍權或司法權。然而，這個職位是國家常設職務裡最受尊崇的。我們或許可以把它想成一種榮譽職位，就像今日的前總統或總理一樣，他們偶爾會發揮自身的道德和政治影響力，參與外交事務或特別委員會。

但是，監察官不只扮演著顧問的角色。每一個羅馬公民在精細繁複的階層裡處於哪個位階，都由他們決定。社會位階又會反過來主宰該公民與其家人的生活方式：服飾穿著、法律上的待遇，以及如何行使政治權力。當羅馬隨著時間演進，區隔貴族和平民的祖宗法制也日益沒落，多半被普查所評核的經濟位階取代，而位階又取決於當事人財產的價值。一開始是因為大家認為，一個人的財產可以反映他對軍事的貢獻能力，但即使財產與從軍的關聯隨著時間淡化，財產資格制度仍然存在。

最高的階層是元老和 equites（騎士），他們必須展現相當於一名步兵五百年薪資的財力。接著是五種庶民階層，最高者或許也可以擔任騎兵，而較低的四類，財富要求逐次降低，可以擔任步兵。最底層的是無產階級（capite censi，字面意思為「按人頭計數的人」，而不是按財富），這些人的財產很少，或根本沒有財產。（更低而下之的是外國人，而在公元前二〇〇年，這些人指的多半是住在羅馬城周邊地區以外的義大利人和奴隸。兩種群體都不計入普查。）

原則上，羅馬社會的層級分等每五年實行一次。兩位監察官一旦獲得任命，就會在羅馬戰神廣場的一棟建築物裡開會。他們的服飾（鑲紫色寬邊的托加袍〔toga praetexta〕）讓他們與群眾有別，而兩人所坐的象牙鑲飾資格座椅是在位官員的象徵，也讓他們與眾不同。首先，他們會宣讀吉兆卜文，確認普查得到神明的認可。接著，各戶長按點名上前申報。申報人要報上自己的全名、父親的全名（如果是回復自由身的奴隸，則報上保護人的全名），還有年齡。如果適用，也得報告自己的婚姻狀況、妻子的名字，以及子女的人數、名字和年齡。然後再繼續陳述自己的財產。這個程序會依部落別進行，一直到普查全部結束。據稱，缺席者會面臨程度不一的懲罰，從入獄、褫奪公民身分，到賣為奴隸，甚至被判死刑也有。[28]

監察官的任期是十八個月，而光是從後勤作業就可以看出來，普查會占去監察官任期大部分的時間。普查結束時會公布總數，並進行殺牲獻祭（lustrum），好為羅馬人民除淨罪孽。隨著時間過去，「lustrum」一字已用代表整個普查程序，最後又轉為意指為五年期間本身。雖然這個單字沒有像「decade」（十年）、「century」（百年）、「millennium」（千年）等眾拉丁文兄弟姐妹一樣進入現代英文中，但是像澳洲、加拿大和紐西蘭等國家所實行的五年一度（quinquennial）的普查，也反映了這些古典起源。

多米提烏斯・阿黑諾巴爾布斯（注：Domitius Ahenobarbus，羅馬執政官）浮雕描繪了羅馬普查的執行場景，年代可追溯至公元前一〇〇年。完整的浮雕將近二十英尺寬（注：約六公尺），在普查結束時為了贖罪的殺牲獻祭儀式也在其中。（羅浮宮館藏，LL 399 / Ma 975. 照片來源：Marie-Lan Nguyen / Wikimedia Commons）。

　　這項普查的評核可不是敷衍了事。羅馬人的財富可能、也確實會根據監察官的裁量有所增少。就像財政評估人員，監察官是羅馬生活各個層面的道德仲裁者，是一個潛在具侵入性的角色，由此衍申出「censorship」（審查）一詞在現代英文中的意義。公元二世紀的羅馬作家格利烏斯（Gellius）曾記述過一則軼聞，講到一位不知名（尤其沒什麼幽默感）的監察官與一名市民的面談經過：[29]

　　立誓的申報者是個喜歡插科打諢、耍嘴皮子的人。監察官按慣例問道：「據你所知與所信，你有妻子嗎？」他以為自己逮到一個開玩笑的機會，回答：「我確實有個老婆，只不過，皇天在上，不是我想要的那種。」接下來，監察官因為他這個時機不當的俏皮話把他貶為庶民，還說他之所以如此評核，原因就是這個人在他面前開這種粗鄙的玩笑。

這可能是第一筆在普查記錄有案的笑話，但絕非最後一個。二〇〇一年，一個網路瘋現象最早的例子，就是全球各地都有人在人口普查的宗教項目中，填入「絕地」（Jedi）——這是《星際大戰》的虛構世界裡的一個修會：在加拿大有兩萬一千人、紐西蘭有五萬三千人、澳洲有七千人，而在英格蘭、威爾斯和蘇格蘭則有超過四十萬人。有些人認為，這麼做反映的是他們對普查本身、或特別針對這個宗教問題打從心底反對（雖然在澳洲和英國，宗教是選答題，而紐西蘭則明確列出「拒答」這個選項）。但是，大部分的參與者應該是把它視為無傷大雅的戲言。全球各地普查當局拿不出什麼對策，只能發布警示新聞稿，以表憂心。可能有為數不少的國家統計人員希望自己還能像羅馬時期的普查祖師爺一樣，握有懲處的權力。[30]

在接下來的兩個世紀，羅馬控制的領土持續擴張，把大半地中海沿岸都納入版圖。這些新靖綏地區裡的居民，雖然生活在羅馬的統治之下，卻不是自動就取得羅馬公民的身分，雖然公民身分確實有在逐漸擴展。但是，即使羅馬在海外的權力不斷擴張（在公元前一世紀中期納入高盧和埃及），本土的共和政體卻處於危機。公元前二七年，不久之後就會被封為「至尊」奧古斯都的屋大維（Octavian）獨攬大權登基，開創了新朝：羅馬帝國。

帝國的治理仍然相對分權。只要可行，羅馬人通常會在征服的領土保留地方行政慣例。因此，雖然奧古斯都在統治時曾實行遍及整個帝國的普查，普查的形式卻各處不一。或許和在首都執行的繁複儀典沒有什麼相似之處，普查主要的焦點放在稅收，而不是社會階層。有些省在被羅馬征服之前就已做過人數統計，因而可以強徵羅馬稅賦（埃及就是一例）。在有些地方，稅賦是以人口為主要依據；還有些地方，稅賦反映的是財富或所得。這些不同的稅賦可能會導致不同的普查程序。每個省是否都有類似普查的措施，也無從確定。[31]

　　因此，在奧古斯都統治期間，羅馬帝國並沒有完整的人口記錄，不過還是有部分的統計數據。奧古斯都在逝世之前曾留下一張成就列表，用於鐫刻並流通整個帝國，標題是「神聖奧古斯都的功蹟」（Res Gestae Divi Augusti）。雖然原版已經佚失，但當時製作的為數不少，有些仍流傳後世，在土耳其安卡拉就有一面銘刻接近完整的牆，列出了這位帝王的各項豐功偉業。他早期的成就包括三次下令普查，分別是公元前二八年、公元前八年與公元一四年，從四百零六萬三千人成長至四百九十三萬七千人。（一如儒家傳統，我們可以假定，奧古斯都認為人口的增加反映的是他的英明統治。）文字清楚指出，這些普查只限於公民，但是第一次普查的總數比共和時期最後一次的普查結果高出四倍，而兩次普查時隔不過四十年。為了解釋這點，有些學者主張，這時的普查必然是納入了成年女性，雖然這個論點沒有直接的證據。其他解釋包括公民身分在此期間已經擴大對象，還有一說指出，公民普查程序在共和時期末年的分權化使得統計品質變佳。如果把孩童、奴隸，以及所有邊遠省分的非公民居民（特別是這些人）都納入，公元一四年羅馬帝國統治的人口應該超過四千萬到五千萬人。[32]

這些是古代單一政府所控制最大的人口規模之一，但是即使在當時，這也不是最大的。公元二年，就在奧古斯都鞏固他的傳世偉業之際，漢朝政府正在進行中國的普查，是現在公認中國歷史上第一個可靠的計數。官方記載的人口總數是五千九百五十九萬四千九百七十八人，這個數字落在現代估計的四千五百萬到七千萬的範圍內。中國的人數優勢在此確立，而這個在人口統計與政治上可能已經存在兩個世紀的現實，也會在接下的兩千年裡繼續保持下去，幾乎不曾中斷。[33]

來自伯利恆的彌賽亞

以年代而言，奧古斯都四十年的統治跨越傳統上標示為「BC」（意為「在耶穌基督出生之前〔before Christ〕，以「主前」記年），以及「AD」（意為「在主之年〔anno Domini〕，以「主後」記年）的年代。（在本章中，一如愈來愈常見的記年方式，我採用的是公元前〔BCE，before common era〕和公元〔CE，common era〕）。古代（也許）最著名的一次普查，據稱就是在這個門檻年分發生的；這並非偶然，因為這個分野的由來正是以這場普查為背景。〈路加福音〉二章一開始如此記載（一至二節，當代譯本修訂版）：

那時，凱撒奧古斯都頒下諭旨，命羅馬帝國的人民都辦理戶口登記。這是第一次戶口登記，正值居里紐任敘利亞總督。大家都回到本鄉辦理戶口登記。

戶口登記「census」這個字並沒有統一的翻譯。《新約聖經》原來的語言據信是一種希臘方言，而不是《舊約》使用的希伯來文。在希臘文本中，這個字是「apographesthai」，通常譯為「抄謄」（copy）、「登記」（enroll）或「註冊」（register），而在文法脈絡下的一個直譯是「叫天下人民都報名上冊」。欽定本《聖經》（注：King James Version，由英王詹姆士一世〔James I〕下令翻譯的英文版本聖經，一六一一年出版）用的是「納稅」（tax），而有些現代的譯者選擇「註冊」（registration）或「列名」（listing）。但是，既然指的是羅馬規程，以上似乎都是「census」合理的用法。[34]

〈路加福音〉繼續記述（二章三至七節，當代譯本修訂版）：

大家都回到本鄉辦理戶口登記。約瑟因為是大衛家族的人，就從加利利的拿撒勒鎮趕到猶太地區大衛的故鄉伯利恆，要和已許配給他、懷著身孕的瑪麗亞一起登記。他們抵達目的地時，瑪麗亞產期到了，便生下第一胎，是個兒子。她用布把孩子裹好，安放在馬槽裡，因為旅店沒有房間了。

那個兒子當然就是拿撒勒人耶穌。邏輯上來說，這個事件應該發生在主後或公元一年——耶穌就是「在主之年」所指的「主」。事實上，主前／主後記年系統的設計者，也就是十六世紀的僧侶狄奧尼修斯·伊希格斯（Dionysius Exiguus）似乎混淆了日期，而今日大部分學者都認為耶穌的生日是落在公元前六年到前四年之間。他們的依據是大希律王（King Herod）在公元前四年駕崩，這件事的年分被認為是可靠的。既然希律王在後續的故事裡還扮演著重要的角色（注：根據〈馬太福音〉的記載，希律王因為知道伯利恆有個新君王誕生而心裡不安，便下令殺死伯利恆周圍兩歲以下的男嬰），他必然在耶穌誕生時還在世。但是，解決了這個問題，又帶出別的問題，因為羅馬在那些年間並沒有普查。

猶大王國在歷經巴比倫的崩潰、波斯的征服、在亞歷山大帝國裡成為一個小角色、又進入一段自治期等種種曲折之後，被羅馬占領。自治期在公元前六三年結束，猶大王國被掃進不斷擴張的羅馬統治境內。當時首都的政治動盪意謂著羅馬的統治在公元前三七年之前都沒有完全穩固，當時的猶太人大希律王被立為「猶太」（Judea）這個拉丁化從屬國的國王。

這種代理統治的狀態是希律王統治期間不太可能有普查的原因之一：在猶太人的律法和文化裡，大衛王進行普查而遭致災禍的記憶仍然相當鮮明。這個故事的其他部分也站不住腳。羅馬並沒有做過普天下同時進行的普查。普查再加上要求返回祖籍地註冊的規定，會在整個帝國引發混亂。歷史學家的共識是，作者路加把耶穌的誕生寫在普查期間純粹是誤寫。耶穌誕生的故事相當有可能完全是杜撰的，為了解釋大家所說的「拿撒勒人」耶穌，為什麼會是預言裡那位從七十多哩外、那個叫伯利恆的小村莊來的彌賽亞（意為「救世主」）。[35]

儘管如此，十年後，公元六年確實有一場「居里紐的普查」。大希律王在公元前四年駕崩，王位由他的兒子希律．亞基老（Herod Archelaus）繼任，但是這個新希律王不受歡迎，最後奧古斯都派了一名直屬行政官取代了他。羅馬皇帝把這一省交給了已經在鄰區敘利亞擔任行政長官的居里紐。居里紐一接收猶太，所做的第一件事就是展開全省普查，以開徵稅賦。[36]

　　此舉受到猶太人的排斥。向一個遙遠的帝國政府進貢絕對不是討喜的事，但是在猶太，這件事加倍具有煽動力，因為它違反了數算猶太人的古老禁令。加利利的猶大（Judas of Galilee）這位革命人士領導了一場異議運動，鼓勵大家反抗登記。這場抗議運動影響深遠。一世紀的歷史學家約瑟夫斯（Josephus）認為是猶大成立了奮銳黨（Zealots），這個支派的抗稅行動最終導致了第一次猶太—羅馬戰爭（First Jewish-Roman War），隨著耶路撒冷的淪陷才在公元七三年結束。那場戰爭反過來開啟了一段斷斷續續爆發衝突的時期，一直到公元一三六年，羅馬軍團最後殲滅或驅逐了猶太境內所有的猶太人口，衝突才落幕。人口普查再一次導致了猶太人的劫難，儘管這次行經了一條漫長而間接的道路。[37]

　　耶穌誕生的故事，加上年代轉換的普查，在基督教傳播之時成為其神學的堅固根基。公元三三七年，君士坦丁大帝臨終前歸化為基督徒，而在公元三八〇年，他的繼任者宣布基督教為帝國的官方宗教。幾乎一夜之間，遠至羅馬不列顛尼亞行省北境的哈德良（Hadrian）長城，全地名義上都成了基督之國。西羅馬帝國在公元四七六年滅亡。雖然人口普查在其他地方繼續進行（例如公元六三四至六四四年在哈里發〔注：穆斯林國家統治者的尊稱〕歐瑪爾一世（Umar I）統治下的伊斯蘭世界），但好幾個世紀期間，歐洲都未曾再有普查。

　　基督教在它的帝國贊助者垮台後仍然流傳了下來，而在羅馬帝國之後的時期，儘管有消長起伏，但基督教在英倫小島上卻維持了有力的根基。事情要從一〇六六年威廉一世（William of Normandy）橫渡英吉利海峽說起。他以一個基督教公爵的身分入侵一個以基督教為主的國家，並在十二月二十五日這個有象徵意義的日子裡（羅馬教會追定為聖誕節的日子），登基為王。我們之所以對威廉統治的英格蘭所知甚多，原因就是在二十年後，也就是一〇八六年，他對英格蘭的土地和人民進行了調查。這項調查或「探訪」（有些歷史學家不願意稱它為普查，雖然普遍的理解是如此）在當時的歐洲屬獨一無二。調查的總結報告一直留存至今，收在一份當代記錄裡，也就是我們所說的《末日審判書》（*Domesday Book*）。[38]

更精確而言，它包含兩本書：《大末日審判書》與《小末日審判書》，還有許多相關文件，散見於英格蘭政府與教會所留存的檔案裡。但是，儘管有這麼豐富的文件證據，對於進行調查的方式和原因究竟為何，大家卻莫衷一是。甚至連這些書冊是否為調查原來意欲得到的成果，還是調查之後才有了成冊的構想，歷史學家對此也沒有共識。文本裡的直接線索寥寥，這個謎題觸發了學者此後的苦心孤詣。[39]

征服英格蘭之後，威廉迅速鞏固他的統治。他建造城堡、攫取土地，並創造新的諾曼貴族。他繼續課徵盎格魯撒克遜國王過去為了保衛王國而實行的一種土地稅（名為「geld」）。他剷除反叛分子毫不手軟：傳統上認為，他的北征造成超過十萬人死亡，而《末日審判書》裡描述為「荒廢」的許多莊園正是此番光景的寫照。[40]

儘管（或許是因為）有這些舉措，他對英國的統治還是無法十拿九穩。一〇八五年，丹麥的克努特大帝（King Cnut of Denmark）威脅入侵，威廉備好傭兵要保衛王國。這些人應該會要求薪餉，因而長久以來都有一個理論主張，《末日審判書》的調查其實是一項收稅活動（這個說法歷久不衰）。但是，入侵行動一直沒有成行，而且這件事在調查展開當時或許已經明朗。有另一說則主張，《末日審判書》是封建協議，是權利與責任的重新協議，以承認並強化由威廉自己在二十年前的入侵而造成的變動——這是一項遲來的行動，企圖用白紙黑字定下新的「基礎事實」。更晚近之時，《末日審判書》甚至被描述成某種和解過程，雖然嚴酷，但其目的是用來解決（或鞏固）過去二十年間所造成的不公義。[41]

關於調查的起源也有同時代的證據（簡短到令人意猶未盡）。那段時期最重要的歷史記錄《盎格魯—撒克遜編年史》（*Anglo-Saxon Chronicle*）提到，一○八五年的隆冬，威廉身在格洛斯特（Gloucester）這個前羅馬時期的城市。那年的聖誕節，他與「他的政務團深談了關於這片土地的種種；還有如何占領這片土地；以及由哪類人來占領。」除此之外，就沒有這場討論的記錄了。威廉的政務團可能曾經討論到，丹麥發動攻擊的可能性現在變小了（令人鬆一口氣）。又或許，不斷出現的土地糾紛使國王遭到顧問們的怨言轟炸，因而他想乾脆一勞永逸，定下土地的所有權。究竟真相如何，我們不得而知。[42]

不過，這個聖誕節期的時間點恰好是威廉登基滿二十年，這點頗耐人尋味。你如果在聖誕夜漫步到教堂，你可能會聽到前文引述的〈路加福音〉二章一至七節的經文。或許在一○八五年的平安夜，同樣的故事也以審慎的拉丁文朗誦著：「factum est autem in diebus illis exiit edictum a Caesare Augusto ut describeretur universus orbis.」（注：

〈路加福音〉二章一節的拉丁文）；經文在格洛斯特金斯罕宮（Kingsholm Palace）的禮拜堂裡迴響，而這座宮殿的地基，正是羅馬時期的遺跡。或許威廉一夜無眠——這個出生時是私生子威廉、最近成為威廉一世、最終以征服者威廉留名世間的人，想到後來成為神聖奧古斯都的屋大維。或許生為私生子、繼承身分不明的威廉，雖然征服了一片面積是他出生之地的四倍、人口也更多的土地，但在那個晚上，他夢到了羅馬帝國、帝國的興盛，以及眼前提醒著帝國衰落的遺跡。或許第二天他醒來時，就有了鞏固基業、甚至以基業傳世的念頭。[43]

　　無論動機為何，國王貫徹心願的速度和程度都令人讚嘆。一〇八六年一月中，調查已經展開。英格蘭被規劃成至少七條路線，並有指派的專員監督每一條路線的資訊蒐集工作。他們可能用了既有的記錄，包括徵收土地稅的名冊。接著，這些專員會召開特別法庭，召集陪審團（一半英國人，一半法國人），透過立誓來確認、修正並增補相關資訊。[44]

　　法庭調查與記錄的主題範圍廣泛。莊園的所有權。從自由人到奴隸等封建社會各層級的人口。從漁場到磨坊等經濟資源。未開發的資源。全都要按照三個時間點評估：現今（一〇八六年），以及征服（一〇六六年）之前與之後。記錄內容詳盡縷析，而且是公認如此。《盎格魯—撒克遜編年史》評述道：「沒有任何一方躲藏處、任何一碼土地——更甚者（說起來羞愧，但他做起來絲毫不覺得有什麼好汗顏），沒有一頭公牛、一頭母牛或一頭豬被遺漏，或沒有列入他的記錄裡。」[45]

由於蒐集到的原始資訊如此鉅細靡遺，因此在完成國家記錄的彙編之前，必須先進行一連串的總結步驟（《小末日審判書》就被視為這些中間階段的總結之一）。資訊在總結時會重新編排；雖然路線是依照地理區域安排，最終的總結卻是從國王以下、按著封建階層的所有權來排列。既然大地主在全國各地都擁有莊園，這必然是一項複雜的校勘工作，需要許多抄寫員的參與。然而，最後的總結，也就是《大末日審判書》，卻由一人主筆：單一個人，可能是個英國人，他快速寫滿了大約由兩百頭綿羊皮製成的四百一十三張羊皮紙。[46]

　　這項人口特徵與經濟統計資料以層次不凡的數字細節顯示了盎格魯—諾曼時期的生活：一○六六年有兩萬五千人的名字列入記錄；一○八六年有一萬九千五百人；有二十七萬人列入計數，但沒有名字；八萬一千個耕田隊；兩千零六十一間教堂；六千零八十二座磨坊；四十五座葡萄園；幾座鑄幣廠；還有產業設施場所，包括鹽盤、製鉛廠、採石場與陶作工坊。雖然《末日審判書》主要是數字之書，偶爾會有漏網的個人小細節逃過抄寫員摘要的過篩器，未被記入字裡行間，我們還是可以看到書中記述了如以下這樣偉大的歷史浪漫事跡：一個沒有名字的英國人在沒有國王的授權下占據了皮肯罕（Pickenham）的土地，因為「他愛上那片土地上的某個女子。」[47]

　　一開始，這份記錄單純稱為「descriptio」（意為「描述」），與〈路加福音〉武加大譯本（Vulgate）所用的拉丁文一樣，相當於希臘文的「apograph 」（列冊，報名上冊）。後來，它被稱為「國庫之書」（Book of Exchequer，以諾曼時期的稅務機關名稱命名），或是「溫切斯特之書」（Book of Winchester，依存放的城市命名）。這本全頁書寫的線裝書，無論修繕還是更新都不是易事，於是很快就過時了。根據歷史學家的說法，不過幾代，它就「與英國政府多半無關」。儘管如此，在私人事務上，事實證明，《末日審判書》卻不斷發揮用處，做為證明權利和特權的參考。一一七九年，這份紀錄得到了現在這個不祥的別名，也就是「末日審判書」。末日是《聖經》上所說的審判日，不見得有今日令人聯想到毀壞和頹敗的弦外之音。這本書之所以得此名，是「因為它的決定就像最後審判裡的那些決定，是不能更改的。」一直到十九世紀，《末日審判書》還是法庭案件所依賴的參考，甚至到了一九五八年，英格蘭西部一個名為湯頓（Taunton）的城鎮有一件關於市場的爭端，此書還被引用參考。[48]

一〇八五年的聖誕節早晨，當威廉望向格洛斯特崩塌的羅馬城牆時，或許他也瞥見了幾許未來。他在調查開始後不到兩年間過世。（他的死或許也讓《大末日審判書》的彙編中止，導致我們今天看到的未完成本。）在格洛斯特的那個聖誕節，五十七歲的威廉已經是個老人。他的父親享年三十五，他的母親死時只有四十幾歲。那個時代的英國國王只有懺悔者愛德華（Edward the Confessor）活過古稀之年。或許威廉有感自己的肉身終有一死，於是執意為自己創造某種「傳聞證供（Res Gestae）」以傳於世，記述征服者究竟征服過哪些人與物。

尋根

一九八六年，適逢《末日審判書》九百週年，為了慶祝，BBC彙整了一九八〇年代英國景況的大量資料。這些資料都用當時最頂尖的技術記錄：蝕刻在有塑膠外殼的鋁金屬鐳射影碟上（和光碟片類似，不過比較大）。不到十五年後，用來讀取這份記錄的技術已不復存在。實體的格式已經過時，讀取資料的程式也不適用於現代的硬體。最後是靠著一群專家研究人員同心協力，才得以解救這批資料。[49]

反觀，《大末日審判書》與《小末日審判書》，仍然相當可讀，事實證明，書寫於上等皮紙的拉丁文是相當強韌的技術。這些書冊通常精心保存在邱區（Kew）的國家檔案館中，只有學者可以借閱，不過有興趣的一般大眾可以在網路上找到影像和內文。民眾對這些檔案還是頗感興趣，這有點不可思議。《末日審判書》被視為英國國家故事的基本文件。英國家庭能在《末日審判書》的條目裡追溯到他們的先人，這仍然是一件令人驕傲和悸動的事——就像一名歷史學家所說的，「遺產的終極認證」。[50]

家族歷史與普查的淵源非淺。《聖經》記載以色列數算人數後不久，龐大的家譜便擺在眼前，而這些誰生了誰的連環關係，就算是今日最虔誠的信徒，讀經時也都會跳過這個部分。確實，地表上最大的普查資料庫，或許是在俯視著猶他州鹽湖城山脈深處的一處開採過的石礦場。耶穌基督後期聖徒教會在那裡的花崗岩山檔案庫（Granite Mountain Records Vault）從事著全世界人口記錄的保存工作，以確保這些記錄不會步上一九八六年末日計劃的後塵。在摩門教信仰裡，祖先尤其占有重要的地位，而摩門教義容允死後洗禮與救贖的可能。透過這種洗禮，死去的先人或許可以與他們現世的後代在來生重聚。由於摩門教是近代支系，加上其勸誘改宗的本質，因此家譜計劃是全球性的。這份保存在花崗岩山檔案庫裡的記錄約有三十五億頁，現在做為網路家譜服務的基礎，像是 Ancestry.com 就有超過三百萬名登錄者。為本書做研究時，我也成為其中的一員。[51]

就像許多澳洲人一樣，我的祖先來自歐洲，多半是英國人和愛爾蘭人。我的姓氏惠特畢（Whitby）是英國名，源自維京。位於約克夏海岸的惠特畢鎮是個古老城鎮，在《末日審判書》裡有記載，但是就我所知，我的家族不曾與它有任何關係。在展開我自己的研究時，我沒有想到我會找到一條追溯至諾曼先祖的路，雖然它確實存在，就像二十世紀大規模移民之前英格蘭幾乎所有的家庭一樣。

我加入 Ancestry.com，輸入我父母和祖父母的資料（起碼我還記得的）。一開始出現的記錄稀少零落，只有幾筆澳洲選舉人的名冊條目。等到我從父母那裡挖到更多細節資料，像是生日和出生地，我的搜尋開始有了動靜。資訊最豐富的是十九世紀和二十世紀初期，那段期間英國普查的詳細條目如今都已經公開。我找到我的高祖父在一八四一年的普查裡是九歲，而他的祖父當時四十五歲。再更早期，較粗略的普查沒有什麼幫助，但是用民事登記資料以及教區記錄（如生日、死亡和婚姻等），我可以追溯到一六二五年。然後就此斷了線索。

不意外，我的家族史研究最終會走到死胡同。這對英國出身（或者說歐洲）的人來說是相當典型的經驗。一直到十六世紀，歐洲才有幾個國家強制實施教區登記制度，這是現代民事登記制度的先河。到了十八世紀，所謂的普查程序才以國家體制之姿重新在歐洲出現。[52]

普查重出江湖之際，借用了過去的觀念，最明顯的就是名字。但它也發展出其古老先河不曾有過的特質。儘管徐幹等古代思想家或許已經體認到抽象人口資料的價值，但通常來說，普查還是為了其他目的所發展出來的程序副產品。當時，數字次於程序，但到了現在，程序是為了追求數字的精準。在科學革命之後，普查變得更科學化。

改造後的普查也剔除了某些古老的觀念。為求精確，它排除了那些在古代網舞會隨之而來的個人國民義務。在中國的周朝，普查最首要是做為收稅的機制。在西奈的以色列人之間，它做為徵兵之用。在羅馬，普查用於建立社會與政治秩序，而在羅馬的省分，普查又再次用於輔助收稅。威廉的末日審判調查可能有以上任一或全數的用途。然而，一個典型的現代普查卻不為前述任何一個目的而行。

現代普查也必須克服反對清點人數的禁忌，不光是猶太一基督教傳統，其他文化也有相關的忌諱存在。與個人義務脫鉤或許會有幫助——通常來說，對上天之怒的恐懼底下，更常見的恐懼是對稅收官的懼怕。普查的去神祕化並沒有讓它暢行無阻：宗教的禁忌很快就被對專制政府和全面監視的恐懼所取代。大衛王舉行普查的悲劇也旋即被更恐怖的故事取而代之。

我的尋根之旅在我心底留下了一個縈繞不去的終極問題：最長的家譜可以追溯到多遠？誰是最高的家族樹梢上那片最新的葉子？而它的根部又有哪些偉大的祖先？你或許會猜某個歐洲皇室家族：或許是查理曼大帝（Charlemagne）的後代，或是某位羅馬皇帝的子孫。但是，和人類森林裡最高的那棵樹比起來，他們只能算是樹苗。那棵最醒目的樹木是孔子家族——那位優良政府最初始的擁護者，一個僅僅是普查報告就能讓他肅然起敬的人。

在大部分的中國歷史中，儒家思想具有官方的尊崇地位，因此他的後人持續一絲不苟地正式記錄他們的後嗣血緣關係。當共產黨革命橫掃中國，享有國家特任官禮遇的孔子嫡系逃到台灣。在中華人民共和國的早期，特別是在文化大革命期間，儒家思想遭到批判。但是，有數千年生命的思想不會輕易殆亡，儒家思想在中國內外持續受到歌頌。一九七三年，還有一顆小行星以其命名（小行星七八五三，孔子星）。如今，儒家思想正在中國大陸復興。

目前孔子世家的族長是一九七五年出生的孔垂長。不過，他不是最新的一代：金氏記錄認證了一個八十六代的支系。但是，由於孔垂長是嫡系（七十九代，仍然讓人驚嘆），他在二〇〇八年繼承了大成至聖先師奉祀官的頭銜。維基百科上有完整的譜系。如果普查是人口在某個時點的快照，那麼族系就是一個家族在時間縱深裡的切片。孔垂長的兒子孔佑仁是第八十代，二〇〇六年一月一日出生。[53]

台灣最近一次的普查是在二〇一〇年十二月二十六日（注：距本書出版最近的一次普查是二〇二〇年十一月八日），就在孔佑仁滿五歲的生日之前。當時，地球上有七十億人口，他是當中的一個。由於國際太空站正在進行任務交接，地球外的人口暫時多了一倍：三名俄羅斯人、兩名美國人和一名義大利人。從他們所在的低空地球軌道位置來看，他們所見的宇宙之大，遠遠超乎我們的史前祖先所想。現在科學家相信，在觀察得到的宇宙裡有超過十億兆顆星。我們數算過的星星都記錄在星表裡，其中規模最龐大的只包含數十億顆，以總數來看，比例微不足道。大部分的星星仍然無法數算，也超過最強大的望遠鏡能解析的範圍。同時，我們現在已經有能力數算每個活著的智人。[54]

事實上，台灣二〇一〇年的普查只是部分普查，仰賴現存的行政記錄來統計大部分的人口（為部分國家現在所採用、以節省成本的技巧之一），因此我不敢說那年十二月底是否有一份空白普查表格投進孔家的信箱。但如果有，我想像年幼的佑仁仰望著天空，大致朝向小行星七八五三的方向微微致敬，而就在此時，那位新科大成至聖先師奉祀官坐了下來、捲起袖子，拿起規定填表使用的藍色墨水筆，取下筆蓋，開始填寫表格。

第 2 章
政治算術

　　一七○一年，丹麥國王弗烈德里克四世（Frederick IV）接見了一位迫切的請願者。這個人從天寒地凍、狂風呼嘯、地處北極的冰島一路長途跋涉，來到哥本哈根。他告訴弗烈德里克四世，王國的子民正在挨餓。維京人在公元九至十世紀之間開始定居冰島，十三世紀時，冰島為挪威所統治，並在一三九七年成為丹麥—挪威—瑞典聯合王國的轄地；一五二一年，瑞典獨立出去，冰島仍然留在丹麥—挪威聯合王國裡。[1]

　　近極圈前哨地帶的生活一向如履薄冰，仰賴放牧和漁業，也受制於氣候的變化以及活火山。一如詩人馬提亞斯・約杭森（Matthías Jochumsson）後來所言：「草死了，野獸也會亡；先是馬，然後是羊，接著是牛，之後是乞丐，再來是農人，然後是他的妻子，最後是他的孩子。」雖然冰島的面積大於按字母排列時的隔壁鄰居愛爾蘭（分別是 Iceland 與 Ireland），冰島人口大概從未超過七萬人，且當時還一直在衰退。在所謂的小冰河期，全球氣溫下降，使得冰島人在十七世紀最後的十年過得格外艱辛。[2]

請願者的請求為何，並沒有留下記錄，不過至少有那麼一陣子，這份請願似乎激發了國王採取行動。一七〇二年五月二十二日，弗烈德里克四世指派了兩個冰島出生的哥本哈根人阿爾尼‧麥格努森（Árni Magnússon）和薛里夫‧帕爾‧維達林（Sheriff Páll Vídalín）教授，著手調查島上的情況，包括對島上的人進行普查。弗烈德里克四世這位有賢明之名的丹麥君主專制國王受到德國官房學派（注：cameralism，重商主義的一種形式，強調促進國家福利狀況，並認為增加國家的貨幣能增強國家的經濟力量）政府思潮的影響。就像儒家思想，官房學派也強調行政效率與富強國家；一如西方哲學，官房學派把人口長視為成功的指標。因此，來自冰島的報告一旦確認屬實，將會令人憂心忡忡。[3]

人口統計從一七〇二年十二月進行到一七〇三年六月，這段期間就是所謂的「普查冬季」。麥格努森和維達林仰賴國家的鄉村警力與區行政人員網絡（大約五百人）從事人數統計工作。他們走遍每座偏遠的農場記錄每個人的名字，以及他們的年齡、性別與社會地位。大部分的人口都居住在岸邊，經海路就可以到達；但也有人住在內陸，那裡道路交通罕至，冬令時節比較容易前往，因為那時白雪會覆蓋崎嶇的熔岩平原和沼澤，而冰河融冰形成的河川水量也會減少到只剩涓涓細流。此外，一到冬天，冰島人比較有可能會待在家裡。[4]

經統計，冰島的人口總數為五萬零三百六十六人。由於國王的諭令是一個人都不能漏，所以幾乎沒有人沒被統計到：連窮光蛋和流浪漢都登記在冊，列入三十八份特別報告中。現代分析發現，報告其實遺漏了一座農場，另外有四百九十七人經確認被重複計算。有幾位學

一七〇三年的冰島普查是最早按名字列出現代國家領土上每一個人
的普查。圖為斯奈山半島區（Snæfellsnessýsla）的報告，第一段條
目記載的是侯爾姆勞圖赫（Hólmlátur）農場的居民。它登錄了索斯
坦・西於爾茲松（Þorsteinn Sigurðsson）這名辦事員、木工兼建築
工人，還有他的妻子、三個小孩、女傭以及妻舅，以及他們各人的
年齡。（冰島國家檔案局，1928-Rentukammer, D1/2-1）

者主張，報告遺漏了一些幼兒，但這可以歸因於在此之前幾年期間的惡劣情況，造成嬰兒死亡率增加，或是延遲生育。每個人的性別都有記錄，而除了三百五十七人之外，每個人的年齡也都有記錄。在人口統計年鑑裡，這次的精確度與涵蓋的程度前所未有；即使以二十一世紀普查人員的眼光來看，這次普查的結果都令人十分滿意。[5]

但是，一七〇三年冰島人口統計的現代性表現在更重要的層面上，成為普查後來發展的伏筆。此次普查的實行並不是為了開徵新稅，也不是為了徵兵——這些都沒有意義，畢竟島上的人口幾乎無力生存下去。反之，這次普查的目的在於以數字評估國家的狀況與人民的福利。為了達到這個目的，必須計算到每一個人——不論男女、老少、貧富都要納入。

進行這項普查原本是寄望國王會因此有所作為，改善這樣令人同情的悲慘處境，提高凋零中的冰島人口數。很遺憾，國王並沒有採取相關的後續行動，或許是因為弗烈德里克四世的第二任妻子逝世，丹麥宮廷似乎對此漫不經心。這個開創性的人口統計調查馬上就被遺忘了，資料在皇家檔案庫裡躺了四分之三個世紀，無人聞問。對冰島來說，這會是史上最慘澹的一個世紀。但是對普查來說，卻是一種復興。當時，冰島的人口統計調查獨一無二，但到了十九世紀初期，在歐洲最有權力的國家，類似的人口統計調查成為政府行政管理的重要職能。[6]

重商主義與寶嘉康蒂

一七〇三年，至少在關注領土內居住人口這件事上，弗烈德里克四世並不是唯一的特例（雖然他在人口的衡量上領先諸國）。人口成長是重商主義的核心信條，是十六至十八世紀主宰許多西歐地區的官房主義的近親。重商主義相信，國家應該規範經濟活動、提倡出口並限制進口，此外，國家應該囤積自國際貿易而來的金與銀，因為這是國家財富的衡量指標。根據這個理論，龐大的人口就成了不可或缺的附帶條件：一方面，人口是市場成長的必要動力；另一方面，人口也是建構強盛軍力的必備資源，可在海外展示權力，以保衛貿易。

當歐洲國家開始在全球各地建立殖民地，重商主義的信念成了這些國家的指引，包括對人口的看法。第一個在北美經營成功的英國殖民地位於維吉尼亞州的詹姆士鎮（Jamestown），而這座城鎮其實是一六〇七年依照合股公司章程設立的商業組織。這些早期的英國殖民地人口稀少，得面臨大自然、滿腔敵意的原住民，以及不久之後跟進的歐洲列強等威脅，處境宛如在風雨中飄搖。人口成長成為一種防禦策略，帝國強權因而開始密切關注新占領地的人口狀況。

從原住民鄰居的觀點來看，這些增長的殖民屯墾區是入侵的威脅。一六〇〇年，美洲的歐洲後代人口不超過二十五萬人，幾乎全部都住在南境較為完善的西班牙和葡萄牙殖民區。然而，他們人口雖少，破壞力卻很強，造成原住民人口從一四九二年之前可能多達四千萬人（或更多），到了十七世紀初期減少到大約一千萬人。隨著法國、荷蘭和英國殖民地往北擴散，鳥銃和天花的致命組合使得北美原住民似乎注定難逃相同的命運。[7]

　　然而，殖民區並非不戰而得。與維吉尼亞英國殖民區接壤的波瓦坦族（Powhatan）邦國就對歐洲的威脅勢力存著高度警覺。他們與詹姆士鎮的英國人有貿易往來，也會爆發衝突。一六一六間的一段和平時期，他們派遣了一支由酋長女兒寶嘉康蒂（Pocahontas）所率領的外交使節團前往倫敦。這項任務潛藏著另一個目的。陪同寶嘉康蒂出行的人員當中，有一個名叫烏塔瑪托馬金（Uttamatomakkin）的波瓦坦族人，他接到打探人口資訊的指令，以掂量潛在的威脅。

　　幾年後，殖民地的領導者、早期的歷史學家約翰・史密斯（John Smith）上校在英國記述到：「據他們的說法，〔波瓦坦〕『國王』刻意派他來計算這裡的人數，並詳細報告我們這些人以及我們國家的狀況。」烏塔瑪托馬金有備而來：「抵達普利茅斯（Plymouth）時，他要了一根長竿，認為只要在上面畫下刻痕，就足以記錄他眼見所有人的人數。」但是，根據史密斯的說法，烏塔瑪托馬金的籌算終究無法應付這項挑戰，他「很快就因這項工作精疲力竭。」另一位曾與代表團見面的作家薩繆爾・普爾查斯（Samuel Purchas）寫下了更精確的描述：「他的算術沒多久就不管用了。」[8]

　　烏塔瑪托馬金原本打算採用的方法，似乎不太可能像我們偶爾會看到的那些描述，也就是每看到一個人就刻一道痕。雖然波瓦坦的人口未曾能與南邊宏偉的阿茲特克或印加城市相提並論，但波瓦坦人確實知道很大的數字，他們的總數大約兩萬人，相當於數十個部落所構成的邦國。他們稱自己的土地為「賽內卡摩科」（Tsenacomoco），意為「人口稠密之地」。雖然他們確實使用計數竿，但烏塔瑪托馬金的規劃可能比簡單的畫記更加複雜。例如，史密斯就有證據顯示，波瓦坦採行簡單的十進位系統。不管怎麼樣，這都不重要：雖然烏塔瑪托馬金放棄了他的數量調查，他的質化印象最終足以讓他的族人起而對抗他們的新英國鄰居。[9]

　　一六二二年，波瓦坦對詹姆士河沿岸的屯墾區展開了一次經過統籌協調的攻擊。總共有三百四十七名英國殖民地的居民遭到殺害，大約是屯墾區居民的四分之一，還有人數未可知的攻擊者陣亡。一年後，英國人展開報復，在一場所謂的和平會議裡殺死了大約兩百五十名波瓦坦人。這些攻擊促使殖民地進行了一次人口清點（是殖民地早期無數次人口統計調查中的一次），以評估倖存者的戰鬥力，並判斷屯墾區繼續生存的可能性。這場普查也導致維吉尼亞從私人企業的產業轉成英國皇室的直屬殖民地，為英國在北美鞏固了一座久遠的灘頭堡。[10]

　　一六六六年，類似的重商主義思想也促成新法蘭西（今日的加拿大）進行了一項小型的普查，統計結果為三千兩百一十五人。這場小普查沒有不久之後冰島那場普查那麼完整，或許少算了一千名住在邊境的歐洲人，而這些邊境不像冰島那樣，有天然的限居條件。原住民也沒有計算在內。不過，這仍然足以說服法國的殖民地管理者採取新的措施，以增加人口。為了修正失衡的性別比例（男女比例將近兩百比一），他們一方面從法國遣送約八百名「貴族的女兒」越洋而來，另一方面也鼓勵移民與北美原住民女子通婚。在法國本土連普查都沒有的時代，這種積極的人口政策卻得到採納，反映了歐洲國家對殖民地採取的規定與本土不同。[11]

一六九八年，紐約也進行了一場類似的統計調查，且隨著十八世紀的開展，普查的實施幾乎遍及了所有美洲的英屬殖民地，原因不外乎是為了稅收或編組民兵等傳統理由，或是滿足倫敦官員的好奇心。藉由這類小規模、特設的措施，即使普查在歐洲實際上仍然處於渾沌的狀態，人口普查在殖民美洲還是變得相當完備。[12]

數學作為治理手段

歐洲國家雖然缺乏周詳的資料，但這無法阻礙歐洲人試著了解自身的人口組成，其中最著名的就是打著「政治算術」（political arithmetic）的旗號而為的行動：一名倡議者把這個領域定義為「針對與政府相關的事物，根據數字做推論的藝術」。政治算術的觀念可能有些難以理解。今日，根據數字做推論是政府的通用語彙，是預算、績效指標和成本效益分析等效率行政所賴以為立的基礎。但是，這並非存在已久的事實：一直到相當晚近之前，可供統治者做為決策根據的量化資訊通常非常稀少。[13]

政治算術家想要改變這種狀況。開路先鋒是威廉・配第（William Petty）和約翰・葛蘭特（John Graunt）這兩個英國人。兩人都出身自一六二〇年代英格蘭南方的紡織商人家庭，但不久後，他們的發展走上了不同的道路。葛蘭特克紹箕裘，跟著父親學做生意；配第則展開雲遊四方的冒險生涯，十四歲就上商船工作，卻時運不濟受了傷，於是他在諾曼第上了岸，並滯留在當地。在那裡，他靠著自己的本事進入耶穌會的學院，結識歐陸的知識社群。他遍覽群書，廣交各方人士，一六四六年才返回倫敦。配第與葛蘭特在倫敦相遇時，葛蘭特已經因為自家蓬勃的紡織事業成了倫敦商界的大人物。[14]

這時的不列顛群島正處於風雨飄搖的時期。英國國會正與當時同為蘇格蘭與愛爾蘭的統治者，也就是國王查理一世（Charles I）抗爭。儘管國家動盪不安，此時卻有一群思想家、實驗者與發明家，站在後來被稱為科學革命的第一線。

當時，科學革命最重大的勝利就是天文學在過去一世紀間出現的激進新觀點。一五四三年，哥白尼（Nicolaus Copernicus）發表了他異端的地動說，也就是行星繞著太陽運轉，而不是太陽繞著行星運行。受到哥白尼研究的啟發，丹麥貴族第谷‧布拉赫（Tyco Brahe）投入了數十年的光陰，運用他自己裝設、具備空前準確度的儀器來觀察天體。布拉赫的助理克卜勒（Johannes Kepler）從這些資料裡找到哥白尼遺漏的最後一塊拼圖：行星繞行太陽的軌道不是圓形，而是橢圓形。一六〇九年至一六一九年間，克卜勒發表了行星運動三大定律。在這段長度遠不及一個人一生的時間裡，數千年來廣為普世所接受的常識被推翻了。對配第和他在倫敦的交遊圈來說，這個事件見證的是推理、實證和數學模式推動革命的潛能。

但是，在他們身處的這個動盪不安的社會中，這個模式可以應用嗎？關於社會和政府的理論已然層出不窮，從亞里斯多德和柏拉圖、再到馬基維利（注：Machiavelli，文藝復興時期學者，著有《君主論》）的哲學，還有當時蔚為主流的重商主義等比比皆是，但是社會和經濟數據還是相當稀少，包括人口總數等最基本的事實，也往往處於未知。這就好像克卜勒在推導定律時，用的不是布拉赫嚴謹的研究，而是隨便撈到的一些觀察：幾個未經證實的彗星謠傳、布拉格某個夜裡月亮的位置，還有從哥本哈根對火星的一週觀測。沒有更好的資料，就沒有人可以知道，數學原理除了用於統理天體，是否也有可能用於統理人類本身。

配第很快就遇到了一個解答的機會。一六五二年，英國政治人物克倫威爾（注：Oliver Cromwell，曾為英國議員，後處斬了查理一世並廢除英格蘭的君主制，自稱護國公）的軍隊推翻了國王，控制了英格蘭，而且正打算如法炮製，征服愛爾蘭。配第放棄了他在牛津和倫敦的教授職位，並接下了一項誘人的任務：擔任英軍的軍醫，前往愛爾蘭。在那裡，他成為殖民地的管理者，功成名就。他設法領導一項規模宏大的調查，測量占領地徵收的土地；這是他把實證科學工具應用到公共行政管理上的機會。他是擔任這項工作的不二人選：日記作家薩謬爾·皮普斯（Samuel Pepys）後來曾說到，配第是「我與談過的所有人當中，極其理性之人」。身為調查員的配第找到了私人土地的投機機會，因此富甲一方。不過，他的調查不僅限於土地：一六五九年，配第在返回英格蘭之前籌劃了一項國家部分普查，目的可能是為了課徵人頭稅。一六六〇年，王室復辟，配第儘管和克倫威爾有所牽連，但他還是成功贏得了新王查理二世（Charles II）的歡心。一六六一年，配第受封爵士，完成了他躋身上流社會的大業。[15]

葛蘭特完全不像配第這麼招搖，但是隔年他發表了一篇詳盡的分析論文，標題為〈死亡率報表的觀察〉（Observations on the Bills of Mortality），也因此闖出了名氣。同名的報表已在七十多年前就為倫敦所採用，以追蹤瘟疫爆發期間的死亡率。然而，既然這份報表也記錄了非因瘟疫的死亡（死因包括驚嚇、悲傷和昏睡），那麼也可以當作一份雖不完整但彌足珍貴的倫敦整體死亡率記錄。葛蘭特一開始是如何、又是何時對這份記錄感興趣的，原委並不清楚，但是他的事業成就給了他分析報表、回答出生和死亡等簡單問題的工具，也就是他所謂的「商店算術」（shop arithmetic）。[16]

其中一個問題就是人口本身的規模。他寫到，他曾信任「經驗老道之士」堅稱倫敦人口有數百萬的說法，後來他起了疑心，並想到自己或許可以去做這些權威人士不曾做過的事，運用他的「商店算術」來解答這個問題。不過，在開始之前，他解釋道，他也曾再三思量過「大衛的例子」，也就是《聖經》記載的君王在數算人民之後所遭受的那場瘟疫。他下了結論，說這是「誤解」。此舉究竟是反映了他真實的顧慮（有鑑於葛蘭特的參考資料不斷出現瘟疫，這是相當可能的顧慮），還是只是要讓讀者安心，我們無從確定。無論如何，他都以有邏輯而全面的方式展開了調查，以確認報表是否能反映城市的人口。[17]

葛蘭特利用交叉比對不同來源的資料（死亡率報表、有合理根據的假設，以及一些大膽臆測而來的估計值）來進行推測，以今日的眼光來看，他的「商店算術」或許是個粗略的估計，例如，在某個方法下，他猜測每十個成年人當中，一年會死去一人，死亡率報表裡每一年有一萬人死亡，於是他推估，倫敦的成年人口必然在十萬人之譜。他最終取的估計值更高，為三十八萬四千人，不過這是以非常類似的方式推論而來的數字。這種做法缺乏克卜勒軌道力學的精細，卻是英國史上人口資料頭一筆慎重的分析。[18]

那篇論文是葛蘭特人生的巔峰，如今被世人認為是統計人口學工

倫敦的死亡率報表,列出了約在一六〇〇年至一八五八年間倫敦的死者和死因。遠在有任何普查實施之前,葛蘭特就利用這份報表來估計城市的人口。(*London's Dreadful Visitation: or, a Collection of All the Bills of Mortality* [London: E. Cotes, 1665], frontispiece. Credit: Wellcome Library.)

作的先河。在國王的親自要求下，他被提名進入皇家學會（「如果還能找到任何從事這項工作的人，他們應該二話不說，馬上承認所有人的資格。」）但是，事不過幾年，悲劇便突然襲來，葛蘭特的事業在一六六六年的倫敦大火裡化為灰燼。配第趕來幫助他的老朋友，但葛蘭特就此一蹶不振。他人生最後的歲月因破產和宗教迫害而心力交瘁（他改信天主教），並於一六七四年與世長辭。[19]

倖存於世的配第則多活了十三個年頭。他憑著崇高的聲望，還有以愛爾蘭的土地做靠山而享有的財務獨立，繼續思索科學方法在政府這門藝術的應用。一六七二年左右，他發明了「政治算術」這個名詞，並在一篇同名的論文裡描述這項應用。和葛蘭特一樣，配第對人口、出生和死亡等問題深感興趣，但配第有些著述的目的較為狹隘，且顯然是為了自利，也就是維持他所協助建立、並為他謀取財富的愛爾蘭領地之穩定。他最重要的政策就是「移植」，也就是愛爾蘭和英格蘭之間的人口強迫移民，他認為，要是這麼做，愛爾蘭人就會因為通婚而成為英國人。他沒有隱藏他的執念，甚至還要求「湮滅」愛爾蘭的地名。此外，他還在一篇隨附的論文裡論及「政治解剖學」，並認為這項研究可以在愛爾蘭做測試，原因就像醫學院學生「使用價廉而常見的動物來練習問診一樣」。在配第提議的那個時代，這些構成種族清洗的計劃被評為野心勃勃，倒不見得不道德。[20]

一六八七年，配第過世。同一年，牛頓的《數學原理》（*Principia Mathematica*）出版，內容就是赫赫有名的萬有引力定律。這條公式可以解釋行星的運行，高明地統合了克卜勒定律，光是這一點，這個理論就絕非浪得虛名。但是，萬有引力定律不只適用於非常龐大的物體，也適用於小型、以及規模介於中間的所有物體，就連傳說中那顆掉落的蘋果也不例外。它永遠地確立了應用數學在自然科學裡的角色，這是目前為止，大自然適用於數字推理最有力的範例。

　　一年後，讓葛蘭特與配第的人生跟著團團轉的內政與宗教紛爭終於告一段落。新型的立憲政府開啟，在這個制度下，君權受到國會制定的法律所約束。英國哲學家約翰・洛克（John Locke）以一個簡單但驚人的觀念為這個轉折時刻奠定了智識架構，他論述道，政府的正當性並非神授（即大衛王、凱撒，以及征服者威廉所宣稱的那種來源），而是來自被統治者的同意。洛克的觀念很快就被後來我們所說的啟蒙運動所吸納，最終擴張為統治者與被統治者之間所謂「社會契約」的觀念。[21]

　　同時，在這個更和平的社會，政治算術的實行者安靜地褪去了配第明目張膽的政治謀算。愛爾蘭仍然在英國的占領之下，配第最激進的想法不再有其必要。他的推論模式被追隨者保留了下來，他借用了《聖經》的語彙，寫道：「我採用的方法不是只用比較級和最高級的字彙，而是按照尺度、數目和重量來表達己見」（注：語出次經〈所羅門智訓〉十一章二十節：「你按照尺度、數目和重量安置萬物」），「只運用理性的論述，只考慮合理的根據，就像大自然明顯可見的根基一樣。」「按照尺度、數目和重量」這串咒語成了十八世紀政治算術的基礎。配第融合了葛蘭特的論述（不久就被誤歸為配第的成就，因為他名氣更大），並進一步淡化了政治算術的殖民起源。[22]

　　然而，雖然經過了有效的品牌重新包裝，政治算術令人不悅的干預主義層面（統計學是外科手術，而不是科學）卻從未徹底消除。按照尺度、數目和重量測量人民，國家就掌握了控制每個人民的工具，這是一個強而有力的概念。除了宗教禁忌，這也是反對普查有力的核心論述。

從英國到美洲

英國的政治算術法很快便傳入了歐洲。在瑞典，政治算術的實行者不但找到了普查的需求（一個關心國家人口稀少的自由主義君主立憲政權），也找到了來源資料的供給（包括悠久的教區登記名冊，上頭有出生、死亡和婚姻資料，以及進入和離開教區的記錄）。數學家佩爾·埃爾維斯（Pehr Elvius）藉著這項資料彙編了一份瑞典人口報告，報告裡運用與葛蘭特雷同的方法，找出關於出生與死亡的各種發現，並算出瑞典人口總數為兩百一十萬。埃爾維斯認為這是初步的估計，並倡議實施更正式的制度，以更新這個數字。[23]

一七四八年，他如願以償，瑞典正式通過了一項每年記錄人口的法令。這項工作落在神職人員身上，而他們很快就爭取到把這個程序減為三年一次。他們每三年彙整教區記錄，並以漸進總結的方式，依教區層層上報，於是記錄規模愈來愈大，最後送到一個由科學家組成的委員會，做最後的全國統計。一七五六年，委員會成為常設單位，稱為「書表委員會」（Table Commission），是歐洲第一個國家統計局。[24]

除了包含最後的總結，書表委員會的報告還收錄了對資料的評論。他們觀察到，許多死亡似乎都可以避免，於是敦促政府實施公共醫療與天花的預防接種。他們注意到醫生的缺乏，為這麼多百姓過著苦日子而嘆惜。這些早期的報告僅供政府參考，並沒有公諸於世，而是列為國家機密。但是，這一點最後也出現了改變：自一七六二年起，委員會開始定期編製公開報告（至少是工作摘要）。[25]

在英國，政治算術的潛在威脅顯然仍記憶猶新，因而有了不一樣的發展。一七五三年，英國政府提議普查，一項旨在「每年計算並記錄人口數」的法案被送進了國會。支持者宣稱，這項政策能「確認總體國力」，得知有多少男子可以服兵役。有了這項資料，政府就能夠根據「確定與已知的原則」行政。此外，普查也有鼓勵貿易和產業之效。但是，並非每個人都同意。[26]

在英國的立法制度下，這項法案在付諸最後投票表決之前，必須先經過宣讀並反覆辯論。一讀通過時，只有一票反對。包括馬修・利德雷（Matthew Ridley）在內的多數人都認為，這似乎是「一件極度受到漠視的事……能滿足想要從事政治算術的男士們的好奇心。」但是，獨排眾議的反對之聲鏗鏘有力，令人生畏，發聲者是四十一歲的約克郡議員威廉・松頓（William Thornton）。松頓把英國國會著名的能言善道發揮得淋漓盡致。他為此案的提出感到「震驚而警覺」，指出普查將會「對王國裡的家庭構成騷擾，引起困惑」，而這一切只為了解答「政治算術的問題」。科學政府的論點沒能讓松頓信服，他質疑道：「我們對人口或財富的所知，兩者難道不能虛增而作假嗎？」[27]

就像公元三世紀初的思想家徐幹曾為普查長遠的根本原因而鋪陳，這時的松頓也條列出反對普查的主要理由，為未來幾個世紀的反對立場奠定了基本範式。他提出論述，表示普查會向海外敵人洩露數量的弱點。他還挑起了大眾對天譴的恐懼:「一旦進行普查,殺戮(羅馬在普查結束時的牲禮)必定會隨之而來。」此外,他成功地在這個法案上貼了最能觸怒英國人的標籤:這是法國人的主意。他以那個在海峽對岸仍然行使君主專制的國家為鑑,宣稱這個法案會導致獨裁暴政:「除了把人趕進軍艦和軍隊裡,或是像重刑犯那樣送往海外的殖民地,還有什麼目的需要知道人口數目?」對於一般的英國人來說,這些與配第的謀算互相呼應的具體威脅並不是脫離現實到不可置信的事情,在那個年頭,每年都有數千人被「抓丁」,強迫加入英國日益壯盛的海軍,把罪犯運往美洲殖民地也屬常態。[28]

他的結論是,這項議案會「完全顛覆英國最後僅存的自由」,並誓言倘若法案通過,他必然會違抗。「若有任何官員,無論以任何權威,膽敢命令我陳述我的家人人數和家庭境況,我會拒絕;如果他堅持如此冒犯,我會指示我的僕人,給他一頓馬塘的管教。」你可以想像得到,當松頓提到這個眾所周知的公開差辱手法(把那個可憐的傢伙按進用來洗馬和讓馬飲用的水塘裡),席間爆出陣陣喝采。他的訴求成功引人倒戈,於是法案的反對者從一開始的一人變成兩人,然後是十七人,再來是五十七人。[29]

在這個仍然篤信宗教的虔誠國度,松頓的諸多論述中,基於宗教原因的反對引起了公眾的注意。一個月後,法案進入三讀,利德雷倒戈,投入松頓的陣營。他表示(自我維護的意思濃厚),雖然他並不迷信,「各地的人都如此看待此事,這已經……讓他們滿腦子都是想像出來的恐懼。」他說,他擔心,萬一法案通過,之後「意外出現的任何流行瘟疫或任何公共災難都可能會引發眾怒,就算不會危及我們現有政府的存在，也會破壞和平。」[30]

　　雖然反對的聲勢愈來愈大，下議院最後一讀還是通過了這項法案。不過，法案送進上議院時被封殺了：儘管上議院的貴族對大眾迷信較不敏感，但他們對隨著普查而來的加稅威脅卻相當敏銳。人口統計必須再等等：進入下一個世紀之前，英國的政治算術家充其量只能做做葛蘭特的商店算術。

　　深明商店算術之限制的人當中，自稱印刷商以及一家波士頓肥皂與蠟燭製造商之子的富蘭克林（Benjamin Franklin）就是其一。一七七五年，他出版了自己四年前寫成的《關於人類增長之觀察》（*Observations Concerning the Increase of Mankind*）。他在書中主張，「根據……人口眾多的城市……死亡率報表的觀察值而製作的……書表，並不適合國家；根據在諸如歐洲等人口稠密的舊國家之觀察值所製作的書表，也不適合像在美洲的這些新國家。」換句話說，人口研究方法應該排除推測。葛蘭特等人做的這類研究雖然有趣，卻有其限制，適用一地，或許在另一地就不適用，特別是在新世界獨特的環境下。放諸四海而皆準、何時何地皆適用的通用報表並不存在。要得到確實的資料，唯一的路徑就是直接調查各地的人。富蘭克林是蒐集人口資料的強力支持者。

　　確實，到了十八世紀中葉，在他所處的大西洋這岸，普查的實施比彼岸多得多。這類人口統計大部分都不完整，（歐洲的表親對《聖經》戒慎恐懼，美國人也沒有對此免疫）但夠富蘭克林自行做一些商店算術了。他的觀察很有力。歐洲人壓制了早期原住民的反抗，定居新大陸，過著舒適而豐足的生活。美洲大陸地大物博，因此和擁擠的歐洲比起來，這裡的人成婚年齡較早，生育的孩子也較多。富蘭克林根據一個鬆散的論述推估（更近似商店算術），人口每二十年就會翻倍，未來也會持續以每二十五年多一倍的速度增加。因此他得出了一個驚人的預測：在美洲誕生的英格蘭後代「到了下一個世紀會比英格蘭的人口還多，而英格蘭人最眾之地將會在海洋的這一頭。」英語世界的中心正迅速西移，跨越大西洋。富蘭克林比大部分的人更有先見之明，但過不了多久，也有人英雄所見略同。[31]

　　當英格蘭與其美洲殖民地的人口情勢翻轉，雙方的關係也變得緊繃。北美殖民區的腳步已經站穩。一如富蘭克林的觀察，一七五〇年，美洲有超過一百萬英國子民。這樣的人口規模已與一七〇七年和英格蘭共同構成大不列顛王國的蘇格蘭相當。但是，當時蘇格蘭在國會有代表權（下議院四十五席，上議院十六席），但是美洲殖民地卻沒有任何席次。[32]

　　在重商主義思想的影響下，英國一直把殖民地當作利潤中心，是出口的市場，也是原物料的產地，而不是有資格對自身事務做主的政治主體。殖民地實施普查的結果會被送到倫敦的貿易局去。一七六三年，英法北美戰爭（注：French and Indian Wars，大不列顛王國與法蘭西王國在北美的戰爭，印第安人在此戰役中與法國結盟，後來成為英法兩國北美勢力消長的轉折點）結束後，英國制定了新稅，以補償防衛殖民地的支出。這些稅目以各項日常用品為課徵標的，例如糖、紙張、玻璃等，其中最著名的是茶，使得異議更形激化。殖民地發出震耳欲聾的怒吼聲，反對「納稅而無權」。

　　一七七五年，美洲人忍無可忍，美國獨立戰爭於是爆發。四分之一個世紀之前，也就是富蘭克林提出人口預測之際，他展望美洲或許會統一，而且人口會多過英國，不過仍然緊緊依附著大英帝國。但是，那個未來如今看來並沒有成真。早在一七七六年初，美國開國元勛湯瑪士・潘恩（Thomas Paine）就曾述及：「認為一個洲永遠都會由一個島來統治，這種想法實在十分怪異。」當時，島上的八百萬人口仍然多於洲內的三百萬人口（其中有兩百五十萬人是英國子民）。但是，美洲或許能挑戰主宰權的想法此刻已然興起。六個月後，殖民地宣布獨立，並在一七七七年十一月的第二次大陸會議裡通過了《邦聯條例》（Articles of Confederation），展開統一的過程。一七八一年，在法國的協助下，戰爭結束。兩年後，雙方終於在巴黎簽署和平條約，富蘭克林是簽署人，與約翰・亞當斯（John Adams）和約翰・傑伊（John Jay）共同代表這個新國家。[33]

慶祝並沒有延續太久。事實證明，在戰爭中迅速草擬的《邦聯條例》不足以用來管理一個剛打贏勝仗卻負債累累的邦聯。一七八七年，美國召開會議修改條例。這不是第一次有人想要修法，某天傍晚，幾位提早抵達的代表聚集在富蘭克林家的客廳裡通過了一項動議。他們要重修法律。這次會議不只修改了之前的條例，而且還要根據一部新憲法建構一個全新的政府。[34]

美國與英國開戰的導火線是稅賦與代表權之間的關聯（或者說兩者之間的脫鉤），因此這個關聯將會是新憲法的核心。更甚者，《美國憲法》是根據人口，以清楚的數字為基礎建構而成的。這份文件完成時，第一條第二款第三節為：

眾議員人數及直接稅稅額，應按聯邦所轄各州的人口數目比例分配，此項人口數目的計算法，應在全體自由人民——包括訂有契約的短期僕役，但不包括未被課稅的印第安人——數目之外，再加上所有其他人口之五分之三。

這部憲法繼續描述國會應該如何確認這些數字：

實際人口調查，應於合眾國國會第一次會議三年內舉行，並於其後每十年舉行一次，其調查方法另以法律規定之。

美國十年一度的普查於焉誕生。

制憲者的難題

前述段落就是今日我們所說的「普查條款」，然而「普查」（census）一詞並沒有在文本裡出現。這個名詞只有在美國《憲法》裡的第九款第四項出現過唯一的一次，該條例限制了聯邦政府課徵直接稅的權力。在這段規定任何人都應該納入計算的重要條文裡，制定者卻挑選了《聖經》使用的「numbers」和「enumeration」等語彙，這種用字遣詞似乎值得注意。

為新憲法辯論之際，會議代表從古典世界、亞里斯多德的政府觀念以及羅馬共和的結構汲取靈感。毫無疑問，他們相當熟悉猶太人和羅馬人的人口統計，畢竟他們之間有許多人都接受過拉丁文與希臘文教育，而愛德華‧吉朋（Edward Gibbons）的《羅馬帝國衰亡史》

（*Decline and Fall of the Roman Empire*）是那十年間最轟動的文學著作之一。制憲者承繼了這項古典遺產，採用了諸如「共和」（republic）和「參議院」（senate，即元老院）等語彙；然而，這個新國家的普查顯然也借自羅馬的傳統，那麼，為何不使用這個拉丁名詞呢？

不是因為開國元勛認為此字不適用：在會議的辯論裡，它似乎是選用的名詞，在憲法之父麥迪遜（James Madison Jr.）的記錄裡出現了不下數十次，後來也出現在他個人的書信往來中。他們可能認為這個字太過晦澀，因為截至當時為止，這個字幾乎總是用來具體指陳羅馬體制。不過，一七七七年的《紐約州憲法》（*Constitution of New York*）就自由地運用這個詞彙。一七七六年的《賓州憲法》（*Constitution of Pennsylvania*）甚至創建了普查委員會，進一步模仿羅馬共和。總之，《美國憲法》的制定者樂於在第九款裡使用「普查」一詞。然而，一七九〇年通過的第一項實施法案卻再次避免使用這個詞彙。[35]

或許，制憲者其實是想要讓美國的人口統計與羅馬的先驅者有所區分：讓美國的人口統計同時反映並推翻古典的觀念。因為這個新國家雖然不會是純民主制度，但也不會是一個由身穿托加袍的審查官在每一次普查裡所建構的那個不平等的階層社會。羅馬那種結合判斷的人口統計方式（羅馬人為這個程序取的名字，其拉丁語源的意義即為「評估」）進入中世紀後已不復見。在美國，相同的制度將會是單純而務實的計數。

但是，如果那是他們的意圖，他們算是失敗了，因為普查條款其實把人民分成四個不同的類別。

第一類是自由人。這些人占多數，人數大約為三百萬。

第二類群體和自由人一起計算，是「訂有契約的短期僕役」，這些人與雇主訂立定期的服務，與現代員工的差異在於他們不能自由中止合約。他們大約占自由人口的一○％，不過由於這通常是短暫的身分，曾經身為契約勞工的人口比例其實更高。富蘭克林自己就曾經當過他哥哥的學徒（後來他逃走了）。[36]

第三類是「未被課稅的印第安人」，他們完全不計入普查數。既然他們沒有被納入普查，我們現在很難斷言在一七八七年的美國境內到底住了多少印第安人。現代的估計顯示，當時分布在北美的原住民不超過一百萬人，因此在密西西比河以東（這個新國家的西邊疆界）最多應該只有幾十萬人。不過，即使如此，每十個歐裔美國人或許就有一個美國原住民。原則上，州政府對他們沒有管轄權，而是主張印第安部落擁有自己的統治權，不受美國主權所制，也不受其稅收官或普查官的管治。「存於一地的每個人都應該計入普查」這個常規當時還尚未建立，因此漏掉他們並沒有違逆之處。[37]

最棘手的是第四個群體：「所有其他人」，這個群體裡的每個人都以五分之三個自由人來計算。制憲者用這個不痛不癢的語彙封藏了另一個他們想要避免的字眼：奴隸。新共和國誕生之際有將近七十萬名黑奴：這些男男女女和小孩本身或其近代先祖都是在違反當事人的意願下，被人從非洲運來美洲的（總共有一千兩百五十萬人是這樣被帶走的）。在美國境內，大多數的奴隸都住在五個南方州：馬里蘭、維吉尼亞、北卡羅萊納、南卡羅萊納和喬治亞。在那些州，他們占總人口的四分之一到二分之一。

他們的地位是制憲者的一個難題。普查可能會做為政治代議、稅賦或二者的依據。在法律上，奴隸不完全算是個人，一如麥迪遜所撰，他們「在某些方面被視為個人，而在另外某些方面則被視為財產。」那麼，普查時這些奴隸要怎麼計算？自從一七七七年《邦聯條例》起草以來，這個問題便一再出現。當時，剛轉而支持廢奴條款的富蘭克林提出了一個區分人與財產的方法：他評述道：「羊隻絕對不會叛亂」——但奴隸會，而且會再三叛亂。[38]

但是，在這個議題付諸討論的場合，由於與英國持續的敵對，會議所採用的並非一州一票制，而是一種粗略但務實的代表制。同時，稅賦其實是由各州自行決定，而各州的分攤配額是根據其境內的土地和建築評估而來。這種做法實際上無法運作：為課稅目的而評價財產本身就是極為困難的事，且各州的貢獻事實上也出於自願。一七八三年，國會就「是否要改以人口為課稅依據」掀起了一場辯論，於是「奴隸是否應納入人口計算」這個議題也再度浮現。如果只看稅賦，北方各州偏好每個人都要計算，無論是自由人還是奴隸，這麼一來就能省事地把稅賦轉嫁到南方各州。不意外，南方各州反對這個做法。最後雙方妥協各讓一步，但是這個修正案一直到一七八七年都未簽署生效，因此這項議案一直懸而未決。[39]

反倒是後來，當議會重新討論這些問題時，議會代表選擇一併解決：代表與稅賦的分攤依據都要採用同樣的基礎。這點改變了爭議各州的算計。一般來說，當時的稅賦低於今日的水準，而且直接稅（可以根據人口數計算的稅賦類型）相當罕見，通常是拿來負擔戰爭等額外費用時的權宜措施。更多代表權的利益顯然重於理論上存在的更高稅賦的風險，於是此時雙方的立場調換了過來。

像是代表麻州的艾爾布里奇·蓋瑞（Elbridge Gerry）等北方代表主張完全排除奴隸（也就是權重為零），而諸如南北卡羅萊納州的南方代表則主張，一個奴隸應以一個自由人來計算。最後經表決寫進草案的數字是五分之三，也就是三個自由人相當於五個奴隸，這是根據麥迪遜一七八三年所提出、但從未曾實施的比例。這個數字可說根本是信手一捻而就：一比二、二比三，以及三比四等比例都曾列入考慮。這不過是一個零與一各執兩端的爭議，最終的協議結果勢必會落在中間的某一點。[40]

「五分之三折衷」這個結果現在落得一身惡名：常常有人提起此事，有時候也會被人誤解。這個陳述與奴隸的政治或其他權利無關（奴隸根本沒有這些權利），它關乎的其實是北方白人地主與南方白人地主之間的角力爭奪。計算黑奴一事顯示這群人本身被當作物品看待，而不是政治個體。在制憲者眼中，這條計算規則並不具任何象徵意義。雙方在一七八三年和一七八七年的立場反轉，顯示大部分的代表願意考慮任何比例，只要該比例符合選區的利益就好。

奴隸本身和自由的非裔美國人對於這項條款做何感想，我們不太清楚。就現實而言，這項條款對二者都沒有什麼直接的影響。奴隸不管到哪裡都不能投票，而自由的黑人被剝奪選舉權的情況也愈來愈嚴重，儘管白人男性參與的資格限制得到放寬。一八六〇年，本身曾有奴隸身分的弗烈得里克·道格拉斯（Frederick Douglass）寬厚（可能過度樂觀）地評述道，此條款如同「直接扣住蓄奴各州的枷鎖」。他認為，「退一萬步說，這項條款仍然傾向自由，而非奴役」，正是因為它會獎勵釋放奴隸的各州，賦予它們更多代表權。但是，這個觀點是七十年之後的後見之明：一七八七年的人口計算辯論中，解放黑奴幾乎不是考慮的重點，更遑論黑人的政治權力了。[41]

一七八七年九月十七日，《美國憲法》首度宣讀頒布。詹姆士·威爾遜（James Wilson）代表同樣來自賓州、當時健康狀況不佳的富蘭克林陳詞：「總統先生，這部《憲法》裡有幾個部分，我承認我現在不同意，但是我不確定我是否會永遠不表認同。」他建議採取折衷之道：「因為我認為，一個公眾的政府對我們來說有其必要……我也懷疑，我們再召開其他的議會能否制定出更好的《憲法》……因此，總統先生，我同意這部《憲法》，因為我預期沒有比它更好的憲法了，也因為我不敢說它不是最好的。」[42]

這段話不只適用於整部《美國憲法》，也適用於第一條第二款第三項。五個月後，麥迪遜為文表示支持簽署，把代表權和稅賦二者與人口之間的聯動（隱含而言，還有它所涉及的「五分之三折衷」）稱為「最無法反對的務實規定」。反對蓄奴的紐約州代表亞歷山大·漢米爾頓（Alexander Hamilton）和賓州代表古弗尼爾·莫里斯（Gouverneur Morris）也表示同意。自此之後，律師、歷史學家和政治家就一直為他們是否正確而爭論不休。[43]

無可置疑的是，五分之三規則違背了《美國獨立宣言》（*United States Declaration of Independence*）所信奉、大家有時候認為制憲者理應體現的「啟蒙價值」。在許多諸如此類的違逆裡，這稱不上是最嚴重的一項。但它是一個有力而外顯的象徵：它為「人皆生而平等」這句話打上了一顆醒目的星號，而這背後的但書還沒有完全刪除。它提醒我們，當尺度、數目和重量等準則套用在人類身上時，這套方法本身無法保證把每個人都放在同樣的量度下。這是古老的政治現象（有權者、無權者、折衷）在一個計算能力愈來愈進步的社會裡的演繹。政治學就是算術。

第一個美國人

麥迪遜與其聯邦黨人的主張後來勝出，新憲法通過各州簽署，自一七八九年三月四日起生效。接下來的一年，國會為一項人口統計實施法案進行辯論，這項法案的條文顯示，各方對於普查實施仍然抱持著不一樣的態度。《美國憲法》對於人口統計只有最基本的計數要求，以奴隸身分或自由人身分做為唯一的基本屬性：純粹是政治工具，雖然有代議制政府的啟蒙思想做靠山。擔任政治算術家的麥迪遜提議採行更深入的調訪，納入年齡、性別、種族和職業等資訊。最後一項遭到參議院駁回，套用麥迪遜的話，參議員認為這是「虛耗……資材，為閒人彙制書冊」，但是年齡、性別和種族仍然以某種形式保留了下來。這個略微超越最低基準的讓步，為麥迪遜此等想要熟悉「選民真實組成」之輩提供了資料。最終，這項法案於一七九〇年三月一日通過，這是第一屆國會的第六項法案。普查的日子訂在同年的八月二日。[44]

國會把普查的籌備工作交給美國法警，也就是奉命支援聯邦司法區（區劃與州相當一致）的執法人員。既然聯邦政府一開始很少走出首都（當時的首都是紐約），法警迅速承接了各種非司法的職責。他們在全國派駐了六百五十位助理，執行實際的人口統計調查工作，平均而言，每個人大約要統計六千個人，基本費率是一百五十個人一美元（或在市區每三百人一美元）。政府沒有提供特定的表格，因此普查員可以按自己的意思自由蒐集資訊。最後這場普查大功告成，大約耗時十八個月。普查局尚未成立，這些表單被直接送到總統辦公室裡。不過，要等到一七九一年十月，華盛頓（George Washington）總統才終於能向國會報告這個新國家的人口總數：三百九十二萬九千兩百一十四人。[45]

號稱「第一個美國人」、或許也是第一位美國人口統計家的富蘭克林並不在人口名單裡。一七九○年四月十七日，富蘭克林與世長辭，距離普查開始不過幾個月。富蘭克林的女兒莎莉（Sally）繼承了他在費城的屋邸，和她的家人繼續住在那裡。她有出現在普查的記錄裡，只不過不是以她的名字出現。普查登錄的是戶長的名字，而莎莉家的戶長是她的丈夫理查‧巴契（Richard Bache）。普查記錄裡，和理查的名字並列的有另外兩名年滿十六歲的白種男性自由人、兩名未滿十六歲的白種男性自由人、兩名白種女性自由人、一名「其他自由人」（或許是黑人僕役），以及一名奴隸。女性不區分年齡；非白人甚至不區分性別。從家計單位到全國層級，這就是彙報資訊的總合。

與後來的人口統計相比，這一次的普查活動相當有限。然而，美國的第一次普查增加了幾項重要創新。它與代議制政府的機制整合。它是法律所規定。它有週期性（制憲者在最後拍板定案為十年之前，曾經辯論過該五年、七年還是甚至二十年舉辦一次）。自從羅馬普查在將近兩千年前沒落荒廢，這些特點算得上是史上首見。

這場美國普查的精準度與完整性也提升到之前的大型普查不曾達

The Return for SOUTH CAROLINA having been made since the foregoing Schedule was originally printed, the whole Enumeration is here given complete, except for the N. Weſtern Territory, of which no Return has yet been publiſhed.

DISTICTS	Free white Males of 16 years and upwards, including heads of families.	Free white Males under ſixteen years.	Free white Females, including heads of families.	All other free perſons.	Slaves.	Total.
Vermont	22435	22328	40505	255	16	85539
N. Hampſhire	36086	34851	70160	630	158	141885
Maine	24384	24748	46870	538	NONE	96540
Maſſachuſetts	95453	87289	190582	5463	NONE	378787
Rhode Iſland	16019	15799	32652	3407	948	68825
Conneǎicut	60523	54403	117448	2808	2764	237946
New York	83700	78122	152320	4654	21324	340120
New Jerſey	45251	41416	83287	2762	11423	184139
Pennſylvania	110788	106948	206363	6537	3737	434373
Delaware	11783	12143	22384	3899	8887	59094
Maryland	55915	51339	101395	8043	103036	319728
Virginia	110936	116135	215046	12866	292627	747610
Kentucky	15154	17057	28922	114	12430	73677
N. Carolina	69988	77506	140710	4975	100572	393751
S. Carolina	35576	37722	66880	1801	107094	249073
Georgia	13103	14044	25739	398	29264	82548
	807094	791850	1541263	59150	694280	3893635

Total number of Inhabitants of the United States excluſive of S. Weſtern and N. Territory.	Free white Males of 21 years and upwards.	Free Males under 21 years of age.	Free white Females.	All other perſons.	Slaves.	Total
S.W. territory	6271	10277	15365	361	3417	35691
N. Ditto						

《美國憲法》把普查列為分配政治權力的手段。華盛頓和傑佛遜認為，第一次美國普查的結果低估了這個新國家的人口。傑佛遜在他給別人的複本上用紅色墨水寫下他自己的加總數。（美國普查局）

到的水準——不過，這與其說是反映在執行上（普查人員立誓要「對所有人做到公正而完美的統計與描述」），不如說指的是它的體制結構。一方面就像一七〇三年冰島進行的人口調查統計，另一方面明顯與羅馬的普查不同，這一次的普查沒有新增或強制被統計個人的義務。當然，它與稅賦有關：任何聯邦直接稅都「應按聯邦所轄各州的人口數目比例分配」。但是，這個關聯是間接的，透過國家的人口總數有所連結，而不是與個人直接相關。這能減少個人對普查人員隱瞞或欺騙的誘因。

甚至更聰明的是，《憲法》中有一個內建的檢查機制，防止官方腐敗的因素——據說腐敗影響了許多早期大型政體的普查，例如古中國。如果地方官員禁不起誘惑，低報州人口來避稅，那麼他們將會失去等比例的代表權。兩者都取決於普查結果。一如麥迪遜所述：「讓規則延伸適用於兩個標的，各州就會有相互衝突的利益，各項利益之間就會彼此制衡，產生所需的中道。」[46]

儘管如此，美國的第一場普查遠遠稱不上完美。申報結果出來時，華盛頓和《美國獨立宣言》起草人傑佛遜（Thomas Jefferson）等人都懷疑數字低報。這個說法有其根據。例如，莎莉和理查‧富蘭克林‧巴契夫婦家的資料，似乎就漏了富蘭克林的兩個孫女——這個家正是新憲法的構思誕生之地，位於很快就會成為這個國家的暫時首都市中心。儘管如此，對照後續普查資料的結果顯示，一七九〇年的人口統計整體而言相當精確。大家所認為的低報，原因多半來自不合理的預期，而不是統計調查的錯誤。無論精確與否，這個新國家總算有了一個數字。現在國會只要根據這個數據重新分配席次就行了。[47]

但這可不是簡單的工程。眾議院有六十五個席次，得根據制憲者協議並具文入憲的數字來分配。重新分配的規則並沒有實際訂定一個數字，而是載明「議員人數不能超過每三萬人選出一名，但是各州至少要有一名議員」。這表示議員人數從每州一名（總共十五名）到以每三萬「人」（還記得奴隸以五分之三計）選一名計算的絕對最大值（總共一百二十名），都屬於容允的範圍。

雖然比例原則看似清楚，制憲者卻忽略了整數運算和人類本質上不可整除的錯綜複雜（或至少沒把它當一回事）。以任何國會席次數（例如漢米爾頓定的一百二十席）為起點來嚴格計算配置比例，結果都會相當荒謬，例如紐約應該要有十一・〇〇四席——對測量反應物重量的化學家來說，這或許是一個合理的答案，但對於計算人口的政治科學家來說卻不是。就算一個國家願意考慮把一個人以五分之三個人計的可能，也無法真的把千分之四個代表送進國會山莊，一定得有所選擇：十一或十二。面對這個問題的科學家或工程師會採取四捨五入，而這正是漢米爾頓提議的方法。[48]

但是政治與科學不同，政治的運作很少以邏輯為唯一的指引。傑佛遜立刻對對手的提案表示反對，並稱之為「困難而隱晦的分數法則」。他主張，這部憲法沒有提到分數，因此國會也應該忽視分數。接著，他收斂了他反對的態度，轉而提出另一個更加困難且更為隱晦的辦法，做法是把所有分配的小數都無條件捨去，然後看看加起來是不是剛好為一百二十（往往不是）；然後調整除數（在這個例子裡是三萬）；接著重複這個程序，一直到加起來是一百二十為止。不過，傑佛遜的方法確實有一個相當明顯的優點，就是讓他的家鄉維吉尼亞多得到一席。[49]

　　這項辯論持續了六個月之久。一七九二年三月，漢米爾頓支持的一項法案通過了，但遭到華盛頓否決，這還是華盛頓第一次動用否決權。第二次的法案與傑佛遜的提案較為一致，最後於一七九二年四月十四日通過，席次擴張到一百零五席，比可容允的最大值少了十五席。這個分配政治權力的新算術法或許更為公平，但也出乎意料地複雜。[50]

從孔多塞到馬爾薩斯

　　即便美國國會還在為算術如何取得整數而冷靜辯論，革命卻從美國流傳到法國，在巴黎的街頭炸開。法國大革命遠遠超越美國獨立革命。有那麼短暫的片刻，似乎沒有什麼事是不能挑戰的：傳統、宗教、君主制等等。所有的限制都被打破了，啟蒙運動的哲學家們終於可以把長達一世紀間的新理念付諸實踐，沒什麼事物能躲過他們追求理性、力求改善的目光。曆法重新制定。時鐘以新的十進時制製作，排除了對十二的倍數那種奇怪而迷信的依賴。一個由備受尊崇的科學家所組成的委員會建議，距離和重量的測量都應採用新制（分別是公尺和公斤）。身為委員之一的孔多塞侯爵（Marquis de Condorcet）聲稱，這是一套「所有人都適合、任何時候都適用」的制度。[51]

　　孔多塞早年以數學家聞名於世，但是他的興趣一向兼跨數學和政治學。他將這個組合稱為「社會數學」（social mathematics），並創辦了一份同名的科學期刊。身為配第和葛蘭特思想的法國傳人，他是成立法國財政部政治算術局的關鍵人物。在當時熱烈的氛圍下，孔多塞偏好革命式的變革，倡議大眾教育、社會保險、性別平等以及廢除奴役。配第想要按照尺度、數目和重量來推論這個社會，孔多塞則打算從這些觀念開始，重新打造這個社會。[52]

但是，如果說革命是啟蒙運動的高潮，那麼革命也正是啟蒙運動的死期。一七九三年，沙龍裡溫文儒雅的辯論被公共廣場裡的暴力行動取代。那年秋天，恐怖統治在血腥中開啟序幕，孔多塞發現自己變成亡命之徒，只能在一間得以俯瞰巴黎街道的斗室苟且偷生。儘管暴力已經成為政治的本錢，但是他對暴力的厭棄已經成為一則傳奇：據說他只帶著一把傘就加入民兵。但是，他的非暴力立場卻在他拒絕支持處決路易十四（King Louis XVI）時，成了他的罪名。一七九三年七月，孔多塞的逮捕令頒布於世，他被迫東躲西藏。[53]

從頂樓的窗戶，如果他膽敢伸出脖子的話，他應該能看到附近盧森堡公園（Jardin du Luxembourg）的樹木已經開始變色，那裡空間開敞，他已經無法再冒險踏足。塞萬多尼街（Rue Servandoni，當時名為「掘墓者路」〔Rue de Fossoyeur〕）十五號設有一塊牌匾，紀念他在此處的短暫居留。在無數個夜裡，孔多塞想必曾經想像他自己將命喪斷頭台，因而與掘墓者相逢的情景。在那個血流成河的秋天，人頭落地的速度幾乎和枯葉著地一樣快。[54]

對於一個被贊為法國啟蒙運動英雄的人物來說，此遭遇必然讓人傷悲。但是，孔多塞的悲傷藉著文學抒發形成了別的產物。在逃亡期間，他坐在案前，挨著燭光，一字一句寫下他對人類進步極其樂觀的展望，含括了過去一個世紀之間發展的進步精神。可嘆的是，孔多塞的處境卻不見起色。一七九四年三月，一道法令讓他正式成為亡命之徒。巴黎已經不再是安全的藏身之地，於是他逃到附近的皇后鎮（Bourg-la-Reine），並在那裡遭到拘捕，區區幾天之後，他在神祕的狀況下死亡。

第二年，孔多塞的遺孀蘇菲（Sophie），一位本身就富有智識的女子，出版了《人類精神進步史表綱要》（Sketch for a Historical Picture of the Progress of the Human Mind）一書，介紹孔多塞的著作（所有已經完成的部分）；該書基本上是歷史作品，內容大部分都是孔多塞在躲藏之前所寫下的。但是，隨著革命之火延燒到他身上，他加了籠統的最後一部分，描述「人類未來的進步」。自此，「進步」一詞累積了多個層次的重要性，但是對孔多塞來說，「進步」的定義相當精確：「消弭不同國家之間的不平等；同一個國家內平等的進步；最後，人類真正的提升。」[55]

他把科學和科技視為驅動這種進步的力量：「工業甦醒；技藝已經為人所知、拓展並改良。」他繼續思考後續影響：「隨著謀生方式變得較不危險，飯碗也不會那麼不穩定，於是人口跟著增加；農業可以讓相同面積的土地養活更多人，供應其他生計來源；農業有利物種繁衍，而物種繁衍也有利農業發展。」困囿於斗室的孔多塞看到一個沒有極限的未來，並下了結論：「人類的完美，無邊無際。」

幾年之後，海峽另一頭的英格蘭，馬爾薩斯牧師（Reverend Thomas Robert Malthus）讀著那些文字，心中一陣不快。他解釋道，孔多塞的《人類精神進步史表綱要》是「人依附法則的唯一例子，他自身的日常經驗與這些法則如此背道而馳。」就像當代其他的保守派人士一樣，馬爾薩斯對於革命之路滿腹狐疑，並在哲學上反對孔多塞以及英國持同樣論點的激進派。但是，在這個法國人所寫的《人類精神進步史表綱要》裡，他找到了一個更具體的缺陷：人口。[56]

馬爾薩斯在劍橋大學研修數學。他後來變得偏好社會應用，好躲開純理論家的命運（套句他父親嘲諷的描述，「不過是做推導的代數師」）。因此，他自然會以經常為物理、機械現象所專用的抽象語言，對孔多塞所做的預測表達異議。一七九八年，馬爾薩斯發表了《人口論》（*Essay on the Principle of Population*），駁斥孔多塞的主張。[57]

他論述道，在一個理想、沒有限制的國家，人口會「呈幾何」成長，在某段固定的期間裡倍增。他寫道，「兩性間的熱情」是這種成長的保證。馬爾薩斯宣稱翻倍所需的自然期間（二十五年），和富蘭克林根據北美洲的證據一度所做的預期一樣。

接著，人口成長的併發症出現了：新的人口需要更多食物，而儘管美國幅員廣闊，糧食產出目前證明足以趕得上人口增加的腳步，卻沒有任何國家的食物供給可以永遠與人口成長並駕齊驅。馬爾薩斯認為，農業產出頂多只能「呈線性成長」，也就是每一段期間只能增加固定的量。關於這個論點，他並沒有提出什麼直接的證據，他認為，這是不證自明的事實。

根據這些法則，如果一八〇〇年，糧食剛好足夠養活當時的人口，那麼此後一個世紀，人口規模會成長為十六倍（翻倍四次），而食物供給只會成長為五倍（以加法遞增、而非乘數加倍）。馬爾薩斯寫道：「人口的力量永遠大於土地收穫食糧供養人類的生產力。」人口的規模有災難把關，如飢荒、瘟疫、戰爭；受墮落所挾制，如嫖妓；或是有「其他非自然力量」予以限制（暗指節育手段）。他相信，這是無可推翻的數學定理。孔多塞的理想國是不可能實現的。「人不能生活在富足之中。」馬爾薩斯如此拍板定案。[58]

人類或許無法享受豐盛，但是馬爾薩斯自己絕對過得相當殷實。薩里郡（Surrey）位倫敦西南方二十英里處（注：約三十二公里），他在那裡的奧克伍（Okewood）禮拜堂擔任助理牧師（受訓的牧師），過著安舒的生活。樸實的禮拜堂建築隱身於一條兩旁生長著黑莓灌木和蕨叢的長巷裡。我走訪當地時，只有偶爾從頭頂上經過的飛機打斷鳥囀與蟲鳴。我離倫敦交通尖峰時間的喧囂不遠，而讓我印象最鮮明的不是災難或墮落，不是人群或人煙寂寥，而是大自然、寧靜和孤獨。

學者們一直在猜測馬爾薩斯的思想起源為何，然而從上述這些元素中他們都找不到答案。奧克伍和當地令人愉悅的環境似乎是對他慘澹預測的直接反駁：在那裡，除了田園詩般的生活想像，實在難以有其他想法。但是，有一位為馬爾薩斯立傳的作者描述到，在十八世紀中期的薩里郡，大部分教區的神職人員都要面對「自給自足型農業的勞苦折磨」。於是，有個傳統理論認為，馬爾薩斯對於人口的觀點直接源自他身為助理牧師的角色，他經手的浸禮比喪禮還多，但禮拜堂裡有一本小冊（應該是送給罕見的遊客做為參考的資料）否定了這種說法。總之，這類的解釋似乎沒有必要：馬爾薩斯的理論與其說是立基於個人的經驗，不如說是數字上的邏輯——今天的應用數學家或許會把它稱作馬爾薩斯的模型。一如一世紀之前的牛頓不必登上木星就能預測木星的運行軌道一樣，馬爾薩斯也無需歷經他運算結果所預示的嚴峻生活。[59]

但是，抽象的數學推理在社會的應用仍然處於很不成熟的時期。不是每個讀者都信服馬爾薩斯這套，於是他以二手的人口觀察資料補充了他的《人口論》，而這些二手資訊來自當時歐洲人眼裡那個愈變愈大的世界。他寫到賓州和新英格蘭、中國和印度斯坦（Indostan，他指的可能是整個印度次大陸）。他觀察到，雖然維蘇威火山（Vesuvius）「一再爆發」，拿波里（Naples）「人口十分稠密」。至於西班牙在新世界的都城利馬（注：Lima，現為秘魯首都）和基多（注：Quito，現為厄瓜多首都），他寫道：「沒有比這裡經營更為不善的居地了。」[60]

舉這林林總總的例子只有一個目的，馬爾薩斯希望他的讀者理解，人口的法則普世皆準，就像牛頓的重力定律，無論是在埃及還是英國都一樣。馬爾薩斯之所以沒有提到冰島，可能只是因為他並不曉得冰島的狀況。如果他知道，他或許會把冰島的窘迫與停滯的人口視為自然、不可改變的秩序。他或許會建議一個世紀前的丹麥國王弗烈德里克四世：要是你高興，去清點一下人數無妨，但是你對他們愛莫能助。孔多塞在《人類精神進步史表綱要》裡預測的世界永遠不會成真。不會在法國，不會在英國，也不會在美國。哪裡都不會。社會進步是不可能的。我們可以預期的多半是災難和墮落。

普查的豐收年：一八〇一年

孔多塞和馬爾薩斯的人生和思想形成了鮮明的對比，而這兩位哲學家的故事也一樣對比分明：即使頭頂上懸著一把隨時會落下的利刃，孔多塞這位法國人還是永遠的樂觀主義者，而馬爾薩斯這位英國人即便活在世外桃源，仍抱持著執拗的悲觀主義。但是，長期來說，他們的政治立場與性格差異都沒有他們的共同點那麼重要、那麼有影響力：他們都抱持著深切的信念，相信社會應該被理解，可以被推論，甚至可以藉由數字推論的應用而提升（至少孔多塞是這麼認為的）。

　　那些想在這些方面理解馬爾薩斯主張的人，可能要失望了，因為歐洲幾乎仍然缺乏社會和人口方面的數字。美國奉行完整十年一度普查的當下，在歐洲，任何類型的人口統計調查依舊相當罕見。瑞典明顯是個例外：一直到一七七五年，瑞典持續每三年做一次普查，之後則是五年一次（雖然有些早期的摘要已經遺失）。丹麥─挪威聯合王國在一七六九年與一七八七年實行了人口統計。一七八七年，西班牙也做了一次粗略的統計，而法國主宰下的荷蘭也在一七九五年統計了人口。不過，在十八世紀的歐洲，沒有其他國家依循瑞典的做法，定期實行普查。[61]

　　尤其，在世紀結束之際，無論是法國還是英國，這兩個強權都從未有過周詳、全國性的全面普查？一七九八年，馬爾薩斯的《人口論》出版，加入了這場火熱而通常屬推論的英國人口規模與變動的論戰。沒有人知道英國的人口概況為何，人口是在增加還是在減少。在不列顛群島，人口統計資料的概貌和一百多年前葛蘭特與配第所看到的差不多一樣混亂。[62]

　　改變的時機終於成熟。某個程度的懷疑已經潛入宗教思想，構成對迷信的挑戰。英國興味盎然地看著最近脫離出去的美洲屬地進行人口統計。統計結果人口有七百萬（不久前這些人還是英國的子民），瘟疫或其他《聖經》上的災禍並沒有降臨。反之，一七九〇年代的美國似乎蓬勃發展，人口在十年間增加超過三〇％。或許葛蘭特是對的，大衛的事例是誤會一場。[63]

同一時間，人間的當權者也變得比較無所畏懼。政治算術已經洗刷了配第極端的威迫籌謀。關於一七五三年那場失敗的普查提議，大家的記憶已經消退，而松頓對專制暴政和災難的提醒也隨之淡去。眾人愈來愈相信，政治算術或許能分散政治權力：它在美國似乎就發揮了這樣的功能，只不過要非常謹慎。如今，社會契約被認為是合法政府的根基，而普查或許就是幹旋這份契約的方法：不是點算臣民，而是公民。[64]

此外（也更立即的是），忽略人口此刻似乎成了一項不智之舉。如果英國正邁向馬爾薩斯所預示的災難之路，也就是人口增長的速度將超過糧食生產的速度，那麼英國人民與英國的領導者應該要對此有所知悉。反過來說，如果早先人口衰退的主張是真的，此事似乎也值得確認，以免國家突然發現自己無法籌組軍隊。愈來愈好戰的拿破崙已經掌權，成為法蘭西第一執政，英吉利海峽好像突然變窄了。法國專制統治的真實威脅壓制了英國政府專制統治的遙想。[65]

在這股高張的氛圍下，一位名叫約翰・里克曼（John Rickman）的年輕雜誌作家趁機發表了一篇四年前寫成的文章，呼籲實施「普及的人口統計」。里克曼把普查的實行描繪成一個盛大的全國計劃，是沿襲奧古斯都與征服者威廉的壯舉。文章的結尾充滿愛國情操，信心滿滿地道出，人口統計能證明「我們國人的工業與價值，比我們的仇敵法國整整多了一倍。」時隔五十年，普查已經從啟人疑竇、有曝露自身弱點之虞的法國舶來品搖身一變，成了用來展現實力、對抗法國人的工具。[66]

國會議員查爾斯‧阿伯特（Charles Abbot）讀了里克曼的文章，便向同僚介紹這個觀念。他表示：「一個如此偉大、強盛而開化的國家，居然對自身的人口狀態無所知悉，此等令人意外且吃驚之事，為時已久。」不過關於為時已久的說法或許是誇張了。他提議了新法案，目的是「統計大英的人口以及記錄人口的增減」，該法案沒多久便在無異議下通過。如同《美國憲法》裡的對應條文，「普查」（census）一詞在法案條文裡一次都沒有出現過。[67]

與用警長迅速召集普查人力的美國不同，英國的普查動用了更為完備的地方公職人員網絡。在英格蘭與威爾斯，當局透過保安官發送表格和指示給「濟貧官」，也就是分派到英格蘭教會各個教區實行《濟貧法》（Poor Laws）的官員（這部法典是古老的社會支援制度，可追溯到一六○一年）。在有自己的《濟貧法》的蘇格蘭，普查人員則由教師擔任。而在一些偏遠地區，這些職責落到了「有戶長之實者」的肩上。[68]

官方申報表並沒有像美國那樣列出家戶細目，只有各個「教區、鄉鎮或地方」的總數，給監督者的指示也沒有具體載明任何蒐集這些總數的特定方法。有些普查人員顯然工作很認真，在地方檔案庫裡可以找到數十份個人或家戶列表；可想而知，有些普查人員就沒那麼勤奮。

報告的細節包括房子、家庭、男性、女性和總人口等數字。報告沒有納入年齡資訊，因此這項普查實在不能用於評估軍隊徵召的潛能（一如里克曼的提議）。不過，普查採用了寬鬆的職業分類，督察人員必須報告貿易與製造、農業和其他工作的從業人數。他們也登記了一七〇〇年以來每十年的受洗人數與喪葬人數，而自從一七五四年起，也有每年的結婚對數。里克曼接受任命，負責「消化並彙整」申報資料。[69]

阿伯特在介紹這項法案的演說裡，對於英格蘭人口現存估計值的範圍為八百萬到一千一百萬人這件事頗有微詞。他認為，一千一百萬才是「較正確的推論訓練」的結果，這也是里克曼秉持的觀點。普查結果出爐，得到的數字落在預期值範圍的低端（和美國一樣）：英格蘭為八百三十萬人，威爾斯和蘇格蘭為兩百一十萬人。如果再加上沒有實行人口統計的愛爾蘭，里克曼估計，過去一個世紀裡，不列顛群島的人口從八百一十萬成長為一千五百一十萬人。[70]

一八〇一這一年成了普查的豐收年。在拿破崙的掌權下，法國終於在革命的十年驚恐後進行了第一次真正的普查。該次的普查結果遭到質疑（或許並不公允），於是當局一八〇四年又進行了另一次普查（統計數字沒有公布）。一八〇一年，丹麥—挪威王國也實施了一次普查，大致上依循了冰島一七〇三年普查的形式，但範圍幾乎涵蓋整個王國。官方明令指出：「若是能相當準確地掌握國家的人口數，便可多方運用於統計、政治和經濟的籌算。」[71]

那場普查涵蓋了整個主權國家，此外，與英國或美國普查的不同之處在於，丹麥—挪威王國的普查記錄了每個人的名字，說它是第一場現代普查，著實當之無愧。不過，冰島一七〇三年的統計也是如此，二者具備了許多同樣的特點：在定義明確的地理區中計算每一個人，登記他們的名字，且這麼做不是為了對他們課稅，也不是要他們服兵役，而是注重準確性。此舉當然預示著許多技術變革，一個世紀之後，這些變革才會在其他地方出現。但是，由於這是由一名地處偏遠的君主下令所展開的調查，或許還是歸入其既承先又啟後的重商主義、殖民地普查的支系為宜，而不是後來出現的、更民主化的公共統計調查。如果我們容允這點，那麼新法蘭西一六六六年的普查或許也在競逐之列，雖然在分級上屬於蠅量級。

不過，一七九〇年的美國普查與一八〇一年的英國普查雖然出現的時間點相對為晚，卻比前述任何一場普查都更具影響力。在十八世紀，只有瑞典曾定期重複實行普查；在十九世紀的開端，主宰世界的強權英國和美國也加入這個行列。雖然美國終將承接英國的地位，但遠遠在那一刻來到之前，美國在普查世界也已經有了一定的影響力。一八四七年，法國統計局長莫羅‧德‧瓊埃斯（Moreau de Jonnes）曾寫道：「美國在其歷史上呈現了一個無與倫比的現象：一群人在創設社會的那一天就制定了國家的統計資料，並以同樣的方式規範公民同胞的普查、公民權與政治權，以及國家的未來目標。」對於松頓的顧慮，美國也是一個反論：美國證明了定期進行普查與自由之間本質上並沒有矛盾之處。[72]

英國與美國一同為普查的實施注入了新動能，啟動了各國每十年重複一次並沿襲至今的傳統。普查一向是美國意圖為之的事：當英國國會投票暫停普查之際，美國已經展開了第二次普查。不過，雖然當時還看不出來，英國普查會在接下來的數十年間一再重複實施。然而，當一八一〇年即將來臨之際，有一項新法案經英國國會辯論後通過：英國要在一八一一年實施普查。一八二一年的普查再次通過，自那之後幾乎每十年都是如此。美國自一七九〇年起至今，每十年進行一次人口普查，總共例行了二十三次；而英國自一八〇一年起至今只錯過了一次，也就是第二次世界大戰最黑暗的時期。

這種模式很快就被其他國家採納。隨著憲政政府盛行了起來，各國紛紛向美國取經，採用十年一度普查的規定（例如一八五三年的阿根廷，一八六七年的加拿大）。今日，有五十四個國家的憲法提及普查。聯合國的標準建議是每十年舉行一次普查，並在尾數為〇之年實施。大部分的國家都遵循這條「美國標準」。同時，十九世紀時，英國的殖民地之間也將普查年分調節一致，在尾數逢一之年實行普查，後繼成立的國家（包括印度、澳洲、加拿大和南非）也依循此道行之（至於五年做一次普查的國家則是在尾數為六的年分舉行）。[73]

普查的定期實施以及從中蒐集到的大量資料，開始改變人對人口和社會的觀點。馬爾薩斯的著作促成了英國的第一次普查，而英國的第一次普查又反過來影響馬爾薩斯。後來他又發表了五個版本的論文，每一版都有更新，反映新的資料。這也揭露了其理論複雜的面貌。英國不再有飢荒，農業產品的成長速度比馬爾薩斯預測的還快。冰島的人口最後也再度開始成長，在一個世紀之內翻了一倍。但是，仍從屬於英國的愛爾蘭則遭受重創，一八四五年到一八四九年的大飢荒造成了一百萬人喪生。

種種面向清楚顯示，如果真有所謂的人口法則，它勢必會比馬爾薩斯一開始所提出的法則還要複雜。在有些地方，馬爾薩斯的人口論似乎能成立；然而在有些地方，卻有事物改變，讓社會可以倖免於馬爾薩斯陷阱。一如經濟學家保羅‧克魯曼（Paul Krugman）所撰：「關於截至他那個時代的所有人類歷史，馬爾薩斯是對的。」如果這是為馬爾薩斯所做的辯護，那麼也等於承認，人類的人口並不是物體間的相互作用、也不是無論在任何地方、任何時候都遵守牛頓定律的體系。後來，馬爾薩斯自己對這種複雜性愈來愈有所體認：他在一八〇三年第二版的《人口論》中加入了第三個機制，稱為「道德限制」，例如晚婚或節育，這與災難無關，也與道德無關，或許他終究承認了人類進步的可能。[74]

不過，至今仍為世人所銘記的，還是那苦心孤詣的第一版，那個版本以其信念十足的悲觀主義、其判斷，以及其數學權威的外表，留在世人的記憶裡。如果說葛蘭特的〈死亡率報表的觀察〉開啟了人口的研究，那麼讓人口研究自成一個領域、讓人口主題重要到足以寫成專書論述的，就是馬爾薩斯一七九八年的《人口論》。他的思想也融入了經濟學和生態學。在他的眼中，世界一直站在災難的懸崖邊，個人難逃被飢荒或戰爭拖向死亡的險境，而這種觀點直接啟發了達爾文（Charles Darwin）的天擇論。一八三四年，馬爾薩斯自己的死亡突如其來，但平靜祥和。根據他在巴斯修道院埋骨之處（位於巴斯修道院）的墓誌銘所言，他過了「寧靜而快樂的一生」。

政治算術本身在新資料洪流的沖刷中改頭換面。它不再是單篇論文的場域，偶有靈感之作出現，而是愈來愈偏向日常的推論模式，儘管這個領域在英國實行普查之前就已經分化出新學科。一七七六年，亞當‧斯密（Adam Smith）的《國富論》（*The Wealth of Nations*）付梓，宣告政治經濟學獨立成為一個政治算術以實證取向的次領域，雖然這個領域招來了懷疑的眼光，就像亞當‧斯密本人一樣。到了一八二〇年代，借自德語的「統計學」（statistics）一詞超越了其屬質化的本源，開始跨界描述政治算術的實證面，也就是國家數據的蒐集。一八四三年，也就是馬爾薩斯辭世的那一年，英語辭典收錄了「人口統計學」（demography）一詞，把特別以人口為焦點的政治算術區分出來。一八三〇年代末，「社會科學」（social science）這個新詞開始流行，最後把這些新興、重疊的次領域一統於同一把大傘之下。一如往常，孔多塞仍然是個中先鋒，早在四十年前，他在《人類精神進步史表綱要》一書裡就用過這個名詞了。[75]

先鋒是個危險的位置。孔多塞死於囹圄，成了被草草倉促掩蓋了事的人物。他以平民的身分下葬於皇后鎮的墓園，他的死訊被隱瞞了七個月才公布出去，他的後人甚至不知道他的墓在何方。法國大革命吞噬了革命之子，而啟蒙運動本身似乎也脈息微弱。孔多塞與他的啟蒙思想家同志們所熱愛的激進進步觀念，被新的反啟蒙運動排拒。馬爾薩斯機械化的世界觀，連同他的幾何與算術成長率，一併被打入冷宮。

儘管有這個轉折，關於社會的實證與數學推論模型，也就是串起葛蘭特與配第、孔多塞和馬爾薩斯的那條線，不曾真正受到威脅。普查也因而安然無事。一如在羅馬共和之際，普查在美國再次與政府的結構互相連結，十年一度的普查被寫進新版《美國憲法》的核心，只不過採用了更民主化的新條件（雖然仍不完美）。

即使在不是如此行的國家，大家也都接受了「準確的普查是行政管理的寶貴工具」這個概念。由於能取得更多的資源，政治算術這門用數字表達的政府藝術變得更為強大。同時，與先前更分權的封建社會相比，日益走向中央集權的國家更需要這類的方法。普查在英國和法國生根，且隨著十九世紀的開展，許多其他歐洲國家也加入了普查的行列。接下來，普查在方法與技術上還有許多發展，但普查在現代世界的根本角色至此已然建立。

第 3 章
藏在打孔卡片裡的肖像

　　一八八九年的秋天上演了一場人類與機器的較量。這場競賽分處於華盛頓特區和波士頓兩地，以閉門的方式進行，因此當時沒有受到太多關注。美國普查的成功改變了世界，而這場競賽的目的就是為了拯救美國普查，免得它被自身的成功壓垮。

　　美國實行第一次普查之後的一個世紀，普查成了例行的程序。它變得更科學，也愈來愈能夠與其他國家的統計調查資料做比較。隨著大眾的數字素養提高，對國家的量化層面感到好奇，普查也就吸引了眾人的關注。普查蒐羅的問題愈來愈多，所有回答的彙總程序（也就是所謂的「製表」，由一排又一排的文書人員執行，多半是手工計算）耗時愈來愈長，成本也愈來愈高。一八八〇年，普查已經到達一個臨界點：美國普查耗盡了時間和金錢。找出更快速、因而更低廉的新製表法勢在必行。

　　一八八九年的競賽正是為此而來。共有三支隊伍參加競賽，其中兩支隊伍是人類選手，在波士頓埋頭苦幹；第三支隊伍則重要得多，由人類與機器搭檔，位於華盛頓亞特蘭堤克大樓（Atlantic Building）

的一個房間裡。這棟名建築是新商業發展的象徵（這座城市裡最早裝設客用升降梯的大樓之一），背靠著林肯總統遇刺的地點福特劇院（Ford's theater）。華盛頓的城市規劃主事者皮耶・朗方（Pierre L'Enfant）原本打算讓此處東北方的一個街區成為供奉這個新國家的善人與偉人長眠之所，但後來這裡沒有興起萬神殿，而是成了專利局的所在地，對於這個發明者的國度來說，也算得上是適得其所。[1]

　　亞特蘭堤克大樓四十八號房間的承租人是紐約出身的工程師赫曼・何樂禮（Herman Hollerith），他在裡頭組裝了一個樣貌古怪的發明。這個裝置大約是一張書桌大小，後方有高櫃，整體形狀看起來就像一架直立式鋼琴。磨亮的橡木外裝使它就算放在十九世紀的客廳裡，看起來也絲毫不突兀，不過何樂禮的裝置比沙龍更帶有蒸氣龐克風格（注：steampunk，二十世紀八〇至九〇年代流行的科幻題材，創作者神話了蒸氣的力量，並假設第一次工業革命的產物發展到極致的人類文明時期）的味道。櫃體裡安裝了四十個轉盤（共四列、每列十個），每個轉盤都有一百個刻度和兩個指針（就像時鐘一樣），計數量可達一萬。[2]

　　這部機器並非完全自動化，一名受過何樂禮訓練如何操作機器的書記員坐在機器前方。書記員的右側桌面是一部看起來堅牢穩固的裝置（何樂禮稱之為「讀卡機」），有著光滑的木製把手；左邊則是一疊六又八分之五乘三又四分之一平方英寸（注：約十六・八乘八・三平方公分）的硬紙卡，卡面上有孔洞，孔洞的位置看起來散漫無章。事實上，這些孔洞按照精準的方格排列，每一個孔洞的有無都經過謹慎的判定。每一張卡片代表一個人，方格的位置則代表那個人的各項特

為了解決美國普查局處理一八八〇年申報資料時所面臨的困難,何樂禮發明了何樂禮電子製表機(Hollerith Electric Tabulating Machine,本頁圖片裡為讀卡機和分類箱)。(資料來源:T. C. Martin, "Counting a Nation by Electricity," *Electrical Engineer* 12, no. 184 [November 11, 1891]: 525. 照片來源:New York Public Library.)

1	2	3	4	CM	UM	Jp	Ch	Oc	In	20	50	80	Dv	Un	3	4	3	4	A	E	L	a	g
5	6	7	8	CL	UL	O	Mu	Qd	Mo	25	55	85	Wd	CY	1	2	1	2	B	F	M	b	h
1	2	3	4	CS	US	Mb	B	M	O	30	60	O	2	Mr	O	15	O	15	C	G	N	c	i
5	6	7	8	No	Hd	Wf	W	F	5	35	65	1	3	Sg	5	10	5	10	D	H	O	d	k
1	2	3	4	Fh	Ff	Fm	7	1	10	40	70	90	4	O	1	3	O	2	St	I	P	e	l
5	6	7	8	Hh	Hf	Hm	8	2	15	45	75	95	100	Un	2	4	1	3	4	K	Un	f	m
1	2	3	4	X	Un	Ft	9	3	i	c	X	R	L	E	A	6	O	US	Ir	Sc	US	Ir	Sc
5	6	7	8	Ot	En	Mt	10	4	k	d	Y	S	M	F	B	10	1	Gr	En	Wa	Gr	En	Wa
1	2	3	4	W	R	OK	11	5	l	e	Z	T	N	G	C	15	2	Sw	FC	EC	Sw	FC	EC
5	6	7	8	7	4	1	12	6	m	f	NG	U	O	H	D	Un	3	Nw	Bo	Hu	Nw	Bo	Hu
1	2	3	4	8	5	2	Oc	O	n	g	a	V	P	I	Al	Na	4	Dk	Fr	It	Dk	Fr	It
5	6	7	8	9	6	3	O	p	o	h	b	W	Q	K	Un	Pa	5	Ru	Ot	Un	Ru	Ot	Un

一八九〇年美國普查使用的卡片,大小為六又八分之五乘三又四分之一平方英寸,每一張卡片代表一個人。每一個區塊都對應一個問題,答案以打孔的方式標記在卡片上。例如,最上方從左邊數來第三個區塊顯示的是種族:「Jp」為日本人;「Ch」為華人;「Oc」為具有八分之一或任何一絲黑人血統的混血(Octaroon);「In」為印第安人;「Mu」為具有八分之三至八分之五黑人血統的混血(Mulatto);「Qd」為具有四分之一黑人血統的混血(Quadroon);「B」為黑人;「W」為白人。(資料來源:L. E. Truesdell, *The Development of Punch Card Tabulation in the Bureau of the Census, 1890–1940* [Washington: Government Printing Office, 1965], 47.)

質：黑人或白人；女性或男性；單身或已婚；「傷」、「殘」、「病」、「智能障礙」、「精神錯亂」。[3]

操作員逐一把每一張卡片放在讀卡機下方的平面，然後用力拉下把手。讀卡機上下閉合時，裝有彈簧的針會撞擊到卡片。有些針會被擋住，有些針則會穿過孔洞，碰觸到下方小杯裡裝滿的水銀並接通電路，與孔洞相對應的轉盤就會推進一格。如果機器連接到第二項裝置分類箱，那麼箱體上的二十六個有蓋隔間就會有一個彈開，顯示這張已經處理過的卡片應該放置的位置。

對於後來看到機器運作的普查員工弗烈德利克・維恩斯（Frederick H. Wines）而言，這個用電力裝置計算、分類人口的過程簡直是一種宗教體驗。「在電流通過機器所產生的作用下，它們彷彿擁有意志，自己排列彙整……我認為，這股電流的智慧與力量，完全不遜於大天使的聲音——那種據說可以起死回生、召喚每個人的靈魂面對自己最後審判的聲音。」[4]

調查項目

十月的某個時候，競賽的評審團在現場觀察何樂禮的機器運作，他們念茲在茲的不是天堂的審判，而是一種遠遠更為凡俗的苦惱。普查在十九世紀末遇到了困境。當然，部分的挑戰在於要計算的人口數量龐大，人數超過一七九〇年的十倍。這個困難本身可以靠雇用更多人力來支應；然而，更大的難題在於普查問的問題太多。[5]

一七九〇年之後的頭幾個十年，美國普查忠於其狹隘的起源，只記錄了國會席次重新分配時必要的數據，因此人口統計的資料非常基本。政治算術家或許想要更多細節，但普查還是以國家的單純需求為重。然而，隨著政治算術被納入統計學的範疇，它的影響力隨之增長。一八三〇年代，新的統計會社組織紛紛成立，包括倫敦統計學會（Statistical Society of London，一八三四年成立）、美國統計協會（American Statistical Association，一八三九年成立）；歐洲國家也開始出現一股趨勢與之相互呼應，設置了常設的統計機構，以執行普查及其他調查：例如一八〇五年的普魯士、一八二六年的荷蘭，以及一八三三年的法國。[6]

在美國，普查局仍是臨時性的機構，每十年進行普查時才會重新設立。但是，統計學家的影響力仍然強烈到令人很有感。十年普查已成為既定的制度，其他相關的利害關係人（如商業人士、年鑑出版商、社會改革者等）聯手要求擴大普查，希望能把愈來愈多的生活層面納入調查。從一八四〇年開始，普查增加了許多附屬主題，像是產業的從業人數有多少？有多少殘疾人士？有多少人是文盲？政府愈來愈常利用普查來追蹤人口的健康狀況（身體健康與社群健康），而不只是人口的規模。普查已經擴展為國家十年一度的全面總體檢。[7]

主題的擴張開啟了新型態的分析，也就是交叉製表（cross-tabulation），不只著眼於個別的變項，也注重變項之間的關係。這種分析能描繪出更豐富的社會圖像。例如，透過簡單的計算，我們可以得知一座城市裡住著多少盲人，或是該座城市裡有多少孩童。但是，無論是哪一個數字，市長都無從判斷這座城市是否應該設立一所盲人學校。要回答這個問題，我們需要取盲人身分與年齡這兩個變項進行交叉製表，計算盲童的人數，也就是既是盲人又是孩童的人數。

　　早期的普查資料礙於表格的設計方式，難以解答這類的問題。當時的普查書表每一頁都分成許多列，每一列代表普查人員訪查的一個家戶資料。普查人員每走訪一戶人家，就會在一列的左邊記下戶長的名字，然後在該列記錄各項資料，並在每一欄寫下一個數字，記錄住在那裡、又符合該欄表所描述特質的人數。有的欄位可能很單純，如「總數」（計算該家戶的居住人口），有的欄位可能是某種複雜的屬性組合。每個人可能被計入多個欄目。普查人員或許會記錄到，一戶人家有一名年齡介於二十到三十歲的自由白人男性、一名五到十歲的白人男性，還有一名盲人白人。但是，一旦用這種方式彙整資訊，我們就無從分辨盲人是那個孩童，還是那名成人。[8]

　　如果設計者事先知道某項交叉製表很重要，就可以據此擴張表格。例如，一八四〇年，普查表格裡的「聾啞」一欄進一步細分成三個年齡層，讓普查人員可以區分十四歲以下和十四歲以上的聾啞人士。但是，表格設計也只能做到這種程度。普查完成之後，如果有人想要以不同的方式分析資料，比方說檢視聾啞人士的性別分布狀況，而不是年齡分布，就完全不可行。表格本身構成了分析上的限制，想要增加更多交叉製表，唯一的方法就是增加更多欄目。

　　結果，到了一八四〇年，普查的表格多達將近八十欄，普查人員的工作不但變得更加困難，也更容易出錯。這會造成嚴重的後果。一八四二年，發布不久的普查結果有些蹊蹺。黑人人口記錄為「精神錯亂和智能障礙」的比例在北方比南方高出十倍，而白人人口則沒有類似的型態。奴隸制度的擁護者於是宣稱，資料證明，黑人生活在南方

(No. 4.)　SCHEDULE of the whole number of persons within the division allotted to

FREE WHITE PERSONS, INCLUDING HEADS OF FAMILIES.

FREE COLORED PERSONS.

NAMES OF HEADS OF FAMILIES.

by the Marshal of the　District (or Territory) of

411

SCHOOLS, &c.

SLAVES.

TOTAL

一直到一八四〇年為止，美國的普查表格只記錄戶長的名字。本圖擷取的資料列顯示，一八四〇年，弗烈德里克・道格拉斯（Frederick Douglass）的家裡有三個人：他自己（二十三或二十四歲）、他的妻子安娜（Anna，二十五歲），還有他的女兒蘿賽塔（Rosetta，九個月大）。表頭欄目下的數字是抄自前一頁的小計。每張雙頁對開的普查表格大小為三十七乘十六平方英寸（注：約九十四乘四十一平方公分）。（資料來源：美國國家檔案與記錄管理局〔National Archives and Records Administration〕。）

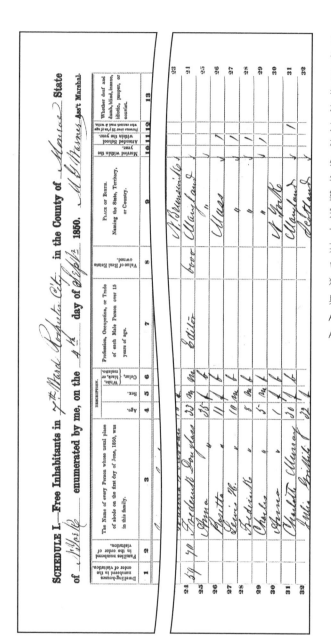

自一八五○年起,美國的普查表格會逐一列出每個自由人的資料。一八五○年時,弗烈德里克‧道格拉斯一家子的人口增加為九人。根據新的表格,安娜和蘿賽塔現在必須列名(在一八四○年的表格裡,兩人都只用數字「1」代表)。一頁完整的普查表格大小為十二‧五乘十七‧五平方英寸(注:約三十二乘四十四平方公分)。(資料來源:美國國家檔案與記錄管理局〔National Archives and Records Administration〕。)

的奴役制度下，比在北方享有自由權來得更好。事實上，這不過是問卷設計不良和普查工作馬虎的證明。更仔細調查一下，便能馬上挖掘出明顯的錯誤，像是有一百三十三名黑人被登記在麻州一家全白人瘋人院的記錄項下。但是損害已經造成。[9]

顯然，相關人士必須找到辦法來解決這種欄目的增生問題。美國普查官員可以借鏡丹麥、法國和英國等國家，因為這些國家全都已經採取了更完善的制度，也就是在記錄資料時不是以家戶為單位，而是個人，一列就是一個人的資料：這就是所謂的記名式普查（nominative census），而非計數式普查（numerical census）。在這樣的架構下，每一欄可以代表單一屬性，而不是複合屬性。這種設計大幅簡化了普查人員的工作，他們不必在許多欄目裡尋找符合的特定欄目，只需在標示為「年齡」的那欄裡記下每個人的確實年齡、在標示為「性別」的那欄中注記性別，依此類推。一八五〇年，美國首度採行了記名式普查，那次的普查表只有十三欄，是一八四〇年的六分之一。[10]

除了讓普查人員的工作更方便、更正確，記名式普查還有另外一項附帶作用。一八四〇年的計數式普查為了節省珍貴的欄目空間，減少了非白人資訊的細節，例如自由有色人種的年齡只有六個分類，而白人有十三個。但是，一八五〇年以降、採用以列為中心的記名式普查後，普查顯現出一項有限的平等：每個自由人都適用同樣的欄目，無論「人種」的記錄為何。同時，這樣的普查也繼續沿襲了一項過去的不平等：在單獨的奴隸表格上登記的人名不是各人自己的名字，而是奴隸主的名字。每個奴隸主的奴隸都用數字標示，從 1 開始。[11]

記名式普查並非沒有成本。由於普查人員現在每登記一個人就要另起一列，而不是一戶一列，因此他們記錄的列數遠遠比一八四〇年的普查還多得多。事實上，部分資料處理工作也因此推遲，由第一線的普查人員轉給在華盛頓特區工作的文書人員進行。簡化的表格結構也讓國會可以自由增加更細節的問題。到了一八八〇年，普查問的問題累計多達二十二個，而不是像一八四〇年約略只涵蓋八個主題。一戶普通的人家現在會產生超過一百個資料點，而在一七九〇年只有五個。加上人口成長，普查工作要處理的資料項總數成長了四百倍，從一七九〇年的大約三百萬項，到一八八〇年的超過十億項。[12]

這也難怪，一八八〇年的普查完成之後，又花了整整十年做後續分析。國會百般無奈，只好分別在一八八一、一八八二和一八八四年追加預算。最後兩次撥款還附加了命令，停止進一步製表。普查局終於照辦，並在一八八八年發布了最後一冊報告，沒有完成原先規劃的分析計劃。至於交叉製表的雄厚潛力，統計學家們不必再痴心妄想了：有些變項甚至沒有計數，例如婚姻狀況，與其他變項的組合就更不用提了。普查工作結案後，一名記者嘆道：「如今我們竟無從得知已婚和單身的人口比例！」[13]

然而，國會可沒那麼快就死心；雖然一八八〇年的普查遭遇了計數上的困難，一八九〇年，國會還是要求相關單位進行更詳盡的人口普查。這次的普查新增了一個關於內戰服役經歷的問題，還有一個新奇的種族新分類：「白人、黑人、八分之三至八分之五黑人血統、四分之一黑人血統、八分之一或任何一絲黑人血統、華人、日本人，或印第安人」。現在，這些問題要拿來問在十年間又增長了四分之一的人口。如果製表技術沒有突破，那麼一八八〇年的那場災難勢必要重新上演。[14]

　　負責找出突破之道的官方人員名為約翰・蕭・畢林斯（John Shaw Billings）。身為外科醫師和內戰退役軍人的畢林斯是生命統計部門（Division of Vital Statistics）的主事者，監管出生與死亡的量化資料（即葛蘭特一度專注鑽研的那類資料）。他被指派為委員會主席，任務就是為一八九〇年的普查製表找出新方法，並加以測試。

　　畢林斯一直都對改良製表方法有濃厚的興趣。他是何樂禮的支持者和導師，因此何樂禮的機器可能在參加競賽之際就最被看好。但是，沒有跡象顯示那場競賽曾為了讓何樂禮有利而動過手腳，或是競賽只是走個形式來虛應故事。機器有千百種出錯的可能，特別是新機器，而何樂禮還沒有證明他的機器不會出錯。此外，他的兩位競爭對手查爾斯・皮金（Charles Pidgin）與威廉・杭特（William C. Hunt）也都是圈內人，兩人曾在廣受好評的一八八五年麻州普查計劃共事，而且已經被徵召參加一八九〇年聯邦普查的工作，杭特更是擔任人口部門的主管，責任重大。確實，杭特原本是畢林斯所領導的委員會成員，後來為了讓他的方法可以報名加入競賽，他退出了委員會。這兩個波士頓人提出了類似的手動製表系統：皮金的系統以一八八五年的州普查為基礎，採用特別設計的各色紙卡（他稱之「籌票」〔chips〕），杭特則是用紙條與不同顏色的墨水相結合。[15]

　　無論是卡片、籌票還是紙條，這三套系統都蘊含一個共同的概念，就是紀錄個人資料時要一人一張。這麼一來，三套系統的製表方法都會以兩階段進行。第一個階段，手寫表格的各項資料要謄錄到中介表格上。接著依據屬性，用這些中介載體逐一進行計數。在真正的普查裡，謄錄只會做一次，但是計數可以針對普查記錄對象的所有不同次群體一再重複執行：針對男性做一次，女性一次，本地出生者一次，國外出生者一次，依此類推。[16]

競賽的規則相當簡單。首先，從儲藏室裡找出競賽指定採用的一八八〇年普查申報表（以當時全美第六大城聖路易斯市的公民為樣本），每個競賽者都要用自己的方法謄錄申報表的資料，然後進行計數。執行速度最快、但不會犧牲準確度的技術會被判定勝出，繼而能得到委員會的推薦，在即將到來的一八九〇年普查派上用場。[17]

一八八九年十月，畢林斯和他的委員會同僚已經走訪波士頓，視察兩套人工系統的運作。在兩套系統繼續進行統計工作之際，他們又回到華盛頓，觀察何樂禮的系統。何樂禮的系統在謄錄階段已經遙遙領先，耗時七十二個半小時就完成了，比皮金的方法快了三分之一，也比杭特的方法快了兩倍。但是，真正的考驗還在後頭——計數。為了勝出，何樂禮的方法必須迅速，但若是沒有準確度，速度再快也是枉然。何樂禮意識到了這點，後來他為製表機接上一具響鐘，每成功處理一筆記錄就響一次，以防範操作者的錯誤。於是，第二階段展開，隨著一萬零四百九十一個聖路易斯市民的資料逐一通過機器，亞特蘭堤克大樓的走廊也傳出串串如敲響編鐘般的計數鈴聲。[18]

機器擴充，或或代替人力

十九世紀是機械化的輝煌時代。曾經專屬於技藝工匠的工作，一件接著一件交給有著齒輪、輸送帶、噴著蒸氣的機器代勞。這件事並非一直以來都得到世人的認同，該世紀也陸陸續續有自覺生計受到威脅的工人發生爆發衝突或是杯葛事件，最知名的就是一八一〇年代在英格蘭北方的紡織工廠砸毀機器的盧德分子（Luddites）。馬克思曾在一八六七年寫道：「勞動工具若是以機器的形式出現，立刻就會成為勞工本身的競爭者。」機械化是何樂禮一生的主要經濟力量。[19]

關於這種普遍的衝突，《約翰·亨利》（*John Henry*）這首美國民謠便是一例，反映了當時的現象。民謠唱的故事是這樣的：亨利是「鋼鑽俠」（steel-driving man），是一位參與鐵路土木工程的修建工人。鐵路開挖大部分是由硝化甘油和炸藥來進行，可是這些爆炸物必須從岩石深處引爆。鋼鑽工人的工作就是鑽洞，讓爆炸物可以深入岩底。他們的工作方式通常是由一人固定鑿子，另一人揮著八磅重的鎚子敲打鑿子。要是工人技術好，鑽鑿堅硬岩石的速度會相當驚人，一鎚落下的回音還沒消失，另一鎚落下的聲音就會接著響起。[20]

但是，雖然有高效爆炸化學品的力量，整地仍然是鐵路修建工程最緩慢的部分，如果能克服這關，鐵路就能迅速鋪設至全國各地。一八六〇年代，幾位發明家開發出機器，加速了鑽探的工作（至少理論上如此）。但是，這些早期的蒸氣鑽探機不但使用上很困難，而且不是很可靠。十年過去，這些器械才有辦法挑戰人工團隊。於是，到了一八七〇年代，有位不知名的領班舉行了一場蒸氣鑽探機和人工鑽探隊的比賽。約翰·亨利就是工人隊裡的揮槌人：

約翰·亨利在右邊敲。

蒸氣鑽子不斷在左邊鑽。

約翰‧亨利打倒了蒸氣鑽子。

但他敲、敲、敲，敲到自己也死了，老天爺啊，老天爺，

他敲、敲、敲，敲到自己也死了。[21]

　　約翰‧亨利這位在人類對抗機器興起的過程裡壯烈犧牲的烈士，他的人生和故事就此結束。從許多方面來說，這都是傷敵一千、自損八百的慘勝；機器不斷改良，人工鑽探到了一九二〇年代就宣告絕跡──這是馬克思論述的完美例證。

　　今日，在講求力道或速度的工作上，機器的表現毫無疑問比人類優越，人類早就輸了那場戰鬥。如今，戰線已經轉移，機器開始入侵純腦力的領域，這恐怕是馬克思想都不可能想像得到的。這種機器處理的是資訊而不是物質。然而，當機器與人類公開正面交鋒，表現還相當優異時──卡斯帕洛夫（注：Garry Kasparov，俄羅斯西洋棋特級大師）對戰 IBM 的深藍電腦、詹寧斯（注：Ken Jennings，美國智力競賽節目《危險邊緣》〔Jeopardy!〕最長優勝紀錄保持人）對戰 IBM 的華生電腦、李世乭（注：南韓圍棋九段棋士）對戰 Google 的 AlphaGo，我們仍然看得既稱奇又心驚。

　　以何樂禮的裝置來說，雖然那場證明機器優越性的競賽並非公開進行，但它確實是這類機器的先驅之一，它操作的是位元，而不是原子。這項特質為它在計算機歷史博物館（Computer History Museum）裡靠近入口處掙得一個醒目的位置，博物館距離谷歌位於加州山景城（Mountain View）的總部不遠。只可惜，那部復刻版的機器已經無法運作。根據策展者的說法，裝盛有毒水銀的開放式杯子有危害安全的

風險；或許這可以用來解釋維恩斯與那部機器共事時所出現的充滿宗教色彩的幻覺。[22]

　　一八八一年的某個夏天傍晚，何樂禮與畢林斯的一段對話啟發了製表機的誕生。當時兩人都投身一八八〇年的普查工作。何樂禮是紐約哥倫比亞礦業學院（哥倫比亞大學工學院的先驅）二十一歲的畢業生。他天生有著發明家的性格，也有幸能生在獎勵發明的時代和地點。當時的美國擺脫了內戰的混亂，在科技史學家瓦茨拉夫・斯米爾（Vaclav Smil）所說的「史上最富創新的十年」崛起，成為動力中心。[23]

　　那年八月，電力的火花攫取了大眾的想像力。蒸氣動力（擊倒約翰・亨利那粗暴、骯髒又危險的氣動力）正要開始讓位給電力這項新能源：安靜、乾淨、隱形又神祕。第一屆國際電力博覽會（International Exposition of Electricity）剛剛在巴黎揭幕，亞歷山大・葛拉漢・貝爾（注：Alexander Graham Bell，世上可用第一台電話的專利擁有者）與維爾納・馮・西門子（注：Werner von Siemens，德國發明家，除了是西門子公司的創辦人，還是發電機、有軌電車、垂直升降電梯的發明者）都在參展人之列。但是，正當科學家在巴黎與政治人物和權貴熱絡地打成一片時，紐澤西的門洛公園（Menlo Park）正在打造一座與眾不同的光之城市。在那裡，一座嶄新的工業實驗室即將推出一項又一項改變生活的發明。[24]

　　四年前，曾擔任電報員的湯瑪士・愛迪生（Thomas Edison）發明了留聲機（史上首見記錄與重製聲音的方法），突然成為眾所矚目的焦點。一八七九年，愛迪生做出第一顆可付諸商業經營的白熾燈泡。一八八〇年，他成立了第一家供電事業愛迪生電燈公司（Edison

Illuminating Company）；到了一八八二年，這家公司在曼哈頓的珍珠街（Pearl Street）啟動了紐約的第一個商業電力站。[25]

毫無疑問，那個夏夜裡，何樂禮深思了那一晚的對話，並把一切都放在心底。晚餐席間，畢林斯提到了一件讓他沮喪不已的事：一八八〇年的普查結束還不到一年，資料分析的進度便已經落後，情況令人憂心：下一屆普查開鑼之際，一八八〇年的數據分析非常有可能還沒完成。畢林斯思忖道：「人口數據和類似統計製表這種純機械化的工作，應該要由某種機器來做。」[26]

打從一七九〇年以來，普查的方法和內容就不斷在更新，但資料的蒐集和處理卻幾乎沒有什麼變化。普查人員手寫填好表格，把表格交回給在華盛頓特區的上級人員，再依照各項報告所需的類別以人工的方式歸納計算資料。轉變為記名式普查後，計數的工作方式雖然得稍微重新編排，但是基本上沒有改變，只是採用了更複雜的計數表來記錄中間階段的結果。最新的進展是運用一部巧妙的裝置，以更符合人因工程的方式編排這些計數表：一套精細繁複的滾軸系統，可以把相關但相距遙遠的欄目拉近，就像我們今日操作電腦試算表時，可以暫時隱藏一些資料欄目一樣，充其量只算是個無足輕重的創新。一八八〇年的普查根本的技術層面應該沒有任何一點能讓富蘭克林大開眼界。[27]

在何樂禮眼中，提出「運用機械動力（甚至是電力）來擴增這個過程的人類勞動力」的建議似乎再自然不過了。在一八八〇年的普查裡，他自己的職務就與蒐集蒸氣和水力的統計量有關，而當電力點亮世界的時代分水嶺來臨，他也已然更為成熟。經畢林斯這麼一提，何樂禮就把普查資料處理當作他自己要解決的問題，於是他潛心尋找解決的辦法。當他的產業統計工作分量變得沒那麼吃重時，他要求轉調至人口部門，以深入理解問題。[28]

與巴黎和門洛公園上演的奇蹟相比，何樂禮位於華盛頓特區（當時是一個人口只有區區十五萬的城市）的政府辦公室就像是一灣靜水。身為能力出眾的工程師，何樂禮可能曾經到愛迪生的公司應徵工作，就像十年後的亨利・福特一樣。但也許當時，何禮樂已經感知到，他的天命不在電力時代的黎明，而是在接下來的資訊時代。

如果一八八〇年普查的科技無法讓富蘭克林拍案叫絕，那麼普查結果也勢必一樣平淡無奇。一七九〇年後的九十年間，美國人口增加了超過十倍，平均每二十四・五年就翻倍，與富蘭克林一七五五年的論文所做的預測出奇地接近。

沒錯，事情恰如富蘭克林的預測發展；特別是移民所扮演的角色，比他預期的還要吃重。一八八〇年統計的五千萬美國人口當中，海外出生的有將近七百萬人，而且不只是英國，還有愛爾蘭、德國和北歐。此外，許多美國人的出生地是在非洲各地，這是奴隸買賣的歷史產物。[29]

美國不只是人口在成長，同一段期間，美國也在拓展疆域，納入新州，領土擴張了四倍。這兩股齊頭並進的擴張趨勢大致上有所關連，人口的增長並沒有構成什麼壓力。一七九〇年，美國進行了第一次人口普查，以舊世界的標準來看，原初的十三州算是人煙稀少，總共不過四百萬居民；這樣的人口數大約和愛爾蘭相同，但空間卻是二十六倍。美國的城市也不擁擠，當時最大的城市紐約，人口也不過三萬三千人。相較之下，北京（可能是當時全世界最大的城市）已經有超過一百萬的居民。[30]

不過，美國的國界在人口變得稠密之前已經開始西進，橫越美洲大陸。一八〇三年，美國自法國手中買下了路易斯安納州的領土，開啟了西向擴張之路。起初傑佛遜總統授權大使羅伯特·李文斯頓（Robert Livingston）出面協議條件，向法國取得具策略地位的紐奧良港；李文斯頓帶回來的協議卻是買下整個路易斯安納州的領土（移轉的土地面積足足有三個法國那麼大），傑佛遜雖然對《憲法》是否賦予自己這種權力心存顧慮，他還是順勢同意了這項協議。

此舉在當時看來或許有點浪費：這個國家（還）不需要增加這麼大面積的領土，但或許會有需要的一天。就在買下這筆土地的兩年前，傑佛遜剛就任總統不久，他用美國頭兩次普查的結果更新了富蘭克林的計算，結果發現，美國人口翻倍所需的時間只要二十二年。他當時已然知悉馬爾薩斯的主張，他讀過第一版《人口論》，覺得不怎麼樣。但是，購買土地案正式簽署生效後不久，傑佛遜又讀了新出版的第二版《人口論》，這回他對此書的評語是「邏輯健全之作」。傑佛遜考慮他現在所掌管的這片遠比過去廣大得多的領土時，或許因為馬爾薩斯的話而安心許多：過不了多久，人口增長的力量將會證明，他為這個剛起步的國家加倍擴大領土的決定是對的。[31]

強勁的人口成長隨著十九世紀持續前進，但是在一連串的領土擴張下，那個世紀不管任何時候，在歐美屯墾區的界限之外，仍然有大片的遼闊土地等著美國收編。一八四六年，德州加入聯邦，與太平洋西北區歸入的英國屬地同年。一八四八年，歷經了兩年的衝突之後，墨西哥讓出如今的加州、內華達州、猶他州以及部分的亞利桑納州、新墨西哥州、科羅拉多州與懷俄明州。到了十九世紀中葉，美國的領土已經橫跨兩岸。

不過，邊境屯墾區一直都存在。那裡還不是我們所謂的「邊境」，也就是那個流行文化裡的大西部，那片不法之徒與惡棍、戰爭英雄與拓荒者之地——它只是一個簡單的統計分類。普查局把人口密度低於一平方英里兩人的地方都稱為「無居民」地區，「進入邊境之後，人口稀少，都是獨居的農場工人、捕獸人或漁夫，或是在礦場、伐木場等地點的工人。」，並訂定「人口密度每平方英里兩人為居住地的界限，也就是人口的前沿線。」[32]

一八八〇年的普查報告以地圖呈現了自一七九〇年以來每十年的人口密度，顯示人口不斷往西擴張。這一系列地圖的最後一張（描繪的是一八八〇年的資料）顯示，人口前沿線似乎是一條由北到南曲折而行的線，穿過達科他州、內布拉斯加州、堪薩斯州、奧克拉荷馬州和德州。越過這條線往西就是各自孤立的居住區，散布在製圖員留白的廣袤地區反映了它在普查鏡片之下的空無，而這時普查的總人口並沒有將「未被課稅的印第安人」納入統計。[33]

為每個人都製作一張打孔照

何樂禮在遠離邊境的地方繼續思索製表的問題。一八八二年，他完成了受託的普查工作，搬到波士頓，並受聘為麻省理工學院（MIT）的講師。麻省理工十分符合他的需求，它成立的宗旨就是提升「科學與藝術、農業、製造業及商業相關的實務應用。」他在那裡開始處理他所想像的機器細節上的問題。[34]

何樂禮絕對不是思考如何把運算數字的心智勞務自動化的第一人。像算盤那樣簡單又泛用的計算輔助工具自古以來早已存在，人類也發展出更為複雜的裝置用於天文預測。一六〇〇年代初期，蘇格蘭數學家納皮爾（Scot John Napier）發現對數，是一種數學轉換法，能迅速做乘法和除法的概似運算。對數可以預先算好，彙編成容易參照的對數表。不久後，有人發明出一種名為「算尺」的裝置，讓納皮爾的方法得以更容易使用，也更容易帶著走，雖然減損了一點精確度。

一八二〇年左右，第一個實用的機械計算機發明「四則計算器」（Arithmometer）問世，不過它還要歷經三十年的改良才能付諸商業化生產。只要轉一下把手，四則計算器就能做出加法、減法和乘法的運算，幾乎和現代的電子計算機一樣輕鬆容易，只是做除法多少還是得費點功夫。到了一八八〇年，已有超過一千部四則計算器被製造出來，供政府部門、鐵路公司、銀行和保險公司，以及科學家與專業人員使用。如果何樂禮之前沒有接觸到這類機器，他在普查局也一定有看過。[35]

但是，四則計算器就算再怎麼聰明，它所解決的問題還是與何樂禮所關心的問題不同，四則計算器執行的是兩兩數字之間的基本算術，處理的數字長度就算可達二十位數，它解答的還是數學問題，是科學家和工程師工作的時候經常遇到的那種問題；然而，普查的製表與其說是數學問題，不如說是資料問題。

以普查的調查表為例。自一八五〇年起，表格裡可以用算術處理的數字資料就不多了，大部分的問題都是是非題（「單身？」）或是統計學家今日所稱的「類別」問題（「出生地點？」）。只要經過簡單的轉換，類別問題也能轉化成二元的是非題（「英國出生？」否。「愛爾蘭出生？」是。）

因此，普查資料處理所用的算術非常單純：如果某人在某個屬性答「是」，就加一，否則就加零。但是，每一個人以及許多不同的屬性組態都必須重複這個程序，才能得出一個城市、一個州、然後是整個國家的概要。整個程序做下來，仰賴記錄處理工作（排序、分類和篩選）的分量將遠遠超過算術本身。若要做好普查工作，畢林斯需要的不是計算機，而是一種新型機器：製表機。

何樂禮明白，差異在於儲存功能。四則計算器不能儲存資料。如果操作者需要保留數值，就得把每個數字逐一從裝置的數字輪抄寫到紙張上。打從五千年前，蘇美會計師就開始用小塊陶土板保存記錄，資料基本上一直都是以這種方式儲存下來的。等到柔韌的莎草紙和動物皮紙的面積變大，更多實用的書寫才漸漸隨之出現。但是，這些材料本身有其難以解決的限制，實體容易遭到破壞和受潮。把紙頁黏合成紙卷，或像後來把紙頁裝訂成冊，可以解決這個問題。然而，不論是用哪一種方法，都會把所有的內容鎖定在固定的位置上：資訊印在紙頁上，無法更動，而紙頁本身也用膠水或縫線固定了，順序無法變動。

書冊與書卷非常適合用於已經定案的內容，例如《聖經》或是《哈姆雷特》，也很適合用來記載長期記錄、且鮮少編修的資料類型，例如會計分類帳。但如果是工作底稿，也就是儲存需要反覆使用、並以不同的方法操作的資訊而言，書冊和書卷並不實用。為了應付這個需求，長久以來相關人士都使用蠟板：蠟板的成本低廉，只要加熱就能輕易恢復平滑的表面，重新使用。跟在羅馬審查官身邊工作的抄書吏可能就是先用這種記事板做筆記，然後再把記錄謄寫到羊皮紙上。但是，也正因這種可變性，蠟板並不適合用來保存長期記錄。此外，就像陶板一樣，蠟板的尺寸也不適合做大量收藏。不過，很長的一段時間裡，世人也沒有更好的選擇。[36]

到了中世紀晚期，一種新的可能出現了。中國發明的紙張輾轉從伊斯蘭世界流傳到歐洲，讓紙張的成本低到可以用於加工中的工作底稿。紙張並不是真的可以反覆再利用，只是它便宜到可以丟棄。在接下來的幾個世紀，由於印刷與識字能力蓬勃發展，從政府官員到商家夥計，紙張成了人人慣用的文書行政工具。[37]

開創紙質記錄保存巔峰的先驅或許是瑞典人卡爾‧林奈（Carl Linnaeus）。林奈是一位植物學家，他想要把所有已知的物種都編整進一個單一生物分類學的體系裡。隨著工作的進展，他一下子就發覺到，分類學本身是一個活的體系：一個新發現的物種可能會顛覆整個結構，讓他必須修改之前訂定的關係和分類。為了解決這個問題，他使用標準規格的紙片來記錄每個物種，紙片規格是五‧一英寸寬、三英寸高（注：約十三公分寬、八公分高）。這是一套相當高明的系統，今日的索引卡除了採用紙質較硬挺的卡紙之外，與林奈所用的紙片並沒有多大的分別，只是尺寸略微縮減為五英寸寬、三英寸高而已。[38]

就工作底稿來論，索引卡有很多優點。它們比一般的紙張更耐用，而且尺寸小、紙質硬，排放在抽　裡能大致站好，且能依需要搜尋和重新排列。新卡片可以插放於任何位置，舊卡片可以輕鬆移除。小修改可以直接寫在卡片上，要是空白處不夠改，任何卡片都可以複製修改後的內容、換置新卡；如果是書冊裡的一頁，就沒有這麼快速簡單了。

十九世紀間，這類的卡片廣為圖書館所採用，以製作架上圖書的目錄。當時，在政府與企業的行政管理需求帶動下，各種歸檔方法大量出現，而卡片目錄便是其一。[39]

在一八八〇年代，皮金和杭特的方法是人工處理普查資料的最佳構想，而此刻何樂禮要與他們一較高下。皮金和杭特的方法都涉及索引卡片的某種變化形式，正如林奈的發現，資料從調查表轉到卡片或紙條上後，會更容易處理。這麼一來，就可以用更少的人處理更多的工作。但是，用索引卡做資料處理還是需要某個程度的人力，畢竟就像所有早期的技術一樣，索引卡只能由人類讀取。如果可以，何樂禮想要完全不依賴人力，或至少把人力的參與程度降到最低；於是，他需要一種可以由機器直接判讀的媒介。

這種技術已有幾個先例，而在這些方法下，紙張都不單純只是墨水的受質，而是一種本身在實體上可做調整的材質。雖然機器無法（時候還沒到）解讀紙上的字母或數字，但裝置經過仔細校準，還是可以偵測到媒介上的孔洞或缺口。一八五八年，查爾斯·惠斯登（Charles Wheatstone）的自動電報機便使用打孔的紙帶儲存、轉發訊息內容。一八七四年有一則針對這部機器的描述，一針見血地點出它的關鍵優點：「打孔的紙帶只要保持完整，就可以用於任何數量的電路傳輸信息，從而節省大量的時間和勞動力。」[40]

這種可重複使用的特性正是何樂禮所需要的，畢竟他得製作許多彼此互有交集的普查表格，因此他還在麻省理工時就開始以紙帶做實驗，一八八三年，他離開麻州，策略性地回到華府，接受了專利局的工作。他待的時間不到一年，但剛好足以讓他熟悉法律制度，知曉怎麼保障自己的發明。接著，一八八四年，他為一部紙帶製表機申請了自己第一項專利。[41]

不過，紙帶用於電報的序列資料雖然很理想，在製表上卻不實用。何樂禮後來道：「比方說，如果你想要知道與華人相關的任何統計資料，麻煩就來了，你必須展開好幾英里長的紙帶，才能計算一些少數華人的資料。」何樂禮需要的是一組索引卡，但他卻一直試圖使用紙卷。解決之道就是把機器可以辨讀的孔洞放到卡片上。[42]

後來，何樂禮表示，他是在搭火車旅行時想到這個結論的。他寫道：「當時我正要去西部，手上有一張『打孔照』（punch photograph）車票，我想大家是這麼稱呼它的……列車長……在票上打孔，以描繪持票人的樣子，例如淺色頭髮、深色眼睛、大鼻子等等。」這種方法的發明是為了防範乘客轉售車票，和今日航空公司檢查登機證是否符合身分證件異曲同工。何樂禮繼續解說他自己的普查卡：「所以，你們看，我只是為每一個人都製作了一張打孔照。」[43]

故事雖是這麼說，但何樂禮可能直接從另外兩項發明得到更多的啟發。一八〇四年，法國人約瑟夫·瑪麗·雅卡爾（Joseph Marie Jacquard）發表了一部自動紡織機，運用按照順序排列的打孔卡片織出繁複精美的圖案。到了十九紀末，這種織布機已經十分普遍，工程師應該都知道這種機器的存在，特別是何樂禮，因為他的妻舅就在絲織業工作。[44]

　　更具影響力的應該是英國數學家查爾斯・巴貝奇（Charles Baggage）的構想，今日他被公認為電腦之父。在十九世紀（一直到進入二十世紀之後也是），工程師和科學家完成工作所必須求解的許多函數都還沒有便利的計算方法。於是，有人先以人工計算出不同輸入值的函數解，然後把結果集結成數百頁的書籍販售。巴貝奇的第一項發明差分機（Difference Engine）就是為了把這些計算自動化，讓這些書籍的製作更快速、內容更準確而生的。根據一八三〇年的一項設計，這部機器的組成需要兩萬五千個零件，重達十五噸，而這部機器從來沒有完工。[45]

　　這項失敗的工程計劃不知怎麼地啟發了巴貝奇，他發揮更絕妙的想像力，想出一部他稱為分析機（Analytical Engine）的機器。這部機器是可以程式化的數字計算機，理論上相當於現代的電子計算機；這部純機械化、由蒸氣供應動能的裝置是一項驚人的壯舉。為了讓電腦儲存程式，巴貝吉借用了雅卡爾打孔卡片的構想。遺憾的是，他的設計天才遠遠超越他的組織和募款能力，而這部機器的命運也和差分機一樣，不曾看到完工的一天，並於一八七一年與巴貝吉一起長眠。然而，在何樂禮的時代，這部機器仍然相當出名。[46]

　　無論何樂禮真正的靈感泉源為何，他馬上就用打孔卡進行實驗。打孔卡唯一的缺點就是無法像紙帶一樣，用捲軸連續送進機器處理，因此還是需要職員把卡片逐一放入讀卡機，經機器讀取後取出。（十年後，何樂禮加上了自動送卡裝置，讓機器變得更加完美）一八八七年，何樂禮提交另一項專利申請之前，他做了幾個小型的計劃測試並改良了他的新設計。雖然這次的申請文件標題和一八八四年的申請資料一模一樣，都是「彙編統計量的藝術」，但內容其實已經是一部全然不同的機器了。[47]

一八八九年一月，這項專利核發了下來，官方認可了發明的新穎性。就這部機器本身來說，各個部件其實都不是特別新奇：用來記錄和顯示計數的櫃子不是；儲存方法不是，打孔卡片不是；連結所有部件的電子邏輯也不是。何樂禮的貢獻在於「藝術」：找出方法組合這些部件，並應用到資訊處理的一般問題上。[48]

專利到手，何樂禮轉而拓展銷售。他希望他的老東家，也就是美國普查局能成為公司的第一個正式顧客，但是他胸懷更大的雄心壯志。在整個十九世紀，普查在數十個國家成了定期的活動。不久後，他動身前往奧地利、義大利、加拿大和俄羅斯洽談合約。如果這部製表機在美國能成功，全世界都有機會等著它大放異彩。[49]

人口普查競賽

普查不只是流傳至各國，普查的方法和內容也開始趨於一致。部分原因在於全球國家發展的趨勢漸漸走向一致，即使不是在規模、財富和權力方面，至少在形式上也趨於一致。鐵路和電報加速了已經展開的中央集權進程：一國的首都變得更有權力、更重要，而對資訊也更加貪婪。但是，普查執行趨於一致也是刻意努力的結果：政府統計已經成為一項國際計劃的焦點。

這項計劃最重要的主事者是阿爾道夫・凱特勒（Adolphe

Quetelet），南丁格爾（Florence Nightingale）稱呼他為「全世界最重要的一門科學之開山祖師」。一七九六年，凱特勒在當時屬於法國領土的根特（注：Ghent，現為比利時城市）出生。就像孔多塞和馬爾薩斯一樣，凱特勒很早就展現了兼跨數學與人文領域的興趣。但是，與那兩位相隔不過一、兩個世代的凱特勒卻走上了一條不同的職涯道路，這條道路也反映了科學組織在這段期間更為廣泛的變遷。[50]

科學革命是個人嶄露頭角的時代，有從望遠鏡凝望夜空的伽利略以及對著稜鏡思考的牛頓；然而，十八世紀末與十九世紀開啟了國家贊助的機構科學時代。今日我們早已對這樣的事司空見慣：二〇一二年宣布發現希格斯玻色子（Higgs boson）的學術論文，光是列名的作者就大約有三千位，而讓偵測可行的大型強子對撞機，則是整個歐洲通力合作、耗資數十億美元才能建造的設備。這些當然是極端的例子，但是在這個時代，即使是很微小的發現，通常也涉及合作者、機構實驗室，以及多項政府研究補助。[51]

凱特勒正好站在這種變遷的開端。同期最明顯的表現就是像庫克船長（James Cook）、洪堡德（Alexander von Humboldt）和達爾文等人所從事的偉大科學遠征。這些旅程所需要的資金只有熱衷擴張全球足跡的帝國才有辦法提供。但是，機構科學也在陸岸上發展。一八二〇年，凱特勒為了在布魯塞爾（當時為荷蘭所統治）建造天文觀測站四處奔走，因而與機構科學有了第一次的接觸。[52]

同一時期，凱特勒對社會與政府的興趣愈來愈濃厚，他稱之為「社會物理學」，與孔多塞的「社會數學」互相呼應。在這個領域，他看到了大規模合作的需要。一如天文學需要遍布歐洲和全世界的團隊所蒐集到的觀察資料，社會物理學也需要大型、有組織的團隊蒐集原始資料。一八三〇年一月，就在比利時脫離聯合王國的前夕，他為荷蘭聯合王國的普查展開遊說。[53]

在接下來的十年，凱特勒的國際地位升高。他一八三五年的著作《論人與人類能力的發展》（*A Treatise on Man and the Development of His Faculties*）為他博得了一定的聲望，書中試圖量化這個學門幾乎所有層面。他不止談到較傳統的主題，例如出生和死亡，也涵蓋身高、肌力、耐力、呼吸、智力、道德和犯罪等項目。他的前輩們用天文學做類比，以數學的方式說理（例如馬爾薩斯），而凱特勒所做的不僅止於此。他把數學領域裡具體的統計方法應用於他的公民同胞身上，特別是高斯誤差定律。他發現，人類許多特徵（例如身高）的表現就像數學家高斯（Carl Friedrich Gauss）在四分之一個世紀之前對行星運行的觀察所做的分析一樣：一群人的測量值往往會落在鐘型曲線的均值附近。

廣泛而言，這點多半為真。但是凱特勒更進一步，提出了一項不科學的主張，他從這個現象歸結出關於真理和美意義。他寫道，「如果我們可以定義常人的所有層面」，那麼我們或許可以「認為這是完美的典型；而所有偏離此一形貌或條件的，都算是畸形或疾病；任何不相似的，不只是形貌，還有超過觀察限度的，都算是龐然怪物。」這種把「平均」和「正確」畫上等號的說法，即使在他在世的時期，都引發了相當多的爭議。[54]

凱特勒在剛剛獨立的比利時站穩了腳跟，便運用自己的國際聲望走遍歐洲，提倡統計學的理念。一八三四年，倫敦統計學會成立，除了馬爾薩斯和巴貝吉，他也是關鍵人物。他還是美國統計協會第一位外籍成員。凱特勒一輩子寫了相當大量的書信，與歐洲以及歐洲以外的數學家、統計學家和政治家皆有魚雁往來（確實，一八三五年時，他是從書信裡得知巴貝吉建造分析機計劃的第一人）。[55]

一八五一年倫敦萬國工業博覽會期間，凱特勒著手讓這個網絡關係正式化，他提議創設統計學的國際代表大會。於是一八五三年，第一屆代表大會舉行，地點自然是布魯塞爾。「國際」一詞是指相對而言：與會者除了美國的三人代表團，只有兩名埃及的天文學家是來自歐洲以外（至於所謂總共二十六國代表參加，國數也有灌水之嫌，因為當時的德國和義大利仍由許多小邦國組成）。在第一屆大會上，凱特勒發表演說，講述大會宗旨為「為不同國家的官方統計注入統一性……得到可茲比較的結果。」他宣稱，若非如此，「觀察的科學就不會進步。」[56]

接下來的二十年又舉行了八次大會，雖然每一次都在歐洲某一國的首都舉辦，但大會漸漸變得愈來愈多元，有來自巴西、日本、英屬印度以及其他地方的代表與會。努力終於有了回報，統計資料變得更有比較性也更科學。凱特勒的通信對象、未來的美國總統加菲爾德（James Garfield）也是他的信眾之一。一八六七年，當時還是眾議員的加菲爾德主持了一個委員會，商議美國普查的未來。他宣告：「這是統計學的年代。」並主張普查「應該要完整而精確地呈現一國生活和實力的組成，為國家所用，而普查整體結果的呈現方式，也要能與其他國家所取得的類似資料互相比較，增進統計科學。」[57]

一八七二年，第八次大會在聖彼得堡舉行，這是凱特勒最後一次出席。這位比利時人已經七十六歲了，但他的熱情未曾因年齡而衰減，這回他當選了某小組委員會的榮譽主席，該小組的任務是為普查的執行提出新建議。委員會宣告，普查應該蒐集記名個人的資料；普查應該在一天之內進行，或是在那一天的前後，時間要盡可能接近；普查的頻率為十年一度，並在尾數為零的年分實施。普查應該蒐集最低限度的資料，包括姓名、性別和年齡；與戶長的關係；民事或婚姻狀態；職業；宗教；語言；識字能力；祖籍、出生地和國籍；常居地；任何身障殘疾。[58]

　　與會的美國代表返國後，向國會提報了這些建議，他們為這些建議背書，不過附有但書。他們指出（有點語帶得意），十年一度的規則「吻合美國的慣例」。至於人口統計應該以普查對象於普查日當天所在的地點為依據（也就是「事實上的」（de facto）普查）的建議，他們則不認同。美國普查一向以人民的常居地做為統計依據，也就是「法理上的」（de jure）普查。他們認為，在美國這樣一個流動性高、動能十足的國家，「每日每夜都有數十萬人整天在旅行，或整夜待在火車車廂和蒸氣動力船裡，不在任何城鎮停泊或過夜」，如果改變做法，普查會變得過於不可靠。事實上，今日有許多普查會同時納入現居地與常居地的資料。[59]

　　他們也提醒立法者特別注意，凱特勒的小組委員會所建議的問題當中，有些並不在美國普查問題的範圍裡，包括每個人與戶長的關係、婚姻狀態、宗教和語言。除了宗教之外，這些項目最後全都被納入一八八〇年和一八九〇年的問卷裡，而這些問題為細節爆增的問卷又增添了一堆篇幅，最後終於形成何樂禮要努力解決的資料處理危機。

一八八九年十一月十一日，普查競賽結束。畢林斯的委員會已經做足了視察。皮金和杭特的人工方法都無法造就出一個約翰·亨利等級的超級文書人員，速度能趕過何樂禮的機器。何樂禮的製表機五個半小時就能完成計數階段，大勝皮金和杭特的方法——二人所耗費的時間分別是四十五個小時與五十五個小時。根據他們的結論，製表機也「確實更為準確」。這場競賽可說是勝負懸殊。[60]

委員會估計，以這些機器取代任何一種人工方法，即使是用於最低限度的製表計劃，減少的人力能省下將近六十萬美元。政治頭腦精明的普查局長羅伯·波特（Robert Porter）寫了一份報告給內政部長，信中寫著自己就機器對人工造成的衝擊抱持審慎的態度。他寫道，製表機的使用「與其說能免除文書人員的人力需求，倒不如說它能讓原來的人力變得更有效率，而且更有餘裕從事普查的智識工作。」[61]

普查局一開始訂了五十部機器，一年租金為一千美元，後來又追加了四十部，租金五折。有鑑於預期的開銷縮減，這對政府來說是一項很划算的交易。一八九〇年的春天，普查局派了將近五萬名普查人員到全國各地，何樂禮的製表機則在全新的洋際大樓（Inter-Ocean Building）組裝布建，距離何樂禮的舊辦公室所在地亞特蘭提克大樓不遠。六月一日普查日一過不久，完成的普查表格就開始湧進華盛頓的聯合車站。[62]

首先，運用與製表機連接的特殊數字鍵盤，直接用申報表格計算人口概數（不顯示任何屬性）。照這種方式，一名操作員一天可以點算五萬人。接下來，表格上的資料要轉到打孔卡片上。轉換的方法是運用何樂禮所說的「集電弓打孔機」，運作方式就像一部打字機，只

一八九〇年八月三十日的《科學人》（Scientific American）雜誌封面，慶祝普查採用「電子統計工具」處理計數工作。最上方右圖為在集電弓打孔機上做準備的卡片。（Scientific American 63, no. 9 [August 30, 1890]: 127。資料來源：國會圖書館。）

不過它的每一個鍵不是在紙上打印字母，而是在卡紙上打孔。這是一個較為緩慢且謹慎的流程，每名職員一天能完成大約七百張卡片。[63]

　　卡片一旦準備好，就交由操作製表機的職員處理，很多職員是女性，華盛頓《晚星報》（*Evening Star*）這麼敘述：「面貌姣好的女孩，身穿白色洋裝……在一長排一長排的計數機前工作」。每計數一輪，機器就會設定好組態，製作特定的交叉報表，例如性別與種族。計數過後，分類盒就會有一格蓋子彈開，讓操作人員把卡片放進去。如此一來，就算現階段的計數工作還在進行中，卡片已同時分類歸納好、為下一輪做準備了。[64]

　　文書職員的總工作人力，男女大約各占一半，人數在一八九七年五月達到高峰，共三千一百三十四人，相當於一八八〇年的兩倍，證明波特局長的論點相當正確。大部分的人都不曾操作那九十部製表機，而是擔任支援工作。比方說，要趕上一部製表機的處理速度，大約需要五名員工用打孔機製作卡片。[65]

　　整體的運作流程讓觀察者留下了深刻的印象。一位撰寫科技期刊報導的記者馬丁（T. C. Martin）寫道：「走進現場，耳邊就會傳來清脆的鈴聲，簡直就像搖鈴在響。」他算了算，「共有八十一名職員在機器區工作，工作記錄顯示，那天他們已經點算了四十三萬四千四百九十三張卡片，已分類的卡片為十二萬一千八百五十三張，總計五十五萬六千三百四十六張。」隨著日子一天一天過去，累積的「卡片疊起來的高度，將近有一座華盛頓紀念碑那麼高」──大約五百英尺（注：紀念碑高度為一百六十九公尺）。[66]

　　前文提到的維恩斯負責犯罪與貧困相關統計量的普查；在他眼

中，卡片本身變得鮮活起來，宛如被注入「生命體的所有屬性，這些生命的生活經驗都用有如象形文字的符號寫在卡面上，非常類似人類面容的特徵。在外人眼中看起來沒有任何意義的卡片化身為一介貧民或一名罪犯，他們所蒙受的苦難與所犯下的罪惡歷歷可觸，彷彿當事人親臨現場。」[67]

人口概數於十月二十八日發布，而用於國會席次重新分配的正式數字則在一個月後公諸於世。當然，要製作的表格和交叉表格數不勝數；一八九〇年普查的公告結果最後累計超過兩萬一千頁。但是，競賽委員會的信心已經得到回報。一如記者馬丁所述，這部機器「的運作萬無一失，彷彿報應不爽的昭昭天理，但是在速度上遠遠勝過諸神之磨。」（注：作者此語的典故為 The mills of the Gods grind slowly〔諸神之磨慢慢磨〕），意為報應不是不報、時候未到，或是天網恢恢、疏而不漏。）普查大功告成之後，據估計，何樂禮的發明為普查局節省了兩年的時間以及五百萬美元。自此之後，美國普查再也不以人工的方式彙整。[68]

一八九〇年普查的製表隨著鈴聲沉寂而畫下了句點，一個邁向成熟的國家自表格數據中浮現出來，這個國家與一世紀前普查的樣貌大相逕庭。人口正在老化。民眾比較少結婚。出生率正在下降。總人口數為六千三百萬，低於預期。紐奧良的《時代與民主時報》（Times-Democrat）宣稱：「何樂禮博士的數字證實了我們宣布過的理論，也就是所有文明國家的人口增長一定會走向趨緩，除非有移民。除非條件大幅變動，否則馬爾薩斯的人口論在這個世界絕無用武之地。」[69]

雖然馬爾薩斯的理論遭到排除，一百年的人口成長已經重新塑造了這個國家的樣貌，美國與美洲（美國已成為主宰）的關係亦然。普查局長波特別注意到一個變化，他寫道：「一八八〇年以及之前，這個國家的居住區域一直有一條前沿線，但如今，無居民地區已經被一個個居住地切割得非七零八碎，前沿線幾乎可謂不復存在。因此，對於前沿線的範圍以及其西向移動，普查報告已經沒有討論空間。」[70]

普查局製作的人口分布圖為這個主張提供了一些佐證。在一八八〇年的地圖上，我們還能畫一條南北向、縱貫美國而且只穿越「無居民」區域的線（大致沿著堪薩斯州—科羅拉多州的邊界）。然而，在一八九〇年的地圖上，要畫出這樣的線已經不可能了：西部的居地已經開始融合。雖然人口密度從東到西還是存在著陡降，就像今天依然存在的情況一樣，但是我們可以說，蠻荒、「杳無人煙」的大片土地已經不再。[71]

但是，如果我們檢視更晚近的地圖（波特就沒有這個優勢），要主張統計上的前沿線在一八九〇年之後還是存在了一段時間，也一樣容易；比方說居住地真正連接起兩岸是一九一〇年的事。之前待過報社的波特擅於修辭，而能在國家十年一度的普查做出這樣的宣告，想必是個很大的誘惑。這種宣告與其說是不容爭辯的觀察，倒不如說是主觀的評判。資料並沒有顯示前沿線的消失，而是波特自己純粹運用宣告的權力，抹除了前沿線，並宣告美國的開墾已經成功橫貫整個大陸。[72]

這項宣告並非沒有引起任何注意，而是直接啟發了歷史學家弗雷德里克・傑克森・透納（Frederick Jackson Turner）。一八九三年，他向美國歷史學會（American Historical Association）提交了一篇影響深

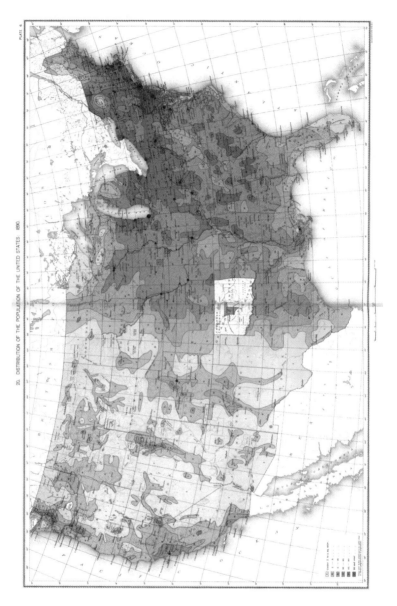

根據美國普查局長羅伯‧波特的説法，在一八九〇年普查所揭露的人口分布狀況中，過去普查明顯存在的人口前沿已經不再明顯。（Henry Gannett, *Statistical Atlas of the United States, Based upon the Results of the Eleventh Census* [Washington, DC: Government Printing Office, 1898]. Credit: Library of Congress, Geography and Map Division.）

遠的論文，進一步審視這項宣告。透納的論述成為眾所周知的前沿論點（frontier thesis）：美國土地孕育出美國人民；這個國家之所以能發展出其獨特的體制和文化價值，正是因為這段關鍵的拓荒時期，因為那些拓展邊界的人貢獻了一己之力，包括皮毛商人和德州牧場工人，尋找錫安城的摩門教拓荒者，以及帶著鎬子、鏟子和平底鍋來碰碰運氣的淘金北佬（而且幾乎清一色都是男性）。[73]

普查帶來的創新

即使美國西部的蠻荒已經消失（或者被消失），在遙遠的北方，另一個蠻荒邊疆已然在阿拉斯加開啟。一八六七年，美國從俄羅斯帝國手中買下了這塊領土。那裡沒有普查的迫切需要：阿拉斯加當時還不是州，在國會也沒有代表權；阿拉斯加幾乎所有的人口都被歸為「未被課稅的印第安人」，被排除在普查之外。不過，美國的立法者以及美國人民仍然對這塊廣大的新領土感到好奇，因此，一八八〇年和一八九〇年阿拉斯加都被納入普查範圍，而且普查的結果會另外編製成普查特別報告發布。

負責阿拉斯加普查的人是伊萬・佩特洛夫（Ivan Petroff）。佩特洛夫不折不扣是透納所設想的那種拓荒者，彷彿是從透納的論文裡直接走出來的一樣：足智多謀，勇敢無畏。他也是個麻煩人物，曾三度逃兵，並因身陷抄襲的指控而被新聞業驅逐。不過，在普查工作裡，佩特洛夫似乎終於找到自我的安身之道。一八九〇年秋天，即使當時的普查已經進行到人口概算，他還是留在當地發稿給華府回報狀況。[74] 例如：

抵達努沙加克（Nushegak）之後，我為被指派來協助我的特別專員法蘭克・伍爾夫（Frank E. Wolff）先生擔任監誓人……我買了兩艘皮囊舟，把一點食物及必需品放進舟中，並雇了四名本地人，帶我溯著努沙加克河而上，到一個可以轉陸路進入卡斯科奎姆河（Kuskokvim）的上岸點。[75]

就像他的許多計劃一樣，這項計劃也以失敗收場；不過，佩特洛夫沿著河岸搭便車，登上一艘政府的汽船，最後還是抵達了卡斯科奎姆河。他繼續往上游溯行，「笨重的普查表格包裹」讓他不得不「丟棄大部分的個人行李、衣物等等」。他出發時，「只帶了一點點茶、糖、粗麥粉，以及獵槍的彈藥，別無其他補給品」。歷經如此艱辛的旅程，佩特洛夫和他的在地助理終於統計出阿拉斯加的人口為三萬五千零五十二人。[76]

佩特洛夫用他的報告隻手為阿拉斯加的新主人定義這塊土地，像是努加克、育空（Yukon）和卡斯科奎姆等名字，在美國完全是聞所未聞。這項工作一度洗刷了佩特洛夫的汙名。但是惡名還是追上了他：一八九二年，他擔任俄文翻譯員處理外交事務，卻被發現他在翻譯時動用了太多編輯權。當他再度被醜聞包圍，他的名字也被硬生生從一八九〇年的阿拉斯加普查報告中剔除了（雖然該冊卷首的一張照片裡有他的身影）。[77]

直至今日，佩特洛夫一八八〇年與一八九〇年的報告都仍然有爭議。一名歷史學家稱這兩本報告為「不可或缺的參考著作」，然而，其他歷史學家指出，佩特洛夫「關於阿拉斯加所說的謊言之多，成功欺瞞世人的時間之久，史上恐怕無人能出其右，這點他堪稱一絕。」兩種觀點可能都是對的。[78]

有了佩特洛夫之輩，才有那些說起來多采多姿的故事，然而，今日的歷史學家以更嚴格的眼光檢視透納志得意滿的前沿論點。做為描述美國人性格最重要的理論，它所忽略的事比它解釋的還多，包括女性、西班牙裔和法國殖民地居民的角色，還有都市化、奴隸制度和內戰等塑造國家的廣大力量所產生的影響。透納之所以把西部地區描述為「自由之境」，完全是因為這些地方在他心目中並不重要，就像他立論所依據、也就是普查裡那些「未被課稅的印第安人」一樣。然則，他的思想在大半個二十世紀都有舉足輕重的地位，對美國自我形象的影響力也無可否認。他有些觀察乍聽之下仍然好像有那麼一回事，包括美國人擁有「務實、發明的思維」。

這種思維的最佳例證或許就是愛迪生：他是美國公認最偉大的發明家，他的白熾燈泡本身已經成為象徵靈感的符號。但是，雖然愛迪生以單一一項發明留在世人的記憶裡，真正讓他得以確保長期影響力的，其實是他成功創造了整套系統，從發電站到家用照明，還有支援這些事物的商業營運模式。我今天所用的電還是由聯合愛迪生公司（Consolidated Edison Company）供輸的。[79]

何樂禮也是同樣的情形。製表機本身雖然很成功，但這只是他和他不久之後所成立的製表機器公司（Tabulating Machine Company）最後發展出的許多裝置之一。一八九〇年造就那番成就的其實是一整套系統，包括紙卡、集電弓打孔機、製表機、分類箱，還有最重要的：

工作的編排。[80]

在那之前，何樂禮也有開發新的附件。到後來，他的系統進一步延伸，連接像打字機的按鍵打孔機、自動送卡機、加卡機、分卡機、校對機、打卡機，還有複製機，成為一套供二十世紀知識工廠所用的完整機具。最後，它納入了真正的電子計算機，相當於巴貝吉的分析機的電子承繼者。這些裝置有著共同的語言，也就是機器可讀的打孔卡片；一直到一九七〇年代，它們都主宰著資訊處理的領域，進駐企業和政府部門的檔案記錄室，包括普查局。

回頭來看，這些創新都由普查而生，並不讓人意外。從其源頭所在的古代，一直到大約一九五〇年代，國家普查產生了當時世界上規模最龐大的結構化資料。它們是原始的大數據：第二次世界大戰的原子研究與破解密碼計劃為資訊處理開拓了新前沿，而在此之前，普查資料的規模一直沒有任何資料可以匹敵。一九五一年，全世界第一部商業電子計算機 UNIVAC I 上市，它的第一位顧客就是美國普查局。

今日的普查於十九世紀成形。數字素養的提升以及統計學的專業化和國際化，賦予了普查前所未有的重要性。流程的改良（包括記名式普查）讓計數工作更加順暢，也更為精確。所有的變動當中，影響最廣的應該算是電子製表機的發明。

打孔卡片改變了個人與中央政府的關係。在長達數千年的時間裡，個人還能隱藏自己，沒沒無聞，不為遙遠的當權者所知。一八八〇年時，如果華府有政治人物或官僚人員想要美國境內的非公民居民名單，這件事要麼就是辦不到，要麼起碼得出動大量的專職人力，以人工的方式整理數百萬份普查表才有可能；一八九〇年後，這件事理論上有可能做到；而到了二十世紀中，已變得真實可行。中央化的大眾監視曾經有無法克服的技術障礙，但是在何樂禮之後，只剩下法律和道德的限制可以做為防範。

在大家對其更廣泛的影響有所體察之前，何樂禮的機器已經讓它的發明者名利雙收。普查記錄本身就顯示了他飛黃騰達的歷程：一八八〇年，何樂禮剛踏出哥倫比亞礦業學院，職業欄上填的是「礦業工程師」；一九〇〇年，他找到了他的天職，職業欄寫的是「統計工程師」（該次普查獨有的職業類別）；一九一〇年，他的事業成功，基業穩固，是「總經理」。我們或許可以推測，他的名字，或是製表機器公司的名號，日後也會和愛迪生一樣遠近馳名。[81]

但是，一九一一年，五十一歲的何樂禮賣掉了他的公司。他退出商界，以百萬富翁的身家退休，一九二〇年的普查，他的職業欄裡登記的是「無」。這家公司與另外三家製造輔助設備的公司合併，有一段時間叫做「計算－製表－記錄公司」（Computing-Tabulating-Recording Company）。那個怎麼看怎麼怪的公司名稱沒多久也變得有失準確。打孔卡製表在普查領域之外找到機會，一下子便成為這個企業集團的主力事業。一九二四年，這家公司換了一個光鮮的新名字，與新的全球世紀相稱。自此，這家公司叫做「國際商業機器」（International Business Machines）──IBM 是也。

第 4 章
書面人

　　二十一歲的羅賓・柯恩（Robin Cohen）駕駛著蚊式轟炸機，以史無前例的高度低空飛行。低到他驚奇地發現，那些向飛越頭頂的飛行中隊揮手的農夫，他都可以「算出他們外套上有幾顆鈕扣」。低到可以躲過德國的雷達。那一天是一九四四年四月十一日，柯恩第一次白天出轟炸任務。格林威治時間下午一點零五分，六架德哈維蘭蚊式轟炸機（De Havilland Mosquito）從東英格蘭史旺頓莫利（Swanton Morley）的皇家空軍基地起飛。雖然天空飄著一些雲，正午的陽光還是讓他們無所遁形。但他們以高速飛行，大約一個半小時後抵達荷蘭海岸。一到了那裡，中隊隊長羅伯・貝森（Robert Bateson）駕駛著領航飛機轉向西北，朝著他們今日轟炸的目標所在地海牙（注：the Hague，荷蘭鄰海城市）飛去。[1]

　　柯恩上一次看到這片海岸是將近三年前的事：當時他戰戰兢兢，划著獨木舟，從已被納粹占領的荷蘭城鎮卡特維克（Katwijk）離開。這是相當大膽又魯莽的行動。德國巡防隊加上一百英里險惡的開放水域，要走海路逃離荷蘭似乎不可行；那年夏天，有三十三名英國水手試圖從卡特維克越過海峽，只有八人成功。但對於身為猶太人的柯恩而言，留在歐陸占領區勢必一樣危險。無論如何，他抵達英國的機會高於平均水準：與他同舟共濟的夥伴是冠軍槳手科安‧德永（Coen de Iongh）。這兩人在一九四一年七月二十日的清晨出發，大約十五個小時後在東英格蘭上岸，並在那裡加入了英國皇家空軍。德永開的是噴火戰鬥機；一九四三年，他在執行美軍 B-25 轟炸機的護送任務時，途中在根特被擊落而殉難。[2]

從那時起，德國的空中戰力已經大幅衰退，但地對空的機槍仍然具有威脅力，然而，這些已經深入敵境的突襲者卻沒有被偵測到。柯恩飛到海牙上空，他看到和平宮（Peace Palace）醒目而高聳的尖塔附近有濃煙升起。三十年前，和平宮為了安置旨在結束戰爭的國際機構而建，如今它卻成了轟炸任務的最後航點，似乎有些諷刺。在隊形裡等候上前轟炸的柯恩恐怕沒有時間想到這層，他要轟炸的目標是克雷坎普大樓（Kleykamp），這棟四層樓的建築外觀莊嚴，之前是美術館，就在和平宮的對街。領頭的飛機已經投下了強力炸藥，把建築物炸開。接下來的飛機要投的是燃燒彈，目的是放火把建築內部的東西全數燒毀。但這時柯恩的投彈器卡住了，無法完成指令，他沮喪不已，只好拉下飛機的控制桿，爬升到安全的高度。這時，他瞥見到幾幕由排在他前頭的飛機所造成的破壞景象。[3]

在地面上，柯恩說，那棟建築已經成為「一片火海」。總計六十二人死亡或奄奄一息。成千上萬的文件從敞開的櫃子散落出來，把火餵得更旺。隨著火勢愈燒愈猛烈，火圈中間整整齊齊貼著照片的檔案卡也被火舌吞噬。從火中煉獄升起的熱氣揚起了尚未燃盡的檔案殘頁，飛上高空，落到附近的街道上；悶燒的紙張上，墨水壓印的指紋粉碎崩解。消防隊忙著滅火，警察強拉著路人幫忙搶救檔案。有些人非但不幫忙搶救檔案，反而偷偷摸摸，把更多文件扔進火海。[4]

那一週還有其他項轟炸任務，目標是飛機廠或汽車廠，目的是摧毀建築物、機器、設備、補給品等等，都是戰爭到了這個階段的常見目標。不過，柯恩和他的空軍同袍所肩負的任務既不是摧毀資財，也不是殺害人員，而是抹滅資訊本身：全荷蘭人口的記錄。

克雷坎普大樓之所以成為軍事目標，是因為納粹政權把人口資料當作武器。在德國、荷蘭以及其他淪為占領區的國家，普查以及人口記錄都被捲入戰爭。同盟國或多或少也有這類情節：政府針對國內人口核發身分證；重新實施徵兵制；外國訪客成了外來敵人，也被如此注記。

但是，納粹統治下的歐洲，當局要求普查人員協助他們重新塑造早已習慣只用於計算與衡量的人口資料。他們所做之事是對信任的背叛，是道德的失喪。為了理解其中確切的原因，我們必須回到二十世紀之初，也就是國家與公民、統計學家與他們所統計對象之間的關係重新協商的時刻。

理性運作有如機器

時序進入二十世紀，普查變得比上個世紀還要複雜許多。如今人口普查的工作有種種輔助資源：創新的資料處理設備、改良的方法，以及專職、常設的統計工作人員。國家要求公民提供資訊，至於哪些問題算合理，有其演變的過程；同理，國家使用這些資訊的合理範圍為何，也歷經了一番周折方才訂定下來。為了讓普查得以執行又有所限制，一系列的法律、制度以及規範於焉而生。

隨著商業顧客的重要性日益增加，何樂禮的技術也慢慢成了氣候，發展成一個價值數百萬美元的產業。一九三〇年，何樂禮的機器（此時由 IBM 製造）透過分支公司或代理商鋪貨到英國、德國和法國。市場也不再由 IBM 獨霸：雷明頓蘭德（Remington Rand / Powers）和布爾（Bull）也推出了類似的自家機器，加入這塊市場。卡片本身可以儲存更多資料，從原來的二十四或二十五欄，擴張到當時的八十欄；但是記錄的文字資料，例如姓名和地址，技術仍然相當不成熟。這套系統還是比較適合執行狹隘、一次性的資料處理工作（如普查），而非長期、廣泛的記錄保存。就紀錄保存而論，書面檔案（包括索引卡）還是略勝一籌。[5]

政府的統計工作也臻於成熟。十九世紀時，普查局在歐洲已是常設機構。一九〇二年，美國終於加入了歐洲國家的行列，成立常設的普查局。這些局處的結構因國家而異：例如，德國的普查比英國或美國都還要分散於地方，反映出德國從獨立的各邦走向統一的時間較晚。但是，無論在哪裡，常設機構就能發展出機構的記憶，形成知識的深化，並提升技術。常設機構能孕育一批專責的專業人員，他們的生活跟著人口普查的十年規律運行，而在非普查期間，他們也有其他大量的表定工作要做，像是製造業調查、貿易研究等等。[6]

簡單來說，到了二十世紀，普查成了官僚制度的管轄範疇。德國社會學家韋伯（Max Weber）在一九二二年的一篇同名論文裡，把官僚制度描述為一個理性化的過程。他認為官僚制度「發展得愈完美，就愈『去人性化』，也就愈能在公共事務裡徹底消除愛、恨，以及所有純屬個人、非理性與情感等無法計算的因素。」[7]

韋伯把官僚制度比喻為機器。只要一運轉，就會按照操作者的指示去做。他寫道：「這部機器可以為任何知道如何操控的人所用。一套具有理性秩序的公務人員體系即使落入敵人手中，仍然可以繼續順暢運作：敵人只需更換主管即可。」[8]

一九二〇年，韋伯在慕尼黑逝世（關於官僚制度的論文是他死後才發表的）。那一年，有個小政黨在同一座城市成立：國家社會主義德意志工人黨（Nationalsozialistische Deutsche Arbeiter Partei），簡稱「納粹」（Nazi）。韋伯應該沒有料到，短短十年之後，這個團體會把他的理論付諸終極的測試。

個資保密

對於一般人來說，十九世紀末與二十世紀初所做的普查，最大的改變是融入了隱私的正式觀念。就十九世紀初的普查而論，大家大致上都能理解普查有其限制，政府不會像古代那樣，把普查資料直接用於稅賦或徵召個人的目的。但這並不是所謂的隱私：一直到一八四〇年的美國（也包括這一年），普查申報表都會在每個城鎮公告，以檢查是否有誤。隱私不受保障。真要說的話，普查資料的個人隱私不過是統計學家慣用研究方法的產物，反正對他們而言，個別的資料點並沒有什麼價值。[9]

資料保密第一次成為議題，與工商業調查有關；起初是企業主擔心，普查員可能會把敏感的資訊透露給競爭對手或顧客，或用於徵稅目的。隨著人口普查詢問的問題變得更詳細、顯然也更具侵略性時，個人之間也開始普遍有這種顧慮，擔心申報表裡殘障或「弱智」家人的記錄會影響到自己的名聲。一八五〇年，美國中止了申報表的郵寄；而在一八七〇年，普查人員被告知，他們應將申報表「視為極機密文件」。[10]

一開始，這種做法與其說和抽象的隱私權有關，不如說是為了確保資料品質而採取的必要手段。一八九〇年的普查新增關於「債務和疾病」的問題時，《紐約太陽報》（New York Sun）說這是「對個人公民和私人企業的嚴重侵犯」。但是，《波士頓環球報》（Boston Globe's）的觀察可能更能挑動普查統計學家的敏感神經：「大部分的人可能會迴避作答，或給出不正確的答案，而根據這些資料所彙編的報告，在統計上當然不具真正的重要性，也沒有價值。」[11]

這是一個很嚴重的問題。普查仰賴的是大眾的信任與合作，政府或許可以強迫人民參加普查（光是一八九〇年，紐約市就有六十起不配合普查的逮捕案件），卻無法強迫人民誠實回答。在那個時代，社會的隱私觀念正在迅速發展，為了誘使大家自願揭露資訊，普查必須做出回應，保證資料只會用於官方目的。[12]

英國的普查運作則更加致力保護隱私。普查表的回答不僅能受到保護，防止鄰居和競爭對手的窺視，就連國家本身要使用資料，用途也有嚴格的限制。一八六一年，十九世紀中期主導英國普查實行的流行病學家威廉·法爾（William Farr）宣布：「所有的事實……都必須被視為機密資訊，不能用來對任何人不利，也不能用於滿足『閒來無事的好奇心』。」一九一〇年，美國也做出同樣的結論，塔夫特總統（William Howard Taft）堅定宣告：「普查與課稅、兵役或服刑、強迫入學、移民法規無關，也與任何全國、各州或地方法律及命令的強制執行無關，不會有任何人因為依規定提供資訊而蒙受任何損害。」[13]

換句話說，私人資訊一進入普查局就不會再流出，除非是以不會傷害個人的匿名、總合的形式呈現。這個概念就是現在所謂的「統計資料的保密」（statistical confidentiality）。雖然這個詞彙是後來才出現的，但這個觀念本身在二十世紀初葉就已經深入愈來愈國際化的官方統計規範，也愈來愈常見於明文的法律，顯示隱私在道德與法律的權利上得到愈來愈多承認。[14]

自然人的代理人

在政府機關確保一個長久的安身立命之地後，政府統計人員的野心變得愈來愈大。生活的步調正在加速。現代交通提升了流動性。從歐洲到北美，人潮湧進工業化的城市，國際遷徙也達到空前的巔峰。面對如此活絡的動態，十年一次的普查似乎不足以準確地反映社會面貌。二十世紀的國家更大、干預色彩更強、對資訊的胃口更大，因此也需要比普查更好的工具：社會十年一次的快照再也無法滿足國家，它們想以每秒二十四格的動態照記錄變動中的人口。

早在十九世紀中期，統計學家就提出了一種能達到此目的的做法：一種不斷更新的普查資料，叫做「人口登記」。這個概念有一部分源自教會會友異動記錄：幾個世紀以來，教會都會登記出生（或受洗）、婚姻和死亡（或葬禮）事件。然而，人口登記制度更進一步，其基本追蹤事項包括當事人的移入、遷出與地址的變動，因此隨時都能完美掌握人口總數，以及這些人住在哪裡的記錄。凱特勒雖然支持一八三〇年與一八四〇年十年一度的普查，但他也敦促各國採用人口登記制度。受他影響最深的比利時與荷蘭兩國沒多久便遵循了他的建議。[15]

人口登記制度（特別是在它變得更周詳後）似乎與統計資料的保密性格格不入。人口登記與人口普查不同，登記制度的用途是作為日常的行政管理工具，官員可以不斷參考這些資料來確認公民的身分、審核請領退休金或濟貧扶助的資格、記錄兵役、管理入學，以及其他事項。人口登記的重點在於它會成為居民資料的單一來源，供政府各機關通用。因此，人口登記通常不是由肩負保密承諾的普查局或統計局來統籌協調，而是直接由內政部或類似的單位負責。此外，人口登計的實施通常交由各地執行，實際的檔案也保存於各地。[16]

另一個與普查相異之處在於，人口登記的責任由個人承擔。當時，普查的實行通常是由普查人員挨家挨戶拜訪居民，人口登記則反其道而行：居民應該主動讓警察或其他官員知悉相關的變動。這樣的制度推行起來不會百分之百順利，因此早期的實施經常有記錄不準確、重複計算或人口失聯的狀況。到了十九世紀末，比利時、義大利和荷蘭這三個國家才立法強制登記，解決這個問題。[17]

不過，進展還是相當緩慢，荷蘭就是一例。人口登記與其說是取代人口普查，不如說是補強普查。一直到一九三〇年，荷蘭普查大約每十年進行一次，不曾間斷。人口登記資料不正確一直是個問題，且由於實行的分散化，更是雪上加霜。荷蘭的人口登記冊不是單一一冊，而是以市為單位，分成好幾冊，各分冊由各市保管，彙整成笨重的一大冊，每戶人家都有其專屬的一頁。一戶人家不管是有成員離開還是新添成員，或是舉戶搬遷，這些變動都要反映在家戶登記冊裡。[18]

數十年來，有個做法顯然比較好，就是把家戶登記冊轉換成個人索引卡。個人卡能隨著個人的遷徙而移動，自某市的檔案移出，重新歸入另一市的檔案，而不致於在把細節從此冊謄錄到彼冊時發生錯誤。但由於缺乏共識，這種做法一直滯礙難行。有些城市已經開始採用卡片檔案（包括阿姆斯特丹和鹿特丹），而在有些地方，進展還是慢如牛步，因為官員擔心卡片會遺失或被掉包。[19]

最後化解意願低落的問題、讓荷蘭一致採用卡片檔案的人，是一位名叫雅各布‧蘭伯托‧蘭茲（Jacobus Lambertus Lentz）的公務員。一九〇七年，蘭茲年方十七，加入了海牙的人口登記機構，自此一路快速晉升。一九三二年，他接受重任，負責領導全國人口登記檢查局，一個由中央統計局分出來的新單位，負責人口登記事務。這時人屆中年、一本正經又童山濯濯的蘭茲展現了韋伯理想中官僚人員的樣貌。他富有經驗，有能力又勤奮，在那個領域，他是貨真價實的專家。[20]

蘭茲隨時都待在辦公室裡，根據他擔任公職時的上司所言，他可以說是「娶了工作」。不久，他在真實生活裡離了婚，他對家庭不聞不問，於是妻子離開了他。他滿腦子只想著要怎麼完美解決人口登記的問題。要是他早一兩個世紀出生，生在林奈或達爾文的時代，他或許會為植物物種製作目錄，或是蒐集蝴蝶。不過，他現在製作目錄的對象是人，而他採用的方法並沒有多大的不同。他寫道，人口登記應該是「書面人的集合，以所有的要點呈現出自然人；任何與人民有關的資訊，只要主管機關想知道，就可以得知。」[21]

一九三六年，蘭茲為荷蘭的人口登記系統寫下一本多達三百頁的手冊，標題為《人口會計學》（*Population Accounting*）。手冊一開始是他自己創作的短句，以述其志，令人莞爾：

在行政管理的世界

書面人就是

自然人的

代理人[22]

蘭茲與中央統計局局長亨利・梅索斯特（Henri Methorst）在德國與美國的頂尖統計期刊上共同發表了這套系統的概論。[23]

荷蘭的人口登記制度打從一開始就納入了傳統的普查主題，例如年齡、性別、職業和宗教支派，但是蘭茲預測，它的涵蓋範圍最終也許會無所不包，舉凡武器持有許可、贍養費、車輛註冊到死亡原因，全都列入記錄。他寫道：「從理論觀點來看，針對每一個人蒐集的資料能讓書面人更加完美，清楚呈現自然人的樣貌。」若以當時在歐洲發展的「極權統治」（totalitarian）政府形式做比喻，那麼蘭茲的目標也同樣可以被描述為極權統治登記制度（total registration，字面上可解為「全面登記制度」）。義大利獨裁者墨索里尼（Benito Mussolini）有句名言：極權統治就是「一切都歸國家所有，國家之外別無其他，沒有什麼事物可以對抗國家」。蘭茲的抱負就是要讓國家無所不知。[24]

蘭茲沒有想到他的系統或許會遭濫用。我們不清楚他是否關注「濫用」這個觀念；任何制度一旦由國家裁定施行，就具備法律上的正當性。把如此精確描繪出本尊的書面代理人交到官方手裡，有些人也許會感到害怕或反對，而他的系統沒有為那些人留下任何餘地。他不是唯一一個抱持這種天真無知的樂觀主義的人。一如歷史學家亞當・圖澤（Adam Tooze）對兩次大戰期間的評述：「全世界各地的官僚都做著全知全觀的大夢……把整個國家都記錄在單一資料庫裡，然後借助機械化的處理設備，立即取用這些資料；這樣的想法能夠出現，還是史上頭一遭。」[25]

　　事實上，蘭茲的系統沒有用到機械化設備——這時還沒有，而機械也從未占有任何重要地位。但是大約在同一時間，美國已經開始為何樂禮的機器廣闢新用途：社會安全號碼。羅斯福總統的新政（New Deal）便採用 IBM 最新的機器，用打孔卡記錄員工的薪資提撥資訊。這項措施還沒有完全自動化，員工住址這類的資料多少還是超過了機器能處理的範圍，依舊得歸納在另外設置的書面檔案裡。為了把個人的一切資訊都串連起來，現今無所不在的社會安全號碼於焉誕生。一九三七年底，這項政策實施屆滿一年，美國政府總共核發了三千七百萬個社會安全號碼。[26]

　　那一年，知名的社會學家朵若絲・史旺・湯瑪士（Dorothy Swaine Thomas）在《美國社會學評論》（*American Sociological Review*）發表了一篇評論，盛讚蘭茲的著作：

　　荷蘭人口登記的新政目標是為每個活著的居民製作書面代理人。

在一個人居住該國期間或一生當中，自然人的所有遷徙都會有書面人跟著，雖然自然人可能會移出，也必然會死亡，書面人卻能在統計上保持不朽，安置在內政部的檔案庫裡……有了蘭茲先生的書做為指引，新的荷蘭人口資料應該沒有誤用的藉口。[27]

關於誤用，湯瑪士指的是統計上的誤用，是因誤解定義或用錯技巧而可能產生的技術面錯誤。不過，這篇自信樂天的評論正好夾雜在以下這些書的書評之中：《卐之下》（*Under the Swastika*）、《法西斯之斧下》（*Under the Axe of Fascism*）、《恐怖籠罩的歐洲》（*Europe Under the Terror*），以及《希特勒》（*Hitler*）。在這樣的關頭，統計誤用是最不用擔心的事。

希特勒優生學與統計

一九三七年，納粹的統治範圍雖然還僅止於德國，但是重新軍事化的納粹政權抱持的野心已是昭然若揭。至少早在一九二五年，希特勒出版《我的奮鬥》（*Mein Kampf*）之際，他就已經表明了他的志向。他的志向以兩個意圖為依歸，而納粹的口號「血統與土地」正好反映了這兩個如影隨形的意圖：一是根據種族思想重新塑造德國人口（血統），另一則是透過征服重塑德國的領土（土地）。

為了合理化領土的擴張，希特勒引用「Lebensraum」這個觀念，也就是德國人需要擴張生存空間。他寫道：「我們必須行動，以消除當前我們的人口以及我們的國家領土之間的悲慘比例。」雖然德國的人口自一八七一年國家統一之後迅速成長，但人口密度仍然低於英國，更遠低於英格蘭、比利時與荷蘭。可是，在希特勒看來，那些國家因為有殖民帝國，已經具備了生存空間。德國的海外帝國在一戰後瓦解，於是希特勒以美國為師——在他的想像裡，東歐是德國版的美國西部，是德國要去征服、併入大日耳曼帝國的邊境土地。[28]

希特勒根據他自己的種族思想建構了一個精細繁複的階級體系，在這套體系裡，歐洲的猶太位於最底層，部分原因在於歐洲有漫長的猶太迫害和宗教衝突的歷史。希特勒也相信當時流行的一個迷思：德國一戰的戰敗都要怪猶太人。但是，無論是宗教因素還是背叛的指控其實都不重要：骨子裡，它就是一種含糊的血統觀念。他把歐洲的猶太人比喻為「會感染健康人體的結核桿菌」。既然波蘭和蘇聯住著最多歐洲猶太人，它們就構成他東擴計劃的障礙——血與土的問題就這樣串連了起來。[29]

這種意識型態，以及為了替偽科學背書而發展出來的納粹「種族科學」，並非德國獨有的現象。當然，當時德國內外都有許多人認為希特勒的觀點極端，令人厭惡。但是，當時全世界大部分的地方或多或少都在不經意中接受了反猶太主義。同時，當時有一個觀念認為，人口就像人體一樣，健康狀況是可以衡量並操控的，而這個觀念披上優生學的外衣後，也在英國、美國以及更多地方被人推廣宣傳。

如今，操控人口、提升基因「品質」的優生學是一門充滿爭議的科學。「優生」一詞是由英國博學家、為人類分門別類的法蘭西斯・高爾頓（Francis Galton）一八八三年所提出的。除了發明優生學，高爾頓也發表了指紋的重要論述，為指紋在鑑識學與身分辨識的運用奠定了科學基礎。但是，他最知名的身分是現代統計學的鼻祖。由於高爾頓與其思想傳承者的影響，統計學的歷史無可避免地與優生學交織在一起。[30]

高爾頓是統計數學新支系的開創者之一。大約與葛蘭特、配第開創社會資料的簡單數理分析同時，法國人布萊茲·巴斯卡（Blaise Pascal）和皮耶·德·費瑪（Pierre de Fermat）開創了機率學這門數學新支系來描述機遇遊戲。這是一種演繹推理的理論，用於解答特定未來事件的相關問題。例如：如果丟擲一枚公正硬幣十次，每一次都出現正面的可能性有多少？（根據機率學，我們應該預期，以連續擲十次為一回，每進行一千零二十四回，平均而言會發生一回。）

到了十九世紀，統計學家體認到，機率理論也可以反向應用，也就是歸納推理，從已經觀察到的特定事件反推世上的一般事實。用同樣的例子來說：如果一枚硬幣連續十次擲出正面，這枚硬幣是公正硬幣的可能性有多少？（這個問題較為複雜，解答取決於很多因素，例如我們認為不公正硬幣在自然的狀況下有多常見。）這個過程就是所謂的推論（inference）。[31]

高爾頓開始運用這些新數學方法，把凱特勒在《論人與人類能力的發展》裡的那類分析正式化。就像他的前輩一樣，高爾頓研究人類所有的差異，從單純的身體特徵，如身高、體重和指紋形態，到更複雜而模稜兩可的表現，像是犯罪和智力。他發展出新的統計工具（相關與迴歸分析）來檢視這些特質之間的關聯。這些工具之於推論統計學，有如交叉製表之於描述統計學。有了這些工具，高爾頓就可以量化兩個變項之間的潛在關係，讓交叉製表出現的明顯可見形態變得更加精確，例如身高與年齡。

但是，與凱特勒在平均裡看到一種完美不同，高爾頓認為平均是一種平庸：是我們應該、也能夠改良的一種狀態。在《人類精神進步史表綱要》一書中，孔塞多有點天馬行空地寫到「人的官能完美性」，馬爾薩斯表示反對，並認為沒有明確的機制可以驗證這樣的概念：雖然他承認動物與植物的選育存在，但是他並沒有看到它在人類身上的應用。馬爾薩斯看到一個道德窘境，值得我們書上一筆：「人類……不能以這種方式改良，除非把所有不良的樣本都判處獨身。」此外，就像與他同時代的多數人一樣，他認為選育的作用相當有限。「即使育種無止境地持續下去，羊的頭和腳也絕不可能和老鼠的頭和腳一樣小。」[32]

一八五九年，上述的概念全變了。高爾頓的表哥達爾文（部分受到馬爾薩斯的論述啟發）發表了《天擇下的物種起源》（*The Origin of Species by Means of Natural Selection*）。達爾文主義隱示育種有近幾無限的可能；只要有足夠的時間，羊確實也能變成老鼠。十年後，達爾文又發表了續作《人類的由來》（*The Descent of Man*），明明白白地把演化論應用在人類身上，並觸及非天擇的觀念（物競人擇）。沒有達爾文那麼保守的高爾頓舉目所及處處都看到物競人擇的力量正在發揮作用，像是遷徙、戰爭與社會風俗習慣等等。既然人擇論怎麼看都正在發生，高爾頓便主張，它在「智識上有所本」。一八八三年，高爾頓發表了《人類能力及其發展》（*Human Faculty and Its Development*）一書，並在書中提出誘因，鼓勵從「優勢種」孕育孩童——也就是現在所謂的積極優生學。高爾頓此舉等於讓社會改良計劃激進擴大，超越了知識、文化和制度，把基因庫都納入它的範疇。[33]

　　無庸置疑，優生學因早期與統計數學的開拓者搭上線而得利；統計學在各個領域也展現出愈來愈高的實用性。統計推論讓統計學家能根據實驗以及自他們研究對象的部分樣本所得到的資料做出有準據的決策。對於那些習慣對每個人蒐集資料的普查工作者而言，這是天外飛來的全新概念，但是在商業環境下，這卻是很常見的技巧。產業界通常沒有什麼選擇：例如，愛迪生公司不可能一一測試每顆燈泡是否故障。這種實務的應用讓統計學的觸角伸出它起源所在的公共行政領域，大幅成長。

　　一九一一年，高爾頓的學生、同為倡議優生學的有志之士卡爾·皮爾森（Karl Pearson）在倫敦大學學院（University College London）創設了統計學的第一個學術科系。這門嶄新、科學化的推論統計學借用了一門更古老的語言來描述科學：「母體」（注：population，亦為「人口」之意），指的是觀察對象的全體，無論是人、燈泡還是其他事物皆然；而「普查」是從整個母體蒐集資料（與「抽樣」形成對比）。但是，除此之外，這門學術上的科學和政府機構實行的那一套幾乎沒什麼關連。一直到一九四〇年代，政府的統計機關得助於何樂禮的貢獻比高爾頓還多──他們很少用到新理論，只是不斷計數、評量以及分類，一如既往。[34]

　　同時，優生學也朝著反方向行進，從智識、理論的起源成長為公共政策的主流議題。時至二十世紀初，優生學以高爾頓和皮爾森的統計研究為基柱，加上英國著名小說家威爾斯（H. G. Wells）、後來的英國首相邱吉爾（Winston Churchill）、經濟學家韋伯夫婦（Sidney and

Beatrice Webb）以及經濟學家凱因斯（John Maynard Keynes）等各界人物的背書，廣為英國民眾接受。儘管高爾頓原來的論述是把優生學架構為鼓勵有價值的特質，但它很快就掉進負面模式，針對那些具備不理想特質的人，實行勸阻或公然防範他們繁衍。在美國，優生學被用來做為強迫精神病患絕育的正當理由，也就是自一八四〇年起普查記錄為「弱智或精神錯亂」的那些人。美國的優生學一面倒地針對非裔美國人、美國原住民以及移民人口（例如它提供了舊時的反異族通婚法一個新的偽科學基礎）。在德國，用「種族優生」（race hygiene）的糖衣包裝後的優生學思想促使納粹鎖定那些他們認為基因低劣的人，包括殘障者、同性戀、辛提人（注：Sinti，約於中世紀從印度遷徙到歐洲的民族）和羅姆人（注：Roma，起源於印度北部，散居全世界的流浪民族）。

但是，希特勒自己的執念所在仍然是猶太人。他以優生學的思想建構他的世界觀：雅利安人和猶太人正在做生死存亡的達爾文式爭鬥。這個世界觀不但顛倒混亂，而且還是偽科學，定義種族的企圖就更不用說了。當時德國人暗中流傳著一個笑話，說雅利安人像希特勒一樣金髮、像戈培爾（注：Paul Joseph Goebbels，納粹德國時期的國民教育與宣傳部長）一樣高挑、像戈林（注：Hermann Wilhelm Göring，納粹德國時期的黨政軍領袖，帝國元帥）一樣苗條（這三名納粹領導人其實分別是黑髮、矮小、肥胖）。此外，希特勒對猶太「種族」的想像其實並不存在：一直到那時，猶太人都是一個複雜的群體，祖籍分散各地且四處遷徙，但他們在歐洲以立基久遠，因此沒有單一明確的定義可以一體適用。

摧毀前必先建構

　　與其他主要的一神論宗教不同，至少在上一個千年裡，猶太人的信仰並不是勸誘改宗的宗教。猶太人的身分認定最常見的方式是生母為猶太人（母系血統）；這並非普世通用的規則：有些群體承認父系血統，改宗也相當有可能，雖然罕見。不過，二十世紀初期，歐洲的猶太人雖然經過相當多的通婚，溯本追源還是可以找到某個原本住在中東、後來在幾世紀間帶著獨特文學和文化移居歐洲的祖先。

　　縱觀人類歷史，這樣的遷徙是常態而非例外。英格蘭的盎格魯人（Angles）以及土耳其的突厥人（Turks）兩族的根源都不在他們的名字所意指之處。在人口遷徙與宗教信仰改變的雙重影響下，基督教與伊斯蘭教流傳的地區遠遠超越它們本身在中東的發祥地。中歐的猶太人阿什肯納茲人（注：Ashkenazim，十世紀至十九世紀往中歐遷移的猶太人，通用語為意第緒語或斯拉夫語，文化與宗教習俗深受周邊國家影響）唯一的相異之處是他們遷徙到此的群體人數較少，且過程和平，與既存的群體共同生活，而不是征服對方或讓對方改變宗教信仰。但他們也沒有與當地以基督教為主的群體完全融合，而是在不同的地方以不同的程度保有自己獨特的文化身分。[35]

　　到了一九三〇年代初，歐洲有超過九百萬名猶太人，他們的情況因所在國家不同而大相徑庭。在西歐與北歐，猶太人往往在文化上被同化了，自由居住，與他們的同胞沒有太多區別。雖然反猶太主義不曾歇停，德國、英國、法國和荷蘭的猶太人（超過一百萬人）都融入了國家文化，表面上與其他任何人享有同樣的法律權利。[36]

但是，大多數的歐洲猶太人（超過六百萬人）住在更東邊的地區，多半在波蘭和蘇聯。由於俄羅斯帝國統治時期留下來的歧視遺俗，這些國家的大型猶太群體雖然理論上應該得到與非猶太人一樣的權利，但他們其實仍然住在界線分明的猶太區，維持自身獨特的語言和衣著樣式，與其他群體隔離。例如，一九三一年的波蘭普查顯示，有兩百五十萬人表示自己的母語是意第緒語（注：Yiddish，流亡中歐、東歐的猶太族裔所使用的語言，屬於日爾曼語族），將近三百一十萬人信猶太教。再過不久，這些差異就會顯現其重要性，影響猶太人口在德國占領地區的生活狀況——尤其是一開始如何辨識猶太人。[37]

為了突顯猶太「種族」，希特勒把各種宗教、民族、社群、習俗和世系都壓縮進他自己發明的一個龐大群體裡。「誰是猶太人？」這個問題，就連猶太人自己都沒有一致的答案，當然更稱不上是科學問題。因此，在納粹可以著手摧毀猶太種族之前，他們必須先建構何謂猶太種族。

一九三三年一月，希特勒就任德國總理，迅速取得專制統治的權力。他留意到韋伯的觀察，也就是官僚體制會為任何主子服務，他只需要「替換高層官員」即可。四月七日，他們通過一條法令，任何非雅利安血統的人不得從事公職，包括統計單位的工作人員。大約同一時間，帝國統計局的局長被開除；不久之後，沃夫岡・萊哈特（Wolfgang Reichardt）被指派為繼任局長。[38]

對於留任的統計人員而言，套用某位歷史學家的話，一九三三年是「統計榮景」元年，萊哈特的機構規模會在未來的六年間增加一倍。這個榮景的起點是一項普查。威瑪共和時期（注：Weimar

Republic，指一九一八至一九三三採用共和憲政政體的德國），德國政府曾經規劃在一九三〇年實行普查，但由於普查仍然是各邦的工作，各邦的財政又相當困難，於是計劃一再延期。納粹掌權之後，這些障礙都一掃而空。一九三三年四月二十日，政府了頒布一道特別法令，規定普查要在即將到來的六月實施，由各邦負責執行，萊哈特的機構會嚴密加以監督。[39]

普查規劃的時間點大部分都會在政府變動之前舉行，但是有一項晚到的程序調整暗示了官方統計的角色已經默默在轉變。過去的普查，各邦的統計製表完成之後，大量的普查申報表通常會立刻銷毀。現在不一樣了：政府規定，原始申報表必須經過中央政府的帝國統計局同意才能銷毀。或許納粹政權早已預期，這些記錄將會有別的用途。[40]

六月十七日，普查開始，普查人員共有數十萬名，包括公務員、教師，甚至警察。在分散化的處理模式下，只有普魯士的邦統計局和萊哈特的中央統計局使用何樂禮的機器。不過，在這波統計與記錄保存的新榮景裡，IBM 德國子公司 Dehomag（注：Deutsch Hollerith Maschinen 的縮寫，即「德意志何樂禮機器」）的董事長威利・海丁格（Willy Heidinger）很清楚他的公司在其中可以扮演的角色。在一場一九三四年一月的演說裡，他說：「我們要在一張小小的卡片上記錄這個國家每一個成員的個人特質……好讓我們的醫生（希特勒）可以判斷……以這種方式計算出來的結果是否構成和諧而健康的關係，又或者這個國家的狀況並不健康，必須介入矯正措施來治療。」[41]

那些普查結果中，納粹當局最感興趣的就是猶太人口的規模。在普查之前，帝國宣傳部長戈培爾宣稱，住在德國的猶太人有兩百萬。但最後的計算結果顯示，六千七百萬名德國人當中，只有五十萬零五千人可以歸納為猶太人。這個分類是以一個由來已久的宗教問題為依據，因而分類是以當事人在信徒會眾裡的正式關係為準。戈培爾的宣稱過度誇大，但是普查的猶太人總數確實沒有計入大約兩百五十萬到五百萬未信教的猶太人，或是有混合血統的人。[42]

帝國的種族科學家花了一些時間才協議出一個更廣泛的定義來涵蓋這些人，最後他們達成共識，通過了一九三五年的《紐倫堡法案》（*Nuremberg Laws*），該法案褫奪了猶太人的公民權，並禁止猶太人與非猶太人通婚。茲事體大，必須劃清界線——至此，這些法律根據世系血統，為「猶太」寫下了全新的定義。一個人的祖父母及外祖父母當中，若有三人或四人生在猶太群體裡，那麼這個人就是猶太人；如果只有一或二人，那麼這個人就是「Mischling」——混血者。[43]

在那之後的幾年，無論是在地方還是柏林，國家與黨的各種機關都開始根據這些定義彙編猶太人與非猶太人名單。德國的祕密警察「Gestapo」（蓋世太保）暗地蒐集名人或活躍政治圈的猶太人姓名。猶太教與基督教的宗教機構在程度不一的脅迫下透露資料，基督教組織的作用是指認那些透過受洗而改變宗教信仰的猶太人。起初，這些資料是用直接徵詢的方式取得，但過不了多久，這些資料就一整批、一整批地被複製，製成索引卡片（「猶太人索引」），增加取用的便利性。[44]

到了一九三八年，主管機關已經掌握了為數不少關於德國猶太人的資料來源，而它們互有重疊，不是很完整。那一年，從十一月九日開始一連兩天，猶太家庭、猶太企業和猶太教堂遭到攻擊，數百人被殺害：這場精心策劃的恐怖行動就是所謂的「碎玻璃之夜」（注：德語為 Kristallnacht，又名水晶之夜）。這種暴力的升級顯示，即使納粹沒有完整的名單，許多猶太人的處境仍然相當不堪一擊。猶太會堂是明顯的公共建築，無法隱沒於背景環境裡。這種暴力行動意在刺激猶太人自我驅逐，暗地裡也是在測試那些不完整的名單：暴力行動展開後，馬上就有大約三萬名猶太男子遭到圍捕，被關進集中營。[45]

隨著戰爭逼進，納粹也加速強化他們的人口控制體系。一九三八年間，他們頒布了一系列的法令，建立戶籍登記冊（Melderegister），規定居民有登記的義務；此外，他們根據《紐倫堡法案》蒐集人民的祖父母及外祖父母的宗教信仰資訊。這些資料被存放在警局，按字母順序排列。一九三九年四月，納粹又在戶籍登記之上疊加了區級的個人登記制度，也就是所謂的國民檔案（Volkskartei）。這個索引系統以年齡編排，主要的目的是為了支援預期到來的戰爭，方便進行徵召工作。國民檔案的資訊包括外語能力、待在國外的時間，以及任何軍用的特殊技能。居民要在警察局填寫自己的檔案。由於檔案可以連結身分文件、工作許可和配給卡等資訊，因此在填寫國民檔案時，很難躲躲閃閃。[46]

但是，國民檔案的登記一直延遲到那年比較晚的時候才進行。與此同時，一九三九年的普查受到高度期待，納粹預期能針對在德猶太人產生確定的新名單。這次普查除了正規表格，每一戶都會另外收到一張所謂的附屬卡，附屬卡的重點只有兩個額外的主題：職業（為了軍隊動員）以及祖先。第二個問題按照《紐倫堡法案》的種族定義詢問家戶裡的每一個人:「你的祖父母或外祖父母當中,有純猶太人嗎?」四個人各有一個欄目。這張卡片附有說明範例,清楚指示每一家人應該如何作答。那個假想裡完美的雅利安‧史密茲(Aryan Schmitz)一家(四欄的答案為:否—否—否—否),與他們的假想中的鄰居索利‧孔恩(注:Solly Cohn,Cohn 來自希伯來語「牧師」,是很常見的猶太姓氏)一家(四欄的答案為:是—是—是—是)的命運將會截然不同。完成的卡片會密封在信封裡,以保密的表象來掩飾第三帝國統計數據隱晦模糊的真相。[47]

附屬卡一回收,統計機構就會接到來自各個主管機關的要求,想利用這些資料讓他們的猶太人名單更完善。官方立場是統計處理優先。這一次,整個國家的記錄都集中到柏林,以製表機處理,反映出帝國統計局中央集權化的程度升高。概略的計算結果在一九四○年三月完成,最終的總數將在一年之後發布。普查計算結果顯示,共有三十三萬一千名純猶太人,以及十一萬五千名混血猶太人,自一九三三年以來大幅衰退(雖然這些數字不能直接拿來做比較)。[48]

統計製表完成後,附屬卡也立刻被移做他用,不只是滿足臨時的特殊要求,也用於更系統化的專案。大約從一九四一年的四月到九月,附屬卡被用來檢查以及更新國民檔案的資料。種族和宗教都不是國民檔案的標準登記項目,不過作業人員開始在猶太人的卡片上做記號:首先是一個黑色的「J」字母,後來是在檔案的邊緣貼一個黑色標籤,這樣就能在需要的時刻有效率地找到猶太人的卡片。[49]

這一步完成後,納粹當局又進一步將這些附屬卡另作兩用:首先,這些卡片被送到帝國系譜研究局,針對個人的雅利安祖先逐案詳細調查，並做出最後的判定（有些情況必須提出證明，例如留任公職；若要加入黨衛軍，甚至需要更多證明）。其次，帝國統計局會再次處理這些卡片，建構另一個登記資料庫 —— 民族檔案（Volkstumskartei）。這個檔案庫於一九四〇年春季完成，納入所有非雅利安民族的人，可能是截至當時最詳盡的猶太人名單。[50]

一九三三年及一九三九年的普查是納粹德國唯二的兩次官方普查。這兩次普查在指認、遣送與殺害德國猶太人的過程中發揮了什麼作用，歷史學家仍然爭論不休。它們並不是唯一的資訊來源，而且處理的速度相當緩慢，因此在送到蓋世太保或其他涉及逮捕和圍捕的機關手中時，許多住址已經過時。[51]

但是，去追究這些互有重疊的普查、登記和納粹德國的其他名單各應該分擔多少罪責，似乎畫錯了重點。這種顯然雜亂無章的蒐集資訊方法本身就是一種控制機制：如果一個人的名字可能會出現在其他名單上，那麼在某項登記系統裡對主管機關謊報資料，風險實在過高。同理，如果有著醒目的「J」、代表猶太人的身分文件隨時都可能被人盤查，那麼不佩戴識別記號也是極度危險的事。每一套制度都有其他制度層層把關。

想要在一九三九年的國民檔案登記（警察為主事者）與幾乎同時的一九三九年普查（表面上統計學家是主事者）之間劃出清楚的分界線，定是人為的操作。一般人不會做這種區別。當時，德國之前專業、科學又獨立的統計工作已經被納粹政權破壞。官方統計與監視制度，也就是對個人和企業的追蹤，兩者之間已經完全沒有區別。[52]

一九四〇年，萊哈特終於承認了這一點。那一年是他擔任帝國統計局長的第八個年頭，他在德國當時最受尊崇的統計學家弗利德里希・查恩（Friedrich Zahn）的紀念冊裡發表了一篇相當出人意料的文章。身為德國統計學會會長的查恩有著滿腔的熱情，致力讓統計學為他所屬的納粹黨之理念貢獻力量，他寫道：「統計學在本質上與國家社會主義運動密切相關。」與查恩不同，萊哈特從未加入納粹黨，但他的職涯受惠納粹黨的統治，因此他的文章裡那近乎批判的哀傷語調相當令人意外。[53]

萊哈特指出那些在納粹掌權之後改變或流失的事物：

在文明世界，無論什麼時候，官方統計的可靠度來自被調查的人口對統計保密性的信任，也就是他們個別申報的資料會受到保護，只有統計機關、只為統計目的方得使用，且絕對不會用於對個別回覆者不利的行政措施。[54]

歷史學家圖澤認為，萊哈特的文章是「對自由原則的勇敢捍衛」，雖然萊哈特捍衛的其實應該出自科學誠信原則，而這些原則正好與自由原則不謀而合。至於一九三九年附屬卡的處理，萊哈特也流露出同樣的動機：他沒有排除非統計用途，只是讓它們附屬於統計用途。萊哈特的原則被七折八扣得一塌糊塗；自一九三三年上任以來，他就一直參與「日耳曼帝國官方統計在本質、構成與組織上重大而影響深遠的變革」，然而，此刻的他卻絕望地評論這一切。[55]

不過，萊哈特不像納粹德國的許多公職人員一樣無動於衷，他最後確實瀕臨崩潰邊緣。納粹黨為了增加自身的影響力，把魔爪伸入統計局的人事安排，萊哈特對此感到不悅，於是辭職。根據官方記錄，他「一九四〇年因病退休，回歸私人生活。」[56]

普查在征服後現身

一九三九年九月一日，德國入侵波蘭，第二次世界大戰正式開打。哥茲・阿利（Goetz Aly）與卡爾・海因茨・羅特（Karl Heinz Roth）兩位歷史學家曾寫道：「在被占領的國家，普查工作團隊緊跟在德國軍隊之後而至。」華沙也不例外。華沙在九月底淪陷，準軍事組織入駐這座城市，建立了行政管控制度。他們立刻成立猶太委員會，指派不謹守信仰、活躍於華沙政治圈的猶太人亞當・切爾尼雅庫夫（Adam Czerniakow）為主席。在戰時以及戰爭剛結束時，擔任這種職位的猶太人會被認為是通敵者而遭眾人唾棄。但切爾尼雅庫夫躲過戰火留下來的日記述說了一段更為複雜曲折又讓人同情的故事。[57]

調查統計華沙的猶太人口是切爾尼雅庫夫最早期的工作之一。十月四日，華沙淪陷四天後，警衛隊把他攔截了下來，帶到警察總部。他們討論了兩個議題：猶太委員會的結構以及普查的準備工作。接下來的三週，他把大部分時間都花在人口統計的運籌工作上，他的日記寫滿了普查問卷、普查站、普查委員和普查費用等參考資料。普查於十月二十八日舉行，三天之內就初步算出猶太人口數為三十六萬人。[58]

我們無法斷言，如此急迫的普查對於指認猶太人有多大的用處。與大部分德國城市相比，華沙的猶太群體更為獨特，而且更加在地化。切爾尼雅庫夫還在準備報告的當下，納粹占領者已在建構猶太人的聚集區，好更進一步隔離猶太人，有別於更廣大的華沙市。猶太區的邊界很快就豎立起告示牌：「警告！流行病。禁止進入。」被選定為猶太區的地方本來就已經住了不少猶太人，但其他地方還有很多猶太人，也就是說，建立猶太區必須讓超過十萬名猶太人和波蘭人交換居住地。這項普查在此可能發揮了一些功用。[59]

就猶太區的囚犯經濟管理而論，普查絕對派上了用場。入侵後大約十八個月期間，納粹占領者把被俘的猶太人當作奴工的供給來源。猶太區的食物配給維持在飢餓的水準（此事也需精心規劃），與外界的聯絡也被截斷，滴水不漏。[60]

華沙的猶太人被普查鬧得人心惶惶，也不確定普查的目的究竟為何。同為聚集區的日記作家查姆·卡普蘭（Chaim Kaplan）十月二十五日的記錄寫道：「又一個不祥的預兆降臨：今天，有告示通知華沙的猶太人，下週六會有一場猶太居民的普查……我們心知其中必有邪惡之事——這場普查暗藏著華沙猶太人的滔天巨禍。否則沒有做普查的必要。」普查當天，他再次提到一樣的想法：「普查的命令說，舉行普查是為了行政管理目的而蒐集資料。話說得漂亮，卻包藏禍心……我們確定，這次普查是為了驅逐『沒有生產力的部分』才舉行的。我們有這麼多人……我們都身陷一張網裡，注定要毀滅。」[61]

或許卡普蘭的憂心是對古時《聖經》禁止數算猶太人的反響。但是，他的恐懼很快就證實了這並非迷信。普查最終的「行政管理目的」是安排足夠的列車、掛上足夠的車廂，完全清空猶太區。最後的災難還在慢慢揭幕，不過，一九四二年七月二十二日，驅逐行動已經開始。

「盧森堡！」

波蘭第一聲槍響之後八個月，德國把戰線往西推進：一九四〇年五月十日，德軍入侵法國、荷蘭、比利時和盧森堡。按照慣例，準普查工作隊要跟著裝甲部隊的腳步進入占領地。但是，他們在這裡遇到的猶太人口，辨識難度比東邊的猶太人口還要高。西歐猶太人的同化程度比較高，無法輕易被趕進聚居區。在驅逐猶太人之前，他們必須先辨識整體人口中的猶太人，並把他們挑出來。

這一回，入侵的德軍採用了一整套截然不同的方法。在納粹的種族階級裡，東歐的斯拉夫人接近底層——高於猶太人，但是就連得到稍微的善待都不值。當納粹揮軍橫掃西歐，那裡有許多人與東歐人不同。有些人，像是法國人，雖然他們也被認為較為低等，但還沒有低到可以歸為次人類「Untermenschen」的地步，就像他們給東歐人的標籤一樣。有些人，像是盧森堡人，甚至或許可以被視為雅利安人。

盧森堡這個夾在法德之間的小國根本擋不住侵略。女大公和她的家人流亡到英國，德國傘兵只遭遇到輕微的抵抗。一九一四年，德軍也曾占領過盧森堡，但當時德軍是為軍事目標入侵，目的是取得進軍法國的戰略位置；這一次，德國的領導者胸懷另一個更壯闊的宏圖願景：融合所有日耳曼民族，建立大日耳曼帝國。[62]

眼前他們最迫切的要務，就是處理那些在未來的帝國裡沒有容身之地的人：盧森堡的三千五百名猶太人，其中有一些就是為了躲避納粹的迫害而從東邊逃到這裡來的。一九四〇年九月，《紐倫堡法案》在盧森堡推行，有兩千五百名猶太人出逃，多半是逃到法國。猶太人口減少，於是占領者著手籌劃如何拉攏剩下的盧森堡人更靠近帝國。戈培爾建議利用「普查」來確認他們的日耳曼特質。納粹認為，只要給盧森堡人這個機會，他們一定會效法奧地利人，熱烈加入帝國。這項普查特別列入了三個問題，答案毫無疑問能顯現盧森堡人成為日耳曼帝國一員的渴望：國籍、母語和民族。每一個問題預期（以及正確）的答案都是「日耳曼」。[63]

結果納粹踢到一塊大鐵板。在一九四一年十月十日普查日之前，萌芽階段的反抗運動使用地下傳單發起了一項活動，拜託大家「dräimol Letzebuergesch」（盧森堡要寫三次）。傳回的普查樣本顯示盧森堡人民響應了活動，一面倒拒絕日耳曼身分（超過九五％）。占領軍的首領古斯塔夫・席蒙（Gustav Simon）徹夜追蹤普查，結果愈來愈驚愕。第二天清晨四點，各報社都收到一封電報：「普查卡的填寫必須馬上停止。」[64]

就抵抗行動來說，普查的失敗是文宣的勝利。盧森堡人用這件事狠狠地甩了戈培爾一記耳光，斷然拒絕大日耳曼帝國。戰後，歷史學家保羅・韋伯（Paul Weber）旋即出版了一本著作描述這起事件：「被戰火囚禁漫漫五年的期間，唯一令人純然歡欣鼓舞的一天」。盧森堡仍然被納粹占領，但盧森堡人拒絕同意。他們大膽反抗，堅持回答三次「盧森堡」。[65]

盛怒的席蒙很快便採取了報復行動：幾天之內，他下令進行進一步鎮壓。象徵主義挽救不了盧森堡境內殘留的八百名猶太人；事實上，這可能反而讓他們的命運提前到來。他們遭到圍捕和拘禁，最後被裝上往東開去集中營的列車。一九四一年十月十七日，普查不過一個星期，納粹宣布，盧森堡的猶太人已被清空。[66]

製作身分證

　　相較之下，面積更大、防衛較好的荷蘭，對抗德國入侵時撐了五天，一直到鹿特丹被空襲轟炸，才在一九四〇年的五月十五日被迫投降。和盧森堡的女大公一樣，荷蘭女王威廉明娜（Wilhelmina）和荷蘭政府遷到倫敦。有那麼短暫的片刻，占領看似不會持續太久。但是，不過兩週之後，隨著盟軍從敦克爾克（注：Dunkirk，法國第三大港，二戰期間英法聯軍在此執行了當時最大規模的撤退行動）倉皇撤退，態勢也變得明朗：自由解放恐怕沒那麼快實現。

　　納粹認為，荷蘭人和盧森堡人一樣，都是日耳曼民族。接受指派擔任占領區首長的人不是軍隊首領，而是一名奧地利平民黨員阿圖爾・賽斯—英夸特（Arthur Seyss-Inquart）；他接手了一個多少還算完整無缺的荷蘭官僚體系。流亡政府留下了命令：各部會首長應該繼續「為國家的利益」盡忠職守。雖然賽斯—英夸特讓他們有辭職的選擇，請辭的人卻寥寥無幾。相關單位要求公僕簽署文件，證明他們的雅利安血統，所有人都照辦。公僕的職責不就是即使換了主子也應該繼續堅守崗位嗎？[67]

　　蘭茲的全面登記制度如今落入蓋世太保的掌控中，若要說那個道德兩難曾對蘭茲造成心理上的負擔，那麼還真看不出來。無論怎麼說，蘭茲在意識型態上都不是納粹黨人，也沒有特別反猶太。不過整體而論，他確實是極權統治主義者，也是親德人士。這種尊敬是雙向

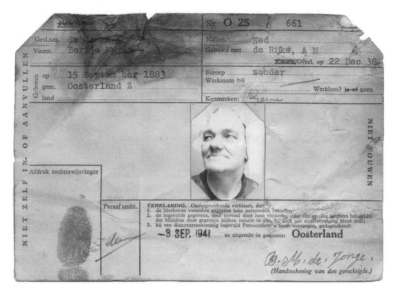

一九四一年，荷蘭人民必須註冊領取由蘭茲設計的新式身分證。註冊回條（包括此處這張柏帝・馬利亞・德・容格〔Bertje Maria de Jonge〕的回條）都要送到中央人口登記機構。後來，許多註冊回條都在克雷坎普大樓於一九四四年遭轟炸時損壞或損毀。（資料提供者：Luuk Brand）

的——納粹的黨衛隊保安處非常敬佩他那套人口登記的工作成果，該制度超越了德國所有現有的體制。這裡沒有倉促進行普查的必要；蘭茲的卡片檔案已經相當詳盡。但他們想，蘭茲能否也設計一套有照片的身分證制度，隨附在人口登記冊上？[68]

在德國占領荷蘭之前，蘭茲曾分別在一九三九年及一九四〇年三月提議過這樣的卡證系統，但是遭到荷蘭內閣阻撓：閣員認為這項提案違反自由，看似把普通公民視為罪犯。才過了短短幾個月，內閣在一九四〇年八月出逃流亡，占領荷蘭的德國人給了蘭茲一個機會，他終於可以大展鴻圖。蘭茲不遺餘力，跋涉到柏林，與德國專家研商最新的防偽技術。（不久後，他為這套系統寫的第二本著作問世——又一本長達四百頁的書。）[69]

　　一九四一年間，所有荷蘭公民都獲發一張新的身分證。荷蘭猶太人是第一批註冊的，從一月開始登記。這一步做得既迅速又澈底：共有將近十六萬名猶太人到登記處報到。他們的身分證被清清楚楚蓋上一個又大又黑的「J」。做了記號後，如今的猶太人就會被許多反猶太措施限制，類似德國猶太人所遭受的對待，目的是讓他們陷入社會孤立和經濟排斥的處境。他們不准進入電影院、公園、游泳池，也不准從事某些專業工作（當時他們已經被趕出政府的行政管理部門）。[70]

　　身分證的引進提升了蘭茲中央登記處的重要性。根據他一九三六年的手冊，只有資料不在市登記處的人，檔案才會由中央保管。但是，當一九四一年實行全國登記時，每個人的身分證件複本都會被送到海牙的登記處，由服從的蘭茲監管；比起散存多個市府單位的正本，這些複本更容易為納粹所用。猶太人初次登記幾個月後，一名黨衛隊員便要求蘭茲把複本檔案彙編成打孔卡索引，以利更有效率地做次群體的搜尋。[71]

　　隔年的七月四日，當局對荷蘭猶太人發出了大量信函，寄到他們登記的住址，要求他們集合以遣送出境。[72] 安妮・法蘭克（注：Anne Frank，二戰猶太人大屠殺最知名的受害者之一，她遭迫害時寫下的日記後來被倖存的父親出版，是為《安妮日記》〔Het Achterhuis〕，成為納粹滅絕猶太人的著名見證）在她的日記裡寫到她的家人隔天接到這封信的情景：

　　瑪戈（注：安妮的姊姊）出現在廚房門口，看起來非常激動。「爸爸收到黨衛隊寄來的徵召令。」……我呆住了。徵召令：每個人都知道那是什麼意思。集中營和禁閉囚室的景象在我的腦海裡飛快閃現。[73]

不久後，蘭茲和他的同僚就會知道，集中營和禁閉囚室只是個開始。一九四二年七月二十九日，位於倫敦的荷蘭流亡政府的官方電台橘色電台（Radio Oranje）放送了一段廣播，點出這些「徵召令」在歐陸的真相：「把數千名手無寸鐵的猶太波蘭人趕進毒氣室裡並殺掉他們，這對德國的戰爭投入有何助益？把數千名猶太荷蘭人拖出他們的國家，對戰爭投入又有何助益？」（荷蘭猶太人錯過了這則警告：這時，已遭拘禁的猶太人禁止擁有收音機。）[74]

韋伯在他一九二二年的一篇論文裡寫道：「官僚體制是最難摧毀的社會結構之一。」事實證明，蘭茲的荷蘭人登記體制特別強韌。在歐洲所有的納粹占領區，偽造證件是對付身分證的常用方法。取得偽造身分證的猶太人可以採用一個聽起來像雅利安民族的名字，或是讓「J」字號消失。觸法的反抗分子可以冒用一個全新的身分。在被占領的波蘭，偽造的德國身分證十分普遍。[75]

但在荷蘭，情況並非如此。蘭茲的身分證有多重防偽設計，品質好到造假反而會讓當事人陷入更危險的處境。在這種情況下，最安全的偽造就是使用原版文件。反抗分子已經滲透地方的登記機構，他們把真版的空白證件夾帶出來，拿去製作以假亂真的假證件。雖然冒險，但或許有可能遇到一個有同情心的職員，偷偷洩露地方登記處裡相符的檔案，這麼一來，警察檢查可疑身分證時，就什麼差錯也找不出來了。但蘭茲的制度還多設了一道障礙，遏止這種偽造證件的企

圖：保存在海牙中央人口登記處的複本檔案。任何使用假身分證的人之所以能過關，只不過是因為這種額外的檢查不是次次都做。[76]

荷蘭的反抗分子想要擊垮這套制度，但都徒勞無功。他們在地下報紙對蘭茲發出死亡威脅。這一招幾乎奏效：蘭茲想要辭職，但沒辭成，而是接受了占領當局提供的保鏢保護。於是，反抗分子想盡辦法搞破壞，他們成功炸毀了地方的市登記處，包括阿姆斯特丹。但這些手段造成的破壞微乎其微（畢竟檔案保存在鐵櫃裡），而且成效不彰，因為地方登記處永遠可以用存放在中央的複本重建檔案。這時，複本的大本營，也就是位於海牙的克雷坎普大樓防衛過於森嚴，實在難以成為破壞者行動有機會成功的目標。[77]

一九四三年進入尾聲時，荷蘭又公布了一項新措施，目的是掃除偽造的身分證。政府會發給每個人新的配給卡，當事人只有出示身分證才能領取。如此一來，官員就能仔細檢查，並在身分證上蓋上新印章。由於這項計劃會威脅到反抗組織的成員，於是反抗組識請求倫敦發動突襲行動，轟炸製造新卡與驗證章的工廠。幾週後，克雷坎普大樓被列入潛在攻擊目標的名單。十二月十六日，這則訊息由曾在英國特別行動執行處（British Special Operation Executive）受訓的皮耶・路易・東尼斯・德・布若耶（Pierre Louis d'Aulnis de Bourouill）傳遞到倫敦：

個人身分證的長久偽造之所以不可能，是因為人口登記機構有一個由德國同路人所部署的政府檢調部門，他們握有所有真實資料的複本。這些複本單獨而完整地存放在海牙一棟我們不可能破壞的建築裡。要是英國皇家空軍能摧毀這些檔案，我們就能偽造市府登記資料，讓許多人的身分合法。[78]

一九四四年四月十一日星期二，英國皇家空軍回覆了荷蘭中間人。那六架蚊式轟炸機（由中隊長貝森領頭、柯恩殿後）讓克雷坎普大樓陷入火海。根據英國航空部後來的描述，這次的轟炸行動「恐怕是戰爭中低空飛行精準轟炸最精采的傑作。」[79]

那天大約有六十名荷蘭公民喪生，都是工作被轟炸中斷的平民（並非全都是德國同路人，一如德‧布若耶的推想）。這個死亡數落在英荷雙方任務規劃者的預期之內，他們曾盤算過，這次突擊的時間必須在白天，而且要在上班時間，才能確保檔案櫃呈開啟狀態，易於破壞到櫃子裡的東西。確切的攻擊時間也經過特別挑選，希望平民在那個時段會離開建築物，上街吃午餐，但建築內部的傷亡在所難免。[80]

結果，被摧毀的記錄不到一半——有鑑於陪葬的荷蘭人命代價高昂，這種結果似乎相當不理想。然而，這或許已經足以讓反抗運動的情勢改觀。即使被摧毀的記錄只有四分之一，意謂這個國家每四張身分證就有一張無法向中央機構確認真偽（無論那一張是真是偽）。假設有一名疑似反抗分子遭到逮捕，拿出（偽造的）證件接受盤查，但中央那裡沒有複本，那會怎麼樣呢？許多守法的人也會遇到同樣的處境。克雷坎普攻擊行動不是非得摧毀所有文件才叫有效，只要足以讓整個系統變得疑雲滿布就夠了。

除了同事喪生，眼見自己的檔案遭到此等蹂躪而殘破不堪的蘭茲一定氣壞了。確實，他從來沒有真正從反抗人口登記的運動裡振作起來。克雷坎普大樓轟炸行動後幾個月，盟軍登陸諾曼第（Normandy），開始沿岸北上，往荷蘭前進。一九四四年八月，盟軍解放巴黎，就算是最狂熱的納粹信徒也應該看得出來，戰爭的結局至此大勢已定。那些威脅、攻擊蘭茲和他的制度的無名反抗鬥士不久之後將會成為勝利者，到那時——套用歷史學家路易·德·容（Louis de Jong）的記述，蘭茲「被他四年前嘔心瀝血設計出來、令他志得意滿的制度所鏈住，自此萬念俱灰、顫顫巍巍。」[81]

祖父母的宗教信仰

對於荷蘭猶太人而言，針對人口登記機構的攻擊還是來得太遲了：驅逐行動大半已經發生。一九四一年登記的猶太人口約為十六萬人（包含兩萬名混血猶太人），到了一九四五年，減為大約三萬五千人。大約有七三％的荷蘭「純猶太人」遭到殺害，比例位居任何被占領的西方國家之首。在比利時和法國這兩個鄰國，猶太人的死亡率分別為四〇％和二四％。由於荷比法三國在其他層面有許多共通點，因此歷史學家認為，造成這種差異的關鍵原因在於合作的官僚體系，以及效能一枝獨秀的荷蘭人口登記制度。[82]

和荷蘭一樣，在法國的納粹管理階層也想要利用人口登記制度做為種族滅絕的工具，但是他們的企圖沒有那麼順利得逞。法國沒有現成的制度可以參考，而主動提議運用最新打孔卡技術建立記錄的公職人員，合作程度遠遠不如蘭茲。

法國是在美國之後，最早採用何樂禮製表機的國家之一，早在一八九六年，法國就用這套系統來處理普查。但是，法國的統計學家覺得這套系統太笨重，所以沒有立即再次啟用。一直到一九二〇年代初期，這項技術才在法國重建，一開始是用於商業用途，然後才被政府採納。到了一九三〇年代中期，政府再度成為 IBM 和其競爭對手最大的法國顧客。隨著戰事逼近，軍官雷內‧卡爾密耶（René Carmille）所主持的徵召令與軍隊人事的登記成了當時最先進的政府打孔卡計劃。[83]

　　一九四〇年六月，法國在德軍入侵後淪陷，分裂為二：北方的占領區，以及南方以維琪市（Vichy）為統治中心的傀儡國。根據停戰協議，法國軍隊縮減到只剩十萬人。卡爾密耶突然發現自己住在維琪法國，他的徵兵計劃也被取消。不過，一九四〇年，他主動提議為所有的維琪居民建立新的人口登記名冊，但這只是障眼法，他實際的計劃是要建立一套未來法國軍隊動員可以用的檔案。他提議的制度甚至比蘭茲的荷蘭人口登記還要精細：每個人的檔案都有一份書面檔案，附有多張照片，同時也有兩張打孔卡片，一張記載詳細的人口統計特質，另一張則是姓名和住址的編碼。政府同意了，十一月時，卡爾密耶被任命為新維琪政府人口統計局的局長。[84]

　　同時，德軍也開始試圖找出法國的猶太人，並孤立他們。一九四一年五月，《紐倫堡法案》在法國占領區實行，可是落實的難度比在德國或在比利時還高。法國是堅定的世俗國家，沒有猶太公民最新的人口資訊；最近一次納入宗教問題的普查是一八七二年的事。不過，住在法國境內的外國猶太人可能多達二十萬人，他們是從東境來的難民。這些人比較容易辨識，他們較無法融入法國人口，而法國當局也沒什麼意願保護這些人。一九四〇年九月，當局發布了一道提早強迫登記的命令，因而產生了一百五十萬名猶太人的書面檔案，裡頭有姓名、住址和行業等資料，其中有六十四萬人是在國外出生。納粹根據這份檔案，在一九四一年五月發出了六千四百九十四張傳票，送至巴黎猶太人的住處。[85]

　　本來對自身猶太人口所知不多的法國，很快便掌握了滿手資訊。一九四一年初夏，卡爾密耶打算針對維琪法國區內十四到六十四歲的人口所具備的專業技能進行普查，這項計劃顯然是為了支應他偽裝下的動員檔案而設計。同時，最近為維琪法國的猶太人問題而走馬赴任的總委員長賈維耶‧瓦拉特（Xavier Vallat）正在規劃一項與占領區普查類似的猶太人普查。卡爾密耶建議這些工作要彼此協調。他在他的行業普查裡新增了一個問題（第十一題），按照《紐倫堡法案》的定義，要求猶太人指出他們祖父母及外祖父母的宗教。[86]

　　卡爾密耶在與瓦拉特共事的時候，看到了為自己增加可用財務、人力和製表資源的機會。他主動提議，由他來擔任兩項普查的資料處理工作，包括來自法國占領區的申報表。他的提議被採納了。確實，德國占領者一定是對卡爾密耶的普查鴻圖留下了深刻的印象：一九四一年十月，他奉命擔任新國家統計局的主管，負責占領區和維琪區的所有統計資料。[87]

　　這個新機構併入了幾個現存單位，包括法國歷史最悠久的法國統計總局（Statistique générale de la France），其菁英傳統可以追溯到一八三三年。這次的合併顯然引發了統計總局裡的保守統計學家一陣譁然，他們已經把統計的保密性這個觀念內化了，因而對從純統計處理轉為維護行政管理檔案的後果憂心忡忡。卡爾密耶沒有這種顧慮,他認同蘭茲創造書面人的抱負。他在寫給瓦拉特的書信裡提到,「我們處理的不再是普查,我們其實是在追蹤個人。」[88]

　　儘管卡爾密耶滿口承諾,但等到普查申報表歸他保管後,他的運作卻變得無消無息。他推三阻四、藉口一堆,像是申報表的箱子寄到他那裡時不完整,或是要找到足夠的製表人手有困難。但是一年過後,普查還是沒有任何結果。無論是自己的猶太人普查,還是卡爾密耶普查裡的第十一題,瓦拉特都沒有收到他想要的猶太人名單。[89]

　　一九四二年十一月,德國正式占領法國全境,結束了維琪政權。占領的管理當局很快就對卡爾密耶效率低得莫名其妙的運作起了疑心。一名戰後被捕的德國情報人員說,一九四三年,他的單位「接獲一項情資,與里昂的一個特別辦事處有關,它以人口普查做為掩護,事實上是祕密的動員單位。」

　　根據這項情報,蓋世太保特務暗中取得卡爾密耶打孔卡的樣本。這些卡片證實了他們的猜疑。情報人員說,卡爾密耶當局「運用這些特製的卡片,可以迅速找到有組織的單位所需的所有專才(飛行員、坦克駕駛、機械工……等等)」。出乎意料的是,德國政權並沒有立刻根據這項情報採取行動。卡爾密耶的普查雖然做得差強人意,但仍然是相當重要的戰爭投入工作。卡爾密耶過了將近一年的逍遙日子,一直到一九四四年二月,黨衛軍保安人員終究還是出手將他逮捕。[90]

　　至於猶太人名冊,根據卡爾密耶的兒子羅伯特(Robert)後來的證詞,卡爾密耶根本從來不打算編製猶太人名冊;當時還是個年輕人的羅伯特曾協助父親進行製表工作。二〇〇一年,當時已年屆八十歲的羅伯特接受了《IBM與大屠殺》（*IBM and the Holocaust*）一書的作者艾德溫・布雷克（Edwin Black）的專訪。他堅稱，統計局不但沒有與德方合作，還從中破壞製表，刻意遺漏宗教資訊的打孔。布雷克問他為何如此確定。

「我們從來沒有在第十一欄上打孔！」他答道，意思是那是宗教欄。「一次也沒有！」[91]

羅伯特・卡爾密耶指的究竟是什麼，我們並不清楚。占領者所做普查的第十一題（確實是為了找出猶太人）不見得對應到打孔卡上的第十一欄。占領者普查所用的打孔卡有兩處或許可以做為猶太種族的標記，但兩者都不是第十一欄。或許事隔超過半個世紀，他只是混淆了問卷和打孔卡。[92]

最後，即使卡爾密耶沒有按照承諾加速打孔卡作業，還是有七萬五千名法國猶太人遭到圍捕，被遣送至東邊的集中營。那群人大部分的終點站是位於波蘭的奧許維茲營區（Auschwitz），那裡是最大的納粹集中營，死亡人數最多（大約一百萬人左右）。除了他們，那裡還有十萬零七千名送往東邊的部分荷蘭猶太人，以及一些從盧森堡、德國和波蘭被驅逐的猶太人。雖然猶太人占大多數，但是波蘭人、羅姆人與辛提人、蘇俄戰俘、同性戀和政治犯也都會被送往歐洲各地的集中營。[93]

經過回憶錄、文學記述和影片的揭露，奧許維茲的景況如今已為世人所知悉。受害者一下火車，身上的財物就會被沒收，一家人被拆散。他們赤身露體，頭髮被剃個精光，身體用刺青刺上一個號碼。這個漫長的去人性化過程在登記的時候結束，也從登記之後開始。種族滅絕的過程透過系統化的孤立、排斥、驅逐與囚禁等各個階段推展。隨著每個階段過去，人類被簡化為一組由各自離散的特質所拼湊起來的集合：男性／女性、波蘭人／猶太人／吉普賽人、適合工作／不適合工作等等。通過了那道讓人聞風喪膽的大門之後，這些人不再是人，而是待處理的物品：交收、篩選、清點。一旦不再有用——銷毀。但是，整體來說，奧許維茲並不是大屠殺的典型模式。東歐有超過一百萬名受害者不曾抵達任何集中營，而是在住家附近就遭到射殺，或是死於毒氣。總共有將近一百萬人死在猶太區，有些人是死於暴力行動，還有許多人是因為飢餓和疾病喪生。此外，奧許維茲有勞動營的性質：它仍在世人回憶裡迴響的原因之一是它與戰爭同時發生。有被釋放的倖存者活了下來，最終得以訴說他們的故事。[94]

　　華沙猶太區的猶太人（包括切爾尼雅庫夫一九三九年普查記錄裡的三十六萬猶太人）就沒有面臨這樣的結局。自一九四二年的七月到九月，沒有被飢餓和疾病打倒的猶太人被裝上火車，載到不遠處。他們抵達特雷布林卡（Treblinka）——大約有一百萬人以此為終點：超過九十萬名來自歐洲各地的猶太人，還有人數不明的其他人。這裡是一座滅絕營：純粹為了大規模殺害人口而建造的設施。與勞動營不同，特雷布林卡、貝烏熱茲（Bełżec）、海烏姆諾（Chełmno）與索比布爾（Sobibór）等滅絕營只有最低限度的常住人口；那裡既不篩選，也不登記：幾乎所有人都在幾個小時內死亡，丟進萬人塚。

　　特雷布林卡是效率的典範，一天處理的人數多達一萬五千人。受害者步下火車後所歷經的程序，連清點人數都稱不上，而是聚集和測量：毒氣室有多少立方公尺，墳坑又是多少裝載空間。滅絕營一完成任務就會被拆除，它們存在的證據則被隱藏或摧毀。一九四三年的春天及初夏，特雷布林卡有十一處埋屍坑進行改造：屍體被挖出來，然後焚化、碾碎、與沙土混合，重新填埋。一百萬人留下的，只有塵土。[95]

恐怖故事還未結束

過度狂熱、道德淪喪的官僚體制毫無懸念地助紂為虐、支持一個領袖魅力十足的獨裁者恣意執行種族滅絕的企圖——這個恐怖故事或許應該就此結束。確實，若不是馬戈・安德森（Margo Anderson）和威廉・賽爾澤（William Seltzer）這兩位堅持不懈的美國史學家，這個故事就會在這裡劃下句點：他們在二十一世紀初期挖掘出一段令人不安的歷史——這段歷史在大西洋的此岸發生，與彼岸歐洲納粹時期普查工作者的道德失守，可謂異曲同工。[96]

一九四一年十二月七日，日本襲擊珍珠港後，羅斯福總統發布了一項行政命令，批准對日裔美國人執行拘留，這些人有三分之二在美國出生，因此是美國公民。超過十一萬在美國本土的日裔美國人從戰時設想為前線地帶的西岸，被遷到內陸的拘留營。[97]

這段歷史眾所周知，但較不為人知的是美國普查局在協助執行這項命令時所扮演的角色。謠傳美國普查局向軍方或執法機構洩露了日裔美國人的姓名和住址，但這個說法長久以來都遭美國政府否認。有證據顯示，西部州的官員得到一九四〇年普查的總合資料（顯示日裔美國人住處的概況資訊），做為支應「清理」行動之用。此舉說來還在戰前對統計保密性的承諾限度之內。但是數十年來，沒有公開的證據顯示統計當局曾越過界限，在個人資料上妥協。[98]

然而，這種事看似相當有可能發生。一九三九年，美國國會企圖運用即將來臨的一九四〇年普查登記非法的外國人，被普查局長威廉·蘭恩·奧斯丁（William Lane Austin）引用保密的法律規定擋了下來。但是，一九四一年，奧斯丁年屆退休，局長一職由詹姆士·克萊德·卡普特（James Clyde Capt）繼任。卡普特是政務官，沒有奧斯丁與普查共處漫漫四十個年頭的淵源，他完全不是統計學家，與執政者的關係也更為親近。一九四二年一月，他在一場私人會議裡表示，他願意犧牲保密性：「根據法律，我們都必須對個人的機密資訊保密。但是說穿了，如果國防機構發現有兩百個日本人失蹤，而他們想要那個區域的日本人名單，我會給他們檢查個人更進一步的工具。」[99]

二〇〇七年，安德森與賽爾澤終於找到確據：在聯邦政府的檔案庫裡有一系列一九四三年的備忘錄，與一項祕密調查的案件有關——據報有一個人在前往一處拘留營的途中，打算對總統採取威脅行動。那項威脅行動很快就被排除了，但是引起了各方的查問。財政部長亨利·摩根索（Henry Morgenthau）要求普查局提供華盛頓特區日裔居民的姓名和地點——這些人的居地遠離西岸，因此沒有成為拘留的對象。短短七天後，普查局提供了該區七十九名日裔美國人的名單，名單上的資料包括姓名、住址、性別、年齡、婚姻狀態、公民身分狀態、就業狀態、職業以及所屬產業。賽爾澤與安德森主張，回覆如此迅速，代表局內已有一套現成的行政管理流程。不管怎麼說，一九四三年極有可能不是普查局首度接到這種要求，並且遵照辦理。[100]

事實上，這種揭露打從一九四二年起就是合法的。《二戰權力法案》（Second War Powers Act）有一則條文規定，只要是「做為與戰爭指導有關聯的用途」，就允許商務部長違反保密原則。當時，《紐約時報》就曾點出此條文用於鎖定日裔美國人的可能性。此外，一九四二年，美國最高法院審理「是松訴美國政府案」（注：Korematsu v. United States，二戰期間，日裔美國人是松豐三郎拒絕服從遷移命令，被拘捕移送集中營。後來是松起訴美國政府，美國最高法院認定強制日裔美國人從太平洋地區遷移的命令為合憲，為美國最高法院史上最為人抨擊的判決之一），以六票對三票裁定拘留合法。然而，這還是無法讓人感到舒坦：納粹在歐洲占領區的行動也經常打著合法的旗號而為。雖然特雷布林卡、奧許維茲等營區與美國內陸的安置營不能一概而論，但是把人帶到那裡進行身分辨識、登記和管控等機制，其相似的程度超乎我們可能願意承認的地步。[101]

一九八〇年，國會委員會宣布，是松案的判決「被歷史的法庭予以駁回」。二〇一八年的判決中，是松案也被法律推翻，由最高法院表明予以否決。二〇一六年辭世的安托寧・史卡利亞（Antonin Scalia）大法官沒有參與那項判決，不過他曾在二〇一四年的演說裡發言反對拘留。他甚至在表示反對時發出警告：「如果你認為同樣的事情不會再度發生，你不過是在欺哄自己罷了。」他引用了一句羅馬政治家西塞羅（Cicero）的話：戰爭時期，法律陷入緘默。[102]

自從一九九〇年代初，特別是布雷克的《IBM與大屠殺》一書於二〇〇一年出版以來，這個故事往往聚焦在打孔卡片製表機以及它的領導供應商 IBM 所扮演的角色上。那是個轉移注意力的話題。IBM

與納粹政權走得太近，且在應該止步時，IBM 卻繼續在德國做生意（至少是間接為之），這似乎無庸置疑（雖然 IBM 正式駁斥了布雷克的記述）。但是，要把這事用來解釋大屠殺，還不如把它當成一本道德帳。[103]

製表技術固然有其作用，但它的重要性很容易言過其實。首先，德國一九三三和一九三九年的普查，製表技術還無法用於記錄姓名或住址，也不容易追溯到申報表。關鍵的人口資料系統（包括那些來自一九三九年普查的資料）用的不是打孔卡，而是保持了有彈性這個優勢的傳統書面檔案，直到一九三〇年代。這些人工記錄系統需要大量的文書工作人員，對於一個軍事化極權政府而言，不會構成重大障礙。再者，政府和商業部門為了會計目的，普遍採用基本的打孔卡製表技術，是因為當時打孔卡製表技術已有十年的歷史，在許多國家也都廣為採用。[104]

從二十一世紀的觀點來看，具決定性的並在於打孔卡和製表機的硬體技術，而是更軟性的因素。社會規範鼓勵個人參與普查和其他登記制度。大家信任政府機關不會濫用公眾的合作。大家以為統計的保密性比過去還高。官僚體制其實比大家想像的還要更服從。一九八〇年代起，打孔卡技術已無足輕重，但是其他因素仍是普查實行與人口資料相關討論的核心──過去、現在、未來皆然。

一九四七年，二十三名醫生在紐倫堡接受戰爭罪的審判，罪名包括人體實驗與偽裝成安樂死的大規模謀殺。判決結果為七人無罪、七人處決，另外九人則是監禁。這場所謂「醫生的審判」衍生出人體實驗研究的十條原則，也就是所謂的《紐倫堡守則》（*Nuremberg*

Code）。就醫療以及其他人體研究的倫理規範之建立來說，這套守具有高度影響力。這些原則的制定是為了保障實驗對象的基本人性：人類優先，即使他們被簡化為案例和控制組、盲測與雙盲測試。

沒有統計人員在紐倫堡受審。正如 Dehomag 公司董事長海丁格所言，統計人員被召去為希特勒「一個細胞、一個細胞地解剖德國文化體」，他們通常不會面臨起訴。萊哈特辭職幾年後，於一九四三年過世。但是，納粹時期統計機關的其他重要人物沒多久就得到了更生的機會，並回到政府或學術機構工作。

蘭茲得到懲罰，一如他曾經為自己擔憂過的一樣；不過他只受到了輕微的懲處。他在戰後的荷蘭被判處三年監禁（檢查官要求處以十二年徒刑）。起訴書強調的是他開放人口登記資料的意願，而不是那個選擇所造成的後果。[105]

切爾尼雅庫夫沒有活到親眼見證第三帝國的垮台。對他而言，華沙猶太區開始進行大規模驅逐行動是最後一根稻草。一九四二年七月二十三日，他寫下最後一則日記，然後吞下他自德國占領早期就一直保存到那時的氰化物。他留下了一封信給妻子，另一封信則是給猶太委員會。據說他如此寫道：「他們命令我親手殺死我同胞的孩子。除了死，我別無選擇。」[106]

卡爾密耶也沒有熬過戰爭。他在一九四四年被補，移送到慕尼黑近郊的達豪集中營（Dachau）。第二年的一月二十五日，他以七六六〇八號囚犯的身分在營區死去，當時距美國軍隊的解放行動只差幾個月。[107]

經過四分之三個世紀的淘洗，我們現在很難斬釘截鐵地對這些人和他們所做的決策下道德判斷。蘭茲似乎是政治學家漢娜·鄂蘭（Hannah Arendt）所謂「惡的平庸皮相」（banality of evil）這個概念的具體表現：既非好虐，也不殘暴，只是根據命令行事。戰後，一名官員如此描述蘭茲：「我想，如果明天早上蘭茲接到命令，要求他執行自己的死刑，他也會嚴格辦理，做到滴水不漏，毫無半點逃脫的可能。」至於萊哈特、切爾尼雅庫夫和卡爾密耶等人，只不過是道德模糊。他們每一個人都是一路合作，直到遇到一條自己不願跨越的線。[108]

統計人員與醫生不同，他們很少會與處理的對象直接面對面。他們的工作是提供資料和分析給制定、實行政策的人。因此，他們道德有虧的標記並不在殘缺和毀壞的人體上，而是在打字工整的數字表格裡，以一欄又一欄的數據顯現對一支民族循序漸進、精心籌劃的摧毀行動。這種犯罪不但抽象、冷血，而且還可以狡賴。統計學實務有必要仰賴這種抽象化：把人分類、簡化為類別和數字。抽象化是它的權力來源。然而，抽象化與去人性化之間還是有一條細緻的界線。

書面人的監護者永遠不會真正面臨公眾對醫療專業的那種忖度。紐倫堡大審沒有制定統計原理守則。美國統計學會早在一九四九年就曾針對統計工作倫理展開對話，但會員的支持有限，後來一直要到一九八〇年代，這個組織才終於採用一套倫理守則。一九八五年，國際統計學會（The International Statistical Institute）發表了「專業倫理宣言」（Declaration on Professional Ethics）。一九九四年，由聯合國會員國的統計主管機關領導者所組成的聯合國統計委員會採納了「官方統計數據基本原則」（Fundamental Principles of Official Statistics）。得到二〇一四年聯合國大會所採納的最新版本中，原則六就與統計的保密性有關。[109]

這些倫理守則與原則是防範惡行重要的第一線。但是，倫理守則可以違反。那些能讓普查在納粹歐洲迅速腐化的技術面基礎設施一直存在：如今，我們還是可以輕易在資料庫的某一列做個記號，就像我們一度在何樂禮卡片上打一個洞那樣。我們或許可以安慰自己說，兩者的法律和政治架構不同，但這也有可能瞬息萬變。另一方面，官僚體制是堅韌的。資訊一旦蒐集好，就難以摧毀。要防範資訊誤用只有一個萬無一失的方法：一開始就不要蒐集資訊——各地的普查實行者都應該慎重權衡這個事實。

然而，資訊的長壽是一把兩面刃。一九四六年，羅伯・坎普納（Robert Kempner）發表了一篇文章，描述戰時德國的許多人口管控制度。坎普納曾經在威瑪共和擔任普魯士警方的顧問，但由於他是猶太人，因此在一九三三年被革職，且在一九三五年被驅逐，離開他出生的國家。十年後，他以檢查官的身分回到紐倫堡。在一九四六年那篇迫切而具體的文章裡，他讓他的新同事知道，他們可能可以在哪裡找到納粹進行種族滅絕活動的殘存證據。他建議他們往戶口登記機構裡去找，那裡滿滿都是書面人，在與其對應的自然人已經離世之後，他們仍然長生不死：「君王、獨裁者、納粹頭子、建築物、工廠和紀念碑或許會消亡殆盡，但是行政管理的檔案和記錄卻會長存。」[110]

第 5 章
世界普查

　　第二次世界大戰後的十年，馬爾薩斯的幽靈華麗復出，從他位於巴斯修道院的墓地重返江湖，成為各大報紙評論專欄和深夜電視節目的常客。[1] 這是難得一遇的再度出場。馬爾薩斯本人本就深具影響力，這無庸置疑：他的分析方式已經為人口學和經濟學的新領域吸收。但是，他的主要立論（人口成長一定會演變為災難）已經失寵，在工業革命的轉型效應下，變得看似薄弱，或至少會延遲到來。在一八〇一年至一九〇一年期間，英格蘭的人口增加了三倍，然而在馬爾薩斯薩里郡的教區，居民後代的生活並沒有惡化，某些方面，他們甚至過得比曾祖父母還要好。[2]

　　但是，馬爾薩斯主義在二十世紀漸漸起死回生。科技的進展以及兩次世界大戰不只在國際間、更是在全球掀起了新的人口意識。這種意識有扎實的新知識在背後支撐，也就是涵蓋人類全體、周詳的人口統計資料。到了世紀中，全球人口已經成為定義明確的研究主題，每十年，相關單位都會精心籌劃全球普查，進行評量。於是，全球人口終於順理成章成了政策目標。[3]

數十年間，積極控制人口這個觀念在上流社會醞釀，但那不過是學術討論的主題，而非政治行動。無可避免，人口控制的討論會觸及生育控制這個充滿爭議的議題——這件事在當時仍是個禁忌，大家或許會私底下進行，但在公開場合還是會予以譴責。即使當社會對生育控制的接受度變高，它仍是私人的選擇，而非公共政策。一九五九年，美國總統艾森豪（Dwight David Eisenhower）檢視了人口控制議題，最後宣布，人口控制「不宜做為政治或政府活動。」[4]

僅僅十年過去，滄海桑田，每一件事情似乎都不一樣了。一九六九年七月，美國總統尼克森（Richard Milhous Nixon）把人口議題描述為「沒有人可以忽視的全球問題」。他把因應這個全球問題的責任歸給當時最接近全球政府的組織：聯合國。長久以來，就人口議題而論，聯合國的立場一直莫衷一是，意見分歧。但到了一九六〇年代末期，聯合國終於表態。一連串的活動接踵而至，包括創設新的聯合國人口基金（UN Population Fund）。一九七〇年，聯合國大會把一九七四年訂為「世界人口年」。[5]

一九六八年，有一本著作脫穎而出，成為這個文化與政治時刻的代表：《人口炸彈》（The Population Bomb）。此書作者是以研究昆蟲生物學起家的史丹佛大學（Stanford University）教授保羅・埃利希（Paul R. Ehrlich）。但是，一如書名所示，這本書不是枯燥的學術著述，書一開始便寫道：「餵養全人類的戰爭已經結束。」接下來，埃利希鋪陳了人口炸彈的藍圖：人太多了，食物不夠——直截了當，擺明就是馬爾薩斯《人口論》的情境。[6]

一九七〇年二月九日，埃利希參加了強尼・卡爾森（Johnny

Carson）的談話節目《今夜秀》（*The Tonight Show*），接受專訪；當時《人口炸彈》已經是暢銷書。這場四十五分鐘的亮相把埃利希捧成公眾知識分子、全球人口過度成長這個熱門話題的意見領袖（今日實在難以想像）。《今夜秀》收到超過五千封觀眾來信。埃利希成為一九七〇年八月號《花花公子》（*Playboy*）的專題人物，在那個專訪系列裡排在歌手瓊·拜亞（Joan Baez）和演員彼得·方達（Peter Fonda）之間。在美國，這時的埃利希已經成為文化偶像，展開巡迴之旅。一九七一年，他走訪英國，不只是像他上一次（一九六九年）那樣，以客座講師的身分造訪，這一次他還是個電視名人。訪問澳洲之前，人氣媒體《澳洲女性週刊》（*Australian Women's Weekly*）還刊了一篇他的人物介紹。[7]

埃利希的訊息之所以成功的原因在於它很簡單，且立足在容易驗證的人口事實上。回想一萬年前，地球的人口以冰河移動的速度緩慢增加，或許在數十萬年間達到一千萬人。到了公元元年，人類的數目大約成長到兩億五千萬人，而成長的速度仍然緩慢得難以被這段期間的人察覺，大約每三千年會增加一倍。到了一六五〇年代，我們已有五億人，也就是說，大約在一千五百年間，人口再次翻倍。接下來，人口才真正進入加速成長期。我們在公元一八〇〇年左右達成十億人口的里程碑——這次翻倍只花了一百五十年。超過一個世紀之後，我們在一九二七年迎來二十億人口。到了一九七〇年代早期，世界人口已經接近四十億大關，並在一九七四年達陣。人口最後一次翻倍，甚至連五十年都不到。[8]

人口成長如此快速，埃利希從中推論出一個灰暗的未來。他揣測，人口下一次翻倍只需三十七年的時間。他想要讓他的讀者真切感受到，那會是什麼樣的光景。「如果人口繼續以這種速度成長大約九百年」——他承認，這是一個「荒誕的假設」——「地球表面將會有60,000,000,000,000,000 人。」從這個荒誕的假設，埃利希按照邏輯推導出一個鮮明（但也同樣怪誕）的結論：「我們可能要在整個地球上蓋滿兩千層樓高的建築物，才裝得下這麼多人」，而「每個人樓地板的長寬只有三、四碼」。這是一幅既可怕又反烏托邦的景象：是蜂巢，而非住家。[9]

不過，他要讀者放心，遠在這幅景象成真之前，人口成長就會被兩個方法之一阻斷：其一是「出生率解決方案」，也就是我們會想辦法降低出生率；另一個是「死亡率解決方案」，也就是增加死亡率的方法會自己找上門來。[10]

讀者對這一切都應該感到相當熟悉，這幾乎是馬爾薩斯一七九八年《人口論》主要論述的翻版。馬爾薩斯早在埃利希之前就開創了這個門派，同樣以這種極端而荒誕的推論做為修辭技巧。馬爾薩斯寫到，假設人口倍增的時間為二十五年，而世界人口「不管有多少，比方說是十億」，那麼「二又四分之一個世紀之後」（以他寫作當時計算，大約是二○二三年），人口將會是五千一百二十億。值得注意的是，埃利希在他那本一百九十八頁的著作裡，沒有任何一處提到這位前輩。[11]

當然，兩書之間也有差異。一七九八年，馬爾薩斯由於資料稀缺，不得不倚重他的理論模型。自那時起，全球人口的估計已經成為一件龐雜、具官方性質、經過協調統合的工作。馬爾薩斯只能依賴傳聞的資訊缺口，埃利希則有超過一個世紀、也愈來愈可靠的普查資料可以參考，支持他的主張。埃利希也指出了一絲馬爾薩斯無法給我們的希望：我們或許可以拆掉人口炸彈的引線，杜絕人口爆炸的效應。從馬爾薩斯的時代到埃利希的時代，人類發明了現代避孕方法以及一套鬆散的國際治理系統，或許能讓全球各個角落都實施避孕。埃利希和他同時代的人跨出了馬爾薩斯從未走過的一步：從人口的衡量邁向人口的管理。

人口學的終極目標

生活在十八世紀的馬爾薩斯居然對全球人口數有粗略的概念，說起來不得不令人訝異。事實上，他憑空猜測的「十億」，雖不中亦不遠矣。不過，他的準確，機緣湊巧的成分大於任何人口統計學的精湛技巧：他只是挑了一個便於演繹論述的整數。儘管如此，馬爾薩斯並不是毫無根據地挑選了十億這個數字，早在一七九〇年代就有幾個就算相左、但還算有理的人口估計值可供他參考。

自古以來，有些事實（或至少是印象）已眾所周知：中國和印度人口稠密，撒哈拉沙漠杳無人煙。十五及十六世紀的大航海時代把這幅全球樣貌的空白處填補了起來。公元一六〇〇年左右，歐洲的有識之士就已對各洲大陸，以及其相對面積與組成（除了人煙稀少的澳洲和無人居住的南極洲）具備了大致上正確的概念。

一六六一年，義大利耶穌會修士喬望尼·巴蒂斯塔·里喬利（Giovanni Battista Riccioli）綜合這些印象，計算出全球總人口數為十億人。根據現代的估計，真實的數字或許大約只有一半。里喬利最大的錯誤是他設算美洲的人口有兩億。新世界的人口或許不曾有舊大陸那麼多，與歐洲人的接觸更讓當時的美洲人口銳減至或許只有一千兩百萬人。不過，這個義大利人的估計是個偉大的壯舉：他或許值得與葛蘭特、配第這兩位時代相近的當代人並列，也被尊為人口學的開山祖師。配第曾提出一個差強人意的全球人口數——三億兩千萬人，只有「有識之士」相信。一六九六年，另一位英國算術家葛瑞格·金（Gregory King）曾運用與里喬利類似的邏輯，得出更為準確的估計值，算出全球人口數大約為七億人（當時的全球人口為六億左右）。[12]

一七二一年，法國哲學家孟德斯鳩（Montesquieu）在歐洲知識圈引發了一場辯論，他主張世界人口總數已減少為只有羅馬時期的五分之一。他說錯了。此外，他所認為的「世界」（只包括歐洲和地中海地區）已經是一個愈來愈古老而不符實際的觀念。到了十九世紀末，有人居住的洲陸海岸線已經有了詳細的地圖。歐洲貿易商和殖民者正要開始前往全球人口最多的地方探險，包括印度和中國。他們帶回西方的是一個更確切的知識基礎（就算仍然帶有傳聞色彩）。一七七五年，德國牧師約翰·彼得·須斯米爾希（Johann Peter Süssmilch）編製了最完整的十八世紀全球人口誌。馬爾薩斯的總人口數就是從須斯米爾希那裡擷取而來的。[13]

馬爾薩斯的《人口論》問世之後，人口學知識的累積更加快速。在凱特勒與其國際大會的推動下，現代普查在各國之間廣為實施。各國的人口計算工作變得更頻繁、更準確，相關資料也都用於更新全球人口估計值。一八九一年付梓的第九版《大英百科全書》

（*Encyclopaedia Britannica*）列出了一八〇四年起連續二十筆關於世界人口的判斷數字。最早的過低，但是它們最終還是往正確的總數靠攏：到了一八八〇年代，大約是十四億。[14]

全球人口的研究已經脫胎換骨，從有根據的猜測變成一門科學。一八八〇年，即使有些數字仍純屬猜測（全球仍有超過一半的人口沒有被納入任何一項普查），但是隨著一年年過去，以及每一次新普查的實行，情況也在改變。需要運用估計或猜測的情況已經愈來愈少。一八九〇年的美國普查完成之後，根據波特局長的計算，原則上，全球的資訊可以用何樂禮的機器在兩百天之內完成製表。[15]

這對波特來說只不過是一種思想實驗，說明何樂禮技術的力量。但是，匈牙利統計學家科羅西・約瑟夫（K rösy József）覺得，計算每一個國家裡的每一個人是很嚴肅的目標，是他畢生的使命。一八八五年，國際統計學會成立，成為凱特勒統計大會長久的繼承者。科羅西透過學會不厭其煩地一再提議「全球普查計劃」。他認為，國家普查「不再是一個目標，而是一種手段……為的是促成另一個更遠大的目標，亦即人口學的終極目標：藉由國家的人民普查達成世界的普查，得到涵蓋全人類的通盤知識——或至少是所有文明人類的廣泛知識！」[16]

重要的是最後那項條件：在這段期間，以及一直到二十世紀，「國際」統計社群幾乎仍舊清一色來自歐洲和美國。雖然這些人（而且幾乎全都是男性）出身的地理區域範圍狹隘，但他們的視野卻都愈來愈全球化。十九世紀結束之際，全世界廣袤的土地都落入歐洲的掌控，非自願地被掃進科羅西所謂「文明人類」的邊緣。對於普查實行者而言，殖民主義和廣傳的歐洲影響力為他們創造了機會。計數與分類的技巧四處盛行，諸如婆羅州、摩洛哥、新喀里多尼亞（注：New Caledonia，位於澳洲東方，南回歸線附近的南太平洋群島，今為法國屬地）與巴勒斯坦等地。即使那些國家後來脫離了殖民的枷鎖，或是從未歷經殖民，他們也都採用了歐洲立國和治國的模式，包括歐洲統計學家提倡的普查措施。[17]

所有變遷顯示，到了一八九〇年，全世界約有六〇％的定居人口，在過去一個世紀裡曾歷經過普查。有些人甚至歷經多次（例如英國人），有些人則只歷經過一次（例如秘魯人）。在十九世紀最後十年，全球或許有一半的人都曾接受普查人員的拜訪。許多人是自願參與。無庸置疑，也有些人是在步槍、刀尖下接受普查。[18]

第二次世界大戰之前，接近同時間的全球普查當中，最壯觀的普查行動或許要屬大英帝國一九一一年的普查。這項壯舉歷經數十年才大功告成。大英帝國的組成複雜，各地並不相似，普查實施一開始的發展也同樣各行其是；出於地方的計劃反映的也是在地的關注事項，而不是為了整體普查的任何明確目標。

自一八四〇年起，英國政府受到凱特勒統計大會的建議所影響，愈發致力將帝國裡各做各的普查整合為一。但是統合的進程緩慢，整個十九世紀，英國屬地的普查仍然各行其是。一直到一九〇六年，官方統整彙編的《大英帝國普查報告》（*Report on the Census of the British Empire*）才首次面世。這份報告根據一九〇一年的資料，收錄了帝國許多民族的年齡、婚姻狀態、職業、出生地、宗教、教育和殘疾障礙等各方面的比較表格。[19]

雖然這份報告令人讚嘆，但它是事後的統合；一九〇一年的普查本身仍然相當分歧，只有在部分主題上重疊。例如，這份報告指出，蘇格蘭有九・三％的男性受僱從事「金屬、機械、工具和運輸」等行業，而在錫蘭，這個比例卻只有〇・四％，這是採取統一職業分類的結果。但是，這無法解答帝國內總共有多少學童，即使此問題看似簡單。此外，帝國有些地方儘管人口眾多，卻仍未列入普查的範圍：例如，在奈及利亞，拉哥斯（注：Lagos，奈及利亞最大城市，現為非洲第四大城）以外的地區就沒有納入普查統計的範圍（估計總數在一千五百萬到兩千五百萬人之間）。真要說的話，若把所有資料都彙成一冊，只會凸顯統合工作有多麼參差。[20]

　　一九〇六年的報告是普查統合工作的成果。報告出版後，真正的普查劃一實施計劃才會出現。一九一一年，類似全帝國普查的計劃終於成真。這次普查在四月一日之後的幾個月內於大部分的地方實施。光是在印度就出動了超過兩百萬名普查人員，對喬治五世（George V）的三億子民進行調查統計。被調查的人不見得都像做調查的人那般熱情。《國家地理雜誌》（*National Geographic*）曾報導過印度的普查：

　　有些人似乎認為，他們能輕而易舉讓屋子裡的某些人逃過普查人員的眼睛。普查人員得把孩子得從黑暗的角落拉出來，或是到牛棚搜尋老人，申報表才有可能完整。如果有人成功逃掉普查，到了第二天早上，那個人就是全村的英雄。[21]

　　確實，既然已經做到把孩子從全帝國的黑暗角落拖出來，這項普查當然會是目前為止最完整的帝國普查：普查人員只遺漏了砂勞越（Sarawak，今馬來西亞婆羅洲），以及索馬利蘭（注：Somaliland，位於非洲之角東北部）的內陸地區。

還有一個少數、但重要的群體漏掉了，正位於英國本土。在英國，一九一一年的普查成為婦女參政運動者的活動重點，她們主張，沒有投票權的婦女應該拒絕普查。兩年後，愛蜜麗‧懷爾汀‧戴維森（Emily Wilding Davison）會因為成為婦女參政運動的烈士而聞名：她試圖阻撓愛普森賽馬（Epsom Derby），被英王的馬匹踐踏，重傷身亡。但是，在一九一一年四月二日星期日那天，她參加了一場不起眼的抗議示威活動，藏身於她自己的黑暗角落，躲避國王的普查官——而她的藏身之處偏偏就是英國國會。她可能從前一天就待在那裡了。根據婦運報紙後來對此事的記述：「戴維森小姐只帶著一些糧食，躲在五英尺乘六英尺的櫃子裡……她待在這個黑暗的小空間內，偶爾會去地下室走走，一直待到星期一早上。」[22]

就像印度的村民一樣，戴維森也沒能躲過普查。她在星期一早上被發現，遭到警方短暫拘留。在拘留期間，有一份普查申報表以她的名字完成了（事實上，她被重複計算，因為她的房東太太在她不在時也登記了她的名字）。不過，據估計有三千到四千名其他抗議者杯葛成功。有些人雖然沒有成功逃過普查，卻也利用普查記錄寫下她們的抵制宣言。例如，來自倫敦芬奇里（Finchley）、六十一歲的莎拉‧班奈特（Sarah Bennet）就交回一張空白表格，上頭只寫著：「我沒有得到完整的公民權，所以我不履行公民義務……因此，我拒絕回答普查的問題。」[23]

一九一四年，第一次世界大戰爆發，整合的一九一一年大英帝國普查報告彙編工作先是延遲，後來永久終止，一如一九〇六年的一樣。雖然大英帝國又延續了三十年，如此鴻圖遠略的報告卻再也未曾出現。[24]

家庭計劃

戰爭造成超過一千五百萬人死亡。全世界都感受到這場戰事的衝擊，因此它很快就被認定為「世界大戰」。隨後爆發的流感疫情（部分是因為軍隊移防而傳播）甚至造成更多人死亡，估計約有五千萬人喪生。有些人把這種破壞歸咎於人口壓力。隨著每一塊能發現的土地都已發現、每一個能殖民的地方都已殖民，世界（至少是歐洲強權的世界）再也沒有成長的空間。根據這個邏輯，全球規模的馬爾薩斯式人口把關機制就是無可避免的結局。

對於生者而言，戰爭為全球人口的測量注入了新的動力（現在愈來愈常被指為「人口問題」）。戰前，國際統計學會的人員三不五時就會彙整各國的人口總數，以此為全球人口總數。如今，這項工作由國際聯盟這個肩負維護世界和平之責的新多邊機構接手。於是，全球人口第一次一致、嚴謹、每年一度的估計值出現了，發布於涵蓋一九二六年到一九四四年的一系列年鑑裡。[25]

這些年鑑是普查實施在國際上日益成功的展示櫥窗。在一九三〇年代之始，全球有四分之三的人口都住在舉行過一次官方人口統計的國家，統計大部分都以過去十年內的普查為準。光是一九三〇年及一九三一年，就有十億人（全人類的一半）被納入統計。大國之中，只有中國缺乏國際聯盟認可的人口普查總數。中國的歷任政府曾在一九〇九至一九一一年、一九一二年以及一九二八年分別嘗試實行普查，但每一次的普查都因政治動盪而受阻。以中國的幅員之大、人口之眾，唯有一個穩固的政府可望進行完整的普查。國際聯盟記載的中國人口為四億五千五百萬人，這個數字是一個「誤差邊際相當大的」粗略估計值。[26]

一九三二年，一個新的里程碑出現了：國際聯盟宣布，兩年前，全球人口已經超過二十億人。其中，比一半多一點的人（十一億）住在亞洲。不過，儘管如此，人口圖像變得更寬廣的是歐洲世界；雖然這段期間有大量歐洲人口移往美洲，歐洲的人口還是從一七五〇年占全球的五分之一，成長到一九〇〇年代占全球的四分之一。此外，全球人口還有另外大約四分之一住在歐洲散布於全球的殖民地。[27]

即使以現代的標準來審視，這些數字也經得起檢驗。根據今日的估計，全球人口達二十億的時間還要早個幾年——一九二七年。那一年還見證了另一個重要指標事件：第一屆世界人口會議（World Population Conference）。

對於人口統計學家來說，這次會議是十年內最重要的會議，於世界外交之都、國際聯盟總部的所在地日內瓦舉行。與會者來自二十九個國家，包括中國、印度、日本和巴西，他們都是與人口相關的各類頂尖專家，包括「生物、社會、經濟、統計以及政治」等領域，例如生物學家亞歷山大‧卡爾—桑德斯（Alexander Carr-Saunders）、雷蒙‧佩爾（Raymond Pearl）和朱利安‧赫胥黎（Julian Huxley）（前兩位是皮爾森的門生，後者是小說家阿道斯·赫胥黎（Aldous Huxley）的哥哥），以及統計學家科拉多·吉尼（Corrado Gini）都在其中。唯一的遺珠是促成這次會議的推手、籌備委員會的主席瑪格麗特·桑格（Margaret Sanger）。[28]

桑格一八七九年在紐約出生，她是社會運動家與女性生育權的倡議者；她曾在曼哈頓下東城的貧民區擔任過護理師，她的立場因為這段經歷而變得激進。這些地區是成衣業的中心，產品供應全美。成衣廠的工人（主要是年輕女性）通常是移民。對於這些女性來說，意外懷孕可能會讓她們墮入貧窮，甚至死亡。桑格發現，等到病患來找她時，事情已經太遲了：她們需要更早期的介入措施——美其名曰「家庭計劃」（她是第一個提出這個名詞的人）。

家庭計劃（也就是後來所說的生育控制）其實淵遠流長。許多關於人口的著述都有提到古代「曝於野」的習俗，也就是以遺棄殺嬰，以及各種墮胎方法。哺乳的避孕效果可能很早就為人所知，並廣為運用。體外射精在《聖經》的〈創世紀〉也有記載。十九世紀的避孕裝置包括子宮帽、早期的保險套和殺精劑。這些方法的功效以及對使用者的風險程度不一。就連馬爾薩斯，在他一八〇四年成婚之前，也對這類節制人口的「非自然」方法以及「失當手段」相當熟悉，並在他的著述裡予以 責。[29]

十九世紀期間，這些方法愈來愈有效、也愈來愈廣為人知並加以採用——至少，歷史學家認為有人採用（十九世紀沒有人調查性行為）。美國和歐洲許多地區的生育率在那段期間大幅降低。既然馬爾薩斯措辭委婉的「兩性之間的熱情」似乎不太可能消滅，一定有其他因素限制了出生率。（晚婚與禁欲這兩項馬爾薩斯偏好的解決辦法，解釋力有限。）

但是，節育在二十世紀早期的分布仍然相當不平均。歷史悠久的教會通常認定節育有罪。在美國，節育觀念的推行也遭到《康姆史托克法案》（Comstock Act）的阻礙（該法案禁止郵寄猥褻淫穢刊物）。一九一四年，桑格出手挑戰這項法案，開始一月一信，宣傳避孕觀念，並出版了一本相關主題的小冊子。她寫道：「只有對避孕無知的勞工才會讓孩子到這個世界上來，塞滿監獄和醫院、工廠和磨坊、精神病院和早夭者之墓。」桑格以這本十六頁的小冊子，以及其中詳細的描述與明確的解剖圖，抨擊那種無知。或許正如她所盤算的，她沒多久就被起訴。桑格逃往英國，身後留下一陣紛紛議論。[30]

桑格善用這次短暫的流亡時期，從國際新馬爾薩斯主義運動的成員開始，建立海外聯絡網。這項運動與馬爾薩斯聯盟（Malthusian League）這個組織有些淵源；馬爾薩斯聯盟是一個十九世紀的英國團體，借用馬爾薩斯的名字和他的分析，宣揚他們的目標：避孕（這可嚇壞牧師大人了）。在新馬爾薩斯運動裡，桑格找到與她志同道合、有影響力的旅行者。她在那個團體裡迅速建立起自己的地位，並在一九二二年的第五屆大會裡主持了一節議程（在她的影響下，這場大會成了國際新馬爾薩斯與生育控制大會），然後又主持了一九二五年在紐約舉行的第六屆大會。[31]

桑格提議在一九二七年於日內瓦舉辦第七屆新馬爾薩斯大會。在最後關頭，它變成第一屆世界人口會議，本於「科學實驗室或研究的觀點，而不是宣講或造勢活動」。某種程度而言，這個改變有助桑格實現目標：它能吸引更廣大的聽眾關注這個在當時還處於邊緣的議題。但是，它也構成了對桑格的排擠：與她共事的籌備人士都是號稱科學權威的男性，然而桑格當時的自然處境就是為了造勢（根據反對者的說法，她是一名「不倦不怠的大宣傳家」）。於是，某些爭議元素就隨著大會的新名字而被擋在門外：生育控制和桑格她本人。[32]

　　開幕演說的講者是佩爾，講題是酵母在培養皿倍增生長以及果蠅在密封瓶裡繁殖的數學。達爾文的革命已經橫掃生物學，把人類這個物種妥善地置於大自然的世界裡，而不是在大自然之外自成一格。人類之於果蠅，有如果蠅之於酵母：比較複雜，但由同樣的基本原則所規範，住在我們自己這個接近圓球體的培養皿裡。根據討論，大會預期二十億人口的里程碑就要來到（事實上已經達成）。人口過剩的概念比過去來得更加真切。[33]

　　對話勢必會走向優生學，無可避免。當時，人口專家之間幾乎所有對話都繞著優生學打轉。由於節制人口成長的需要成為理所當然，接下來自然要問，人口節制應該採用什麼方法，實施又要以什麼為目標。基因學的問題（如果不是基因學的答案）無可避免。或許並不公平，但這對桑格的聲譽來說是一種打擊：優生學的各種想法構成一個連續光譜，而桑格的理念與她一些最狂熱的同事在光譜上相距甚遠；至於鼓動德國納粹那些惡毒的種族理論，其差異就更不用說了。[34]

　　對於主張節育的人來說，到頭來這還是一場失敗的會議。桑格的運動成為孤軍，仍然沒有被「科學的」人口學者接納。她繼續與人共同創設行動導向的國際控制生育資訊中心（Birth Control International Information Centre），是國際計劃生育聯合會（International Planned

Parenthood Federation）的前身。此外，人口學家也成立了以測量為主的國際人口問題科學調查聯盟（International Union for the Scientific Investigation of Population Problems）。這兩個領域表面上看起來雖然不同，但其實關係緊密。人口的測量絕對躲不掉生育控制機制的問題。[35]

清點地球上九五％的人口

一九三七年，國際聯盟終於同意展開自己的工作專案，因應它目前只限於測量的人口問題。但是，聯盟本身在當時大多功能不彰。由於歐洲再度瀕臨戰火，聯盟人口專案中心從日內瓦遷到普林斯頓大學的新據點另起爐灶，由美國人口學家法蘭克・諾特斯汀（Frank Notestein）主持。[36]

一九四五年，和平再次降臨，世界也改換了面貌。原子彈這個可怕的新武器讓廣島與長崎在蕈狀雲下支離破碎。歐洲大部分的地區也都被破壞殆盡，世界獨留兩強：美國與蘇聯。失敗的國際聯盟由聯合國取代，在一九五二年於新「世界之都」紐約的東河岸設立總部。人口學家恢復他們戰前的活動時發現——套句諾特斯汀的話來說，人口資料「一片混亂」。衝突中斷了戰前普查的節奏。許多人口數早已過時。就連英國也首度取消了普查，於是，一九四一年回合普查的結果成為眼下最急迫的問題。[37]

聯合國沒多久便接手了國際聯盟未完成的工作，在一九四六年成立了兩個由會員國代表組成的單位，負責協調國際統計事宜。人口委員會負責彙編人口統計資料，就是國際聯盟做的那些工作。原則上，它會針對「影響人口規模與人口結構的政策」提出建議。另一方面，統計委員會則負責協調其他國際統計工作。特別是經濟測量工作在此前十年間已然蓬勃發展，發明了像是國民所得毛額（Gross National Product，GNP）等概念，成為戰時經濟體的規範。[38]

兩個委員會在紐約的聯合國祕書處各自有常設的編制人員支援：人口部（由諾特斯汀主事）與統計處（後來成為統計部）。前者很快便著手更新國際聯盟的人口統計資料，而自一九四八年起，這兩個部門開始聯合出版《人口年鑑》（Demographic Year Book，類似國際聯盟的年鑑，不過會隨著時間增加更多細節）。兩個委員會一起鼓吹每個國家實施一次新普查。一九四九年，它們發布了兩百頁的普查新方法建議書。這段期間也設立了一個奉行至今的慣例：一九四五至一九五四年這十年期間的普查，都「執其中」、視為一九五〇年回合的國際普查資料。[39]

人口委員會並沒有立刻扮演起它在成立之時被賦予更多期許的諮詢角色。不過，它在一九四九年開始發布未來世界人口預測，為全球人口辯論架設了舞台。嚴謹的人口預測始於十九世紀，是學術研究的產物。在兩次大戰期間，它成為各個國家計劃機構所運用的工具。現在，有史以來頭一遭，全世界的普查都要採用同一套經聯合國官方蓋章認證的方法實行。世界邁入二十世紀下半場時，聯合國提出世界人口的三種情境：到了一九八〇年，最高預測值為三十六億人；中間預測值為三十三億；最低為三十億人。發布的當下，也就是一九五一年，全球人口已達二十五億人。這些預測所顯示的人口成長速度只比過去略高一些，並沒有引起太多的關注。[40]

　　同時，大家原本期望聯合國在人口政策上扮演更積極的角色，而這份期望此刻也開始減弱。人口委員會沒有攬下這個任務。新成立的世界衛生組織（World Health Organization，簡稱 WHO）原則上可以檢視生育控制的健康層面，但它也沒有觸及這個議題。這個議題實在爭議太多，無法直接訴諸論壇討論。[41]

　　支持聯合國採取更積極作為的人認為，聯合國的人口專家不過是和事佬，就像一九四八年第一次派駐衝突區的「藍頭盔」（即維護和平的部隊）一樣。即使在原子彈時代，人口問題仍然是世界和平的威脅。一如印度人口學家斯里帕蒂・錢德拉塞卡（Sripati Chandrasekhar）一九五二年所言，「人口統計解除武裝」有其必要。[42]

　　但是，反對聯合國扮演積極角色的各方有著強烈的共同利益。一九三〇年，聖公會有所保留地同意生育控制，但是天主教會仍然完全抗拒。梵蒂岡透過天主教為主的國家影響聯合國，後來更以觀察會員的身分更直接地發揮影響力。蘇聯與其隨附的東方集團國家也拒絕人口議程，從根本反對人口委員會的宗旨。早期蘇聯各國自身政策皆明白採取鼓勵生育的立場。共產主義反對馬爾薩斯的教條：馬克思自己就曾為文嚴詞批判《人口論》，說它是「小學生膚淺的抄襲文章」。[43]

　　事實上，蘇聯領導人與人口統計學家的關係相當惡劣。一九三七年，蘇維埃普查提出的數字比預測足足少了八百萬（而和史達林的宣示所暗示的數字比起來，更是少了將近兩千萬），於是負責普查的官方人員被逮捕。普查局長歐林皮・克維特金（Olimpy Kvitkin）以及中央統計局長伊萬・克拉瓦（Ivan Kraval）甚至遭到槍決。一九三九年舉行的補普查結果，人口總數神祕地多出了八百萬人。一直到一九五九年，也就是史達林死後六年，蘇聯都沒有做過更進一步的普查。[44]

直到一九五〇年代早期，由於天主教會與共產集團這個奇特的聯盟，人口成長限制一直沒有符合各方共識的全球議程。不過，人口測量工作仍然持續且快速地往前進行。

一九五三年，全球人口總數裡最大的未知數中國完成了第一次完整的普查後，全球人口究竟有多少終於得到了解答。不過，雖然時機吻合，但它和新建立的國際統計機器並沒有太大的關係。聯合國成立時，中華民國是聯合國承認的會員國。幾乎同一時間，中國內部蠢蠢欲動的衝突爆發，釀成全面的內戰。毛澤東的共產黨勢力企圖推翻國民黨的民國政府。一九四九年，共產黨成功推翻國民黨政府，控制了中國大陸，迫使殘餘的國民黨勢力出走，遷移到台灣島。這時，在台灣的民國與共產黨的人民共和國都宣稱自己是全中國的合法政府，不過在此刻，聯合國的中國席次還是由在台灣的政府所有。更大的大陸地區此時在聯合國並沒有代表權。

由於政治情況如此複雜，這場規模龐大且具有歷史重要性的普查仍有諸多不明。一份當代的西方報告宣稱，這場普查是「為了全國選舉做準備」而下令舉行的，不過就中國後續的歷史發展看來，很難為這種民主的理由背書。普查表定的參考日期為一九五三年七月一日，然而兩百五十萬名普查工作人員歷時整整十二個月才把所有的普查結果送回。據報，九八％的人口都經過「直接調查」，西藏等偏遠地區則以估計值算。不過，與當時其他地區的普查不同，中國人民必須到普查中心報到、登記資料。普查也只蒐集了最基本的資料：姓名、年齡、性別、國籍、與戶長的關係，以及普查地區是都市還是 村。[45]

　　一九五四年十一月，中國政府宣布人口總數：大陸地區人口為五億八千兩百萬人。完整的官方統計則另外納入間接估計不在中華人民共和國的管控下、在台灣的八百萬人，以及一千兩百萬流亡的中國人。這個數字震驚西方世界。根據國際聯盟出版的報告，中國人口最近一次的最佳估計值是一九四五年的四億五千萬人；這個新總數大約多了三分之一。不過，這個結果仍然廣為接受。現代聯合國對中國大陸人口在一九五三年的人口估計值甚至更高：五億九千三百萬人（不包括台灣）。[46]

　　一九五三年中國普查完成，全世界幾乎每一個地方都算是做過了普查。聯合國以一九五〇年為中央年的新國際普查呼求，現在得到了可信的回答。當今的國家中，約有一百七十國參加了那屆普查（當時仍在去殖民化運動延燒的前夕，因此當中只有大約八十個國家當時是主權國家）。普查遍及約二十億人，占全球人口的八二％。一九五五年，聯合國的統計學家滿意地評論道：「浩大的統計工程已經完成……自一九四五年以來的普查，比世界歷史上任何一段類似時期的普查都更接近『世界普查』。」[47]

　　這個記錄一下子就被打破了。隨著韓戰的敵對結束，世界進入一段相對穩定的時期。一九五五至一九六四年間，幾乎每一個地方的普查實行人員都可以在太平日子裡進行他們的工作。他們清點了地球上將近九五％的人口。終於，科羅西的「國際的全球普查」願景已然實現。但是，當普查人員從田野返來，統計學家為他們的發現製表、送到聯合國人口部門的，卻是一幅令人不安的圖像。就在人口學家終於擁有科羅西所說的「納涵全人類的通盤知識」之際，他們也開始憂心忡忡：人口問題看起來已經開始像是人口爆炸。[48]

人口即將爆炸

一九五八年，人口部門發布了一項經大幅修正的預測。人口學家現在預期，一九八〇年世界上會有四十二億人口，比他們僅僅一年前剛發布的中間預測值高出將近十億人。同時，這也是他們頭一次把預測的時間軸拉到世紀末，預測二〇〇〇年的人口會達到六十三億。他們論述的語調也隨著這些變高的新數字變得更加煽動，而不是就事論事。報告的序言寫著：「六百年內，地球人類的數目會多到每個人只有一平方公尺的空間可以生活。」[49]

中國的新資料對聯合國人口學家的模型構成挑戰。中國的總人口意外地高於早先的部分普查，這點顯示，中國的人口成長比眾人之前認為的還快。當普查的結果從全世界各地傳回紐約，各地也都顯現同樣的現象。人口學家一直秉持的假設，特別是關於死亡率的假設，突然間看起來相當過時。[50]

一九三〇年代期間，全球人口的年成長率大約是一％。表面上來看，一九四〇年代的人口成長看似相仿，但是二戰大約造成六千萬到八千萬人喪生（大約占全球人口的三％），而這個數字掩蓋了人口加速成長的真實軌跡。到了一九五〇年，全球人口的年成長率估計大約是一‧八％，而且還在加速，到了一九六〇年代中期達到二％。有些大國在這段期間的成長速度甚至更快：中國、印度、孟加拉、印尼和

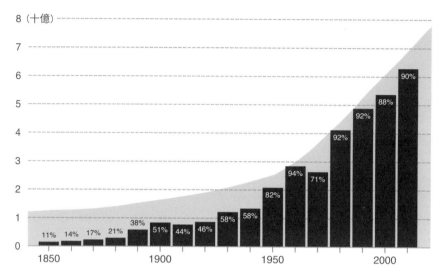

全球人口（灰色區域）在二戰之後成長得特別迅速。到了一九六○年回合的普查，每十年一次的人口統計數已經跟上（黑色長條），而終於達成接近全球普查的程度。一九七○年回合的普查較不成功（主要是因為少了中國的八億人口），不過在那之後，十年一度的普查都涵蓋了大約九○％的人口。（資料來源參閱本章注釋 1 的說明。）

巴西的人口年成長率都接近三％——沒錯，就像美國一樣。三％的人口年成長率代表人口大約會在二十五年間變成原來的兩倍：這是馬爾薩斯認為可能的最高成長速度。

　　但是，當然，打從馬爾薩斯的時代以來，很多事都改變了，特別是人口學的方法本身。為了理解人口成長，人口學家已經學會把它分解成幾個元素。人口的變動，無論是增加還是減少，都反映了三件事：出生，人口會因此增加；死亡，人口會因此減少；還有遷移，人口因此增加或減少都有可能。人口學的基本等式就是一年的人口數等於去年的人口數加上自然增加數（即出生數減去死亡數）並減去淨遷移數（移入數減出移出數）。

這條等式的各個變項通常以比率表示（也就是人口基數的比例）：粗出生率、粗死亡率、淨遷移率。以全球整體來看，遷移率為零，只有出生率和死亡率是重要因素。在低遷移率的國家，這點也大致成立（例如一九五〇年代的中國或印度）。在印度，一九五〇年代間的死亡率從四〇 降為二五 。但是，粗出生率自從一九二〇年以來幾乎沒有什麼變化，整個一九五〇年代都在四三 左右盤旋。兩者的差異（自然增加率）大約是一八 。這並不是因為出生的人比以前更多（至少以人口比例來看是如此），而是死亡的人遠比以前少得多。一如朱利安・赫胥黎的描述，印度以及類似的國家在沒有「生育控制」的情況下實踐了「死亡控制」。[51]

　　這種「死亡控制」多半是有效的公共衛生措施介入的結果。在十九世紀末期與二十世紀初期，傳染病（當時的頭號死因）持續被撲滅。公共衛生、抽乾沼澤以減少蚊子傳播疾病、營養的改善、疫苗，最後還有抗生素，都讓傳染病銷聲匿跡。這些變動最先在富裕國家出現，但是到了一九三〇及一九四〇年代，也推展到像印度、中國和巴西等較貧窮的國家。[52]

　　霍亂和結核病等常見但致命的傳染病得到控制，當然是值得慶賀的成就。然而，並不是每個人都這麼認為。一九六七年，威廉與保羅・帕多克兄弟（William and Paul Paddock，分別是農藝學家與退休的外交官）出版了《一九七五年大饑荒！美國的決定：誰將倖存？》（*Famine — 1975! America's Decision: Who Will Survive?*）一書。書中他們語帶肯定地寫到一個不知名的發展中國家的一位不知名的統治者，他「扣住稅收，抑制公共衛生的支出」，以防止人口快速成長。

這個故事或許是杜撰的，但是它表達的這種情緒算不上什麼禁忌，在戰後還是偶有類似的公開言論出現。根據這個邏輯，在出生率得到控制之前，公共衛生的改善所帶來的利益只是短暫的，很快就會被人口過剩和饑荒抵銷。[53]

事實上，粗出生率雖然易於測量，但是要理解人口內部變化的生育型態，它卻不是最好的方法。粗出生率的背後有兩個相當不同的驅動因素：生育年齡的女性人數，以及每名生育年齡女性所生育的孩子人數。這兩個組成因素只有後者（生育率）真正可以被當前的政策影響。今日的生育年齡女性人數是由數十年前的出生率所決定的，這個趨勢就是所謂的人口慣性（population momentum）。慣性代表已經「內建」於人口的成長或衰退。因此，單從出生率看人口變動可能會得到誤導的圖像，或充其量是個延遲的圖像。

把生育率同時考慮進去才能看到更完整的圖像。生育率的計算與呈現不只一種方法，但最常見的是總生育率。這個比率反映的是目前趨勢持續之下，一名女性一生中生產的平均孩童數（定義上來說是「活產數」）。最重要的生育率門檻是人口學家所說的出生替代率：每對夫婦必須生育多少孩子，才能有兩個孩子活到性成熟的年齡，以「取代」他們的父母。在孩童死亡率低的國家，出生替代率大約是二·一，至於在孩童死亡率高的國家，出生替代率就更高。

總生育率和粗出生率通常會有相同的起伏。人口慣性可能會造成二者偏離一段時間，但是如果一般女性一生中生育的孩子人數較少，那麼出生率最後會下降，反映這個現象，人口成長率也會下降（死亡率和遷移率不變的情況下）。如果生育率低於替代率，人口最後會呈現負成長，人口就會減少。

人口學家挾此觀念工具，便能輕易診斷出人口的問題出在高生育率：在諸如印度、巴西和印尼等地，一九六〇年代期間的生育率大約是每名母親生育五到六個孩子。兩個世紀之前，在美國、英國和法國等西方國家，也有類似的高生育率；但是到了一九二〇年代，這個數字就降到二至三個。這些國家不知怎地找到了一條降低生育率之路，而別的國家也可能會跟上來。然而，沒有人可以斷言富有國家生育率降低的原因。生育率降低是一個逐漸的過程，而且看似出於自發。一名人口學家領袖把它歸因於自工業化興起的「競爭激烈、個人主義抬頭、都市化」社會。但是，那些幾乎都不能做為具體的政策處方。[54]

這種模式下，一個重要而著名的例外就是日本。二戰戰敗後的十年，日本的生育率從大約五陡落至三——在英格蘭，這樣的變化要歷經大半個世紀才成形。但是，對於憂心全球人口過剩的人士來說，日本不是一個容易仿效的例子。日本的出生率之所以衰退，一開始主要是因為墮胎率的增加，這個辦法不太可能得到篤信天主教的拉丁美洲國家青睞。對於像中國和印度等貧窮國家而言，由於它們嚴重缺乏訓練有素的醫療專業人士（與它們眾多的人口相應），因此也行不通。[55]

對專業人士的需求也讓最有效的避孕方法窒礙難行，例如避孕隔膜、子宮帽和結紮手術。在一九五〇年代末期開發出來的避孕藥一開始似乎帶來了希望，但是結果證明，避孕藥在貧窮國家所產生的影響不如在富裕國家那麼具革命性，因為它需要一個追求小家庭的社會，而貧窮國家缺少這個條件。改良的子宮內避孕器有其潛能，但是它也需要醫療專業，而且早期的產品也會引發副作用和併發症。[56]

避孕也不斷面臨來自宗教界的反對。一九六三年，教宗若望二十三世（John XXIII）成立了一個教宗委員會，目的是針對新避孕藥重新考慮反對意見。有那麼一陣子，大家認為教會似乎最終會轉變立場。但是若望二十三世在同年稍晚時駕崩，他的繼任者保祿六世（Paul VI）改變了事情發展的路線。一九六八年，教宗保祿六世駁回了委員會的建議，發布新通諭《論人類生命》（*Humanae Vitae*），重申教會反避孕的立場。這對生育控制倡議者而言是很重大的打擊。[57]

人口悲觀主義隊長

官方對人口問題的行動停滯不前，於是有一群企業領導者、慈善家與國際主義者（多半在美國）開始挹注財務資源，致力促進全球人口成長的研究、因應行動與公眾意識。一九五二年，石油大亨洛克斐勒三世（John D. Rockefeller III）成立了人口委員會（Population Council），是一個總部設於紐約的非營利機構，資助人口控制計劃的研究。一九五四年，產業家修伊・摩爾（Hugh Moore）贊助了一家私人基金會，出版《人口炸彈》這本小冊子；這個標題後來被埃利希借用，做為他的書名。小冊子流傳甚廣，先是郵寄給美國的名人和有影響力的人士，最後發到一千五百萬人手中。[58]

「人口爆炸」（population explosion）雖然是更早之前就出現的詞彙，但這個字是從一九五〇年代中期才開始漸漸為主流媒體採用，成為熱度爆表的流行用語。一九五九年，有將近兩千萬人觀看過美國電視網 CBS 製作的紀實節目《人口爆炸》（*The Population Explosion*）。

這個名詞在一九六〇年一月躍登《時代》（Times）雜誌封面。諸如一九六五年的《饑餓星球》（The Hungry Planet）以及一九六七年的《一九七五年大饑荒！》等書，都是在強調這個論點。等到一九七〇年，當深夜節目把埃利希捧為美國的悲觀主義隊長，人口爆炸的意象成了討論人口議題的預設方向。[59]

美國本身正在歷經人口的快速成長。戰後嬰兒潮讓生育率從戰前接近替代率的低點，到一九六〇年衝高到超過三‧五的水準（當時的日本生育率是二‧〇）。但是，美國人口運動者的目光一直盯著海外增長的人口。人口不是可以分別在各國圍堵的地方性問題。無論是躲避饑荒的難民，還是淪為共產主義的不穩定政府，或是第三次世界大戰爆發，戰後世界任何一個地方的人口過剩問題最終都會透過這些管道影響西方世界。控制人口被視為首要的地緣政治事務。

新崛起的環保運動支持者則是從另一個完全不同的方向得出完全相同的結論。現代美國環境保護主義的起源通常可追溯自一九六〇年代早期，特別是瑞秋‧卡森（Rachel Carson）一九五二年出版的《寂靜的春天》（Silent Spring）：該書描述了殺蟲劑對生態系統所造成的損害。殺蟲劑多半是地方問題，但是還有其他環境問題無可避免屬於全球層次。埃利希很有先見之明地指出：「溫室效應……由於大氣中的二氧化碳含量大幅增加而升高。」一九六〇年代晚期，第一張從太空拍攝的完整地球照片問世，強化了一個事實：我們只有一個共享的大氣層，它包覆著我們共享的唯一一個地球。一九二七年，佩爾曾把地球想像成一個培養皿；四十年後的人類已不再需要依靠想像力：他們可以從遙遠的地方，以全彩觀看這個脆弱培養皿的全貌。[60]

在美國以及聯合國，對人口議題關注熱度的升溫掀起了一場民間運動，其力量終於得以對抗長久以來牽制人口控制政策的宗教保守主義。一九六五年，美國總統詹森（Lyndon Johnson）組成行政團隊，「尋找新方法，運用我們的知識，協助因應世界人口爆炸的問題。」全國天主教福利理事會（National Catholic Welfare Council）表示反對，但是《生活》（*Life*）雜誌寫到：「如今，統計數字重於政治壓力。」一九六六年，聯合國大會通過一項決議，強調人口議題關注的新焦點，隔年，祕書長吳丹（U Thant）宣布為人口控制計劃開設自願基金。這個基金在一九六九年成為聯合國人口活動基金（UN Fund for Population Activities，簡稱 UNFPA）。第二年的四月，有人呼籲在一九七四年召開下一屆世界人口大會：在這一年，世界人口預期會超過四十億人。後來，這一年被定為「世界人口年」。[61]

對於一個人口政策的步調慢如蝸步（或是完全不動）的國際體制來說，這是重大的一步。毫無疑問，它的核心是專家真切的憂心，以及資料在累積之後所引發出的，對於審慎研究的回應。但是，謹慎的專家已經敲了好一陣子的警鐘，而一直要到民間倡議人士接手敲鐘，並在大眾媒體的擴音鼓吹下，美國和聯合國才同心協力，採取行動。一旦人口成長的議題被放到人口爆炸的框架下檢視，就不可能再被漠視。[62]

自從搬到紐約，我就經常在想，一九六〇與一九七〇年代，民眾對人口過剩日益高漲的恐慌，有多少是對蔓延橫生、非大自然的城市而生的反應，尤其是對紐約這座城市的反應。

埃利希的書裡，最常被引述的段落就是描述他在德里親眼目睹的景象：「有人飲食，有人洗滌，有人睡覺。有人探訪，有人起爭執，有人大聲咆哮。有人把手伸進計程車窗乞討。有人便溺。有人緊抓著巴士。有人趕著牲口。人、人、人，到處都是人。」他宣稱，他這時才終於明白「人口過剩的感受」。但是，讓他有這種感受的，與其說是人口，不如說是貧窮城市裡封閉城區的人口密度。兩者的差別雖然微小，卻攸關重大。埃利希造訪德里時，德里的人口不到三百萬人。如果他在一七〇〇年（遠早於任何人談論全球人口過剩之前）造訪倫敦，他或許也會有見識到「地獄的一面」的感受。又或者，沒錯，一八五〇年的紐約也會給他同樣的感想。[63]

一八三〇至一八六〇年間，紐約市的人口增長了三倍。一八七九年，普查創新者何樂禮離開紐約、前往華府時，紐約是一座人口規模正在增長的城市，是一個正要迎接黃金時期的大都會。摩天大樓如雨後春筍，四處林立，為這座城市勾勒出著名的天際線。到了一九二〇年代，紐約大概是當時地球上最大的城市。東京在一九五〇年代的早期取代了紐約，成為世界第一大城，不過即使在一九六〇年，全世界人口超過一千萬的都市集聚區（也就是所謂的超級城市）也只有三個，當中只有紐約位於已開發世界。它恰如其分地成為大部分有影響力的「人口組織」大本營（如聯合國、洛克斐勒和福特基金會，以及人口委員會），同時也是美國大半媒體菁英的所在。[64]

一九六〇年代末期，各路紐約客認為，人類如此高度密集是嚴重的錯誤，這種想法說來也難怪。一九六五年，紐約市長尼爾森·洛克斐勒（Nelson Rockefeller）把哈德遜河說成「一座龐大的化糞池」。一九六六年的霧霾事件導致大約一百六十六人死亡。工業活動衰退，成衣廠（桑格病患的工作場所）搬遷到成本更低廉的地點。這座城市一再發生暴動：社會正義問題沒有得到解決，於是轉上街頭爆發。一九六〇至一九七四年間，謀殺犯罪率增加了三倍。此時的高譚市已危機四伏。[65]

　　一九六六年，《讓出空間！讓出空間！》（*Make Room! Make Room!*）這本粗濫的驚悚科幻小說推演了這些趨勢持續發展三十年之後的未來光景：「曼哈頓往空中翻騰發展，市區的舊建築被拆了，以更高聳的新建築取而代之──然而，大樓永遠不夠高，因為擠在這裡的人口數目似乎看不到頂。」這個故事的結局是，一九九九年的最後一天，時代廣場「耀眼的巨型電視螢幕」宣布，美國最新的人口數是三億四千四百萬人（事實上，那一年紐約市人口大約是兩億八千萬人）。[66]

　　愈來愈多正經的評論員呼應了這些關於都市化的疑慮。一九六五年的世界人口大會注意到都市化人口的問題。埃利希的評論單刀直入：「我們正生活在一個惡化的『精神環境』裡嗎？暴動、升高的犯罪率、青年的忿恨不滿，以及吸毒的日益氾濫，似乎已經挾制了我們。」他提到，他的生物學家同儕相信，「在演化的塑造下，人類的基因天生需要『自然』環境才能達到最佳的精神健康狀態。」[67]

　　在城心曼哈頓的邊區，聯合國的代表和職員正遭受環境惡化之苦。國際聯盟的總部位於占地廣闊、富麗堂皇的建築裡，周遭一片綠意盎然，還能一覽日內瓦湖和法國阿爾卑斯山的美景，與聯合國總部形成強烈的對比：張牙舞爪的現代大都會建築在原址為廢棄屠宰場與房舍之處拔地而起，全都以鋼鐵、玻璃與水泥堆砌。聯合國成立時，共有五十一個會員國，總部是為了容納新增至七十五個會員國而設計的。到了一九七〇年，聯合國的會員增加到一百二十七國，大部分新增的會員國都是非洲新獨立的前殖民地。這棟世紀中期樂觀主義已然黯淡的三十九層建築（俯瞰著綿延相連、一望無際的布魯克林區和皇后區）裡頭擠滿了各國代表：對於一九七〇年代揭幕之時的世界來說，這個隱喻還不算太糟。[68]

全球頂尖的人口專家要是認為，「第一世界」的城市有辦法處理自身最嚴重的人口稠密情況，那麼他們對「第三世界」的城市或許會抱持比較樂觀的態度。但要是連紐約都無法處理一千萬人口，德里又怎麼可能辦得到？

一胎化

公眾對於人口問題的憂心所募得的新資金主要流向了積極的行動方案：在全球推動生育控制計劃，這些計劃往往在倉促與爭議中推行，不太顧及個人權利。但也有些資金流向人口學本身。新組成的聯合國人口活動基金很快便成了全球普查的要角。這是極為必要之事，尤其在那些後殖民的新國家，有些地方的原住民人口從來沒有經過適當的統計調查。一九七三年，聯合國人口活動基金受理了二十個非洲國家的技術支援請求，其中有七個國家自從獨立以來從未實施過普查。聯合國人口活動基金的主管拉斐爾・薩拉斯（Rafael Salas）將之描述為「人口基金爆炸」。他在一九七四年的世界人口大會指出，機構資源已經從三百萬美元成長到一億七千五百萬美元，並在九十個國家運作。[69]

大會在羅馬尼亞首都布加勒斯特（Bucharest）舉行，目的是籌備國際人口普查。會中商議了一項世界人口行動計劃（World Population Plan of Action），訂定減少人口成長的嚴格目標。但是，萬眾企盼的普查並沒有實現。中國代表黃書智（注：Huang Shuzhi，音譯）對於提案背後那些馬爾薩斯論的假設表示異議（那時共產中國才剛取代台灣在聯合國的席次不久，這些活動對中國代表而言都是新事物）。他主張，低度發展的原因並不是人口過剩，而是帝國主義與資本主義。會中提議的計劃不過是相同勢力的另一種表現。每個國家應該要為自己的政策做決定；此外，他解釋道：「革命加上生產就能解決餵養人口的問題。」[70]

這項主張不是很中肯——至少以當時中國最近的經驗來說，實在是有失公允。在毛澤東的「大躍進」政策下，中國試圖急遽發展工業化，因此歷經了二十世紀最嚴重的一場饑荒，或許也是史上最嚴重的饑荒。這場災難的規模當時被隱瞞了起來，但是現在歷史學家認為，一九五九至一九六一年間，中國有一千五百萬至兩千五百人萬人餓死。無論革命有何利益，餵養人口不在其列。[71]

這是蘇聯早就學到的教訓，從政府對一九三七年普查的迅速鎮壓行動上就可略窺一二。或許中國也想避免同樣的窘境，於是自一九五〇年代末期起，人口的資訊就愈來愈神祕，鮮少公開。一九六四年的普查統計結果顯示，中國大陸人口總共有六億九千五百萬人，但是到一九八〇年代初期之前，中國一直向世界隱瞞這次調查的存在，也不急著實行另一次普查。一九七〇年度的全球普查，參與的國家數創新高，不過由於中國缺席，全球納入普查的人口比例跌至七一％。[72]

不過，儘管中國在國際的舞台上提出抗議，在國內卻對自家人口採取了行動，因為中國領導人已經認為，人口問題是個嚴重的威脅。布加勒斯特的宣言與一個過時的正統互相呼應，也是毛澤東一九四九年採取的立場。中國一九五三年的普查結果在國內引發了顧慮，海外亦然。一九五六年，中國總理周恩來談到「採取有利於生育控制的措施之必要」，而在隔年，中國取消了所有對結紮和墮胎的限令，並自一九七〇年起免費提供避孕用品。一九七三年，也就是在布加勒斯特大會裡拒絕人口成長目標的前一年，中國默默採納了它自己內部的人口目標。中國真正反對的不是人口控制本身，而是國際規定的人口控制。[73]

事實上，中國很快便成了最嚴苛人口控制手段的典範。一九七九年，中國實施惡名昭彰的一胎化政策，規定婦女在生過一胎後，必須強制接受避孕或結紮，否則就會面臨嚴重的懲罰，包括失去就業、健康和教育等福利。生了第二胎的夫婦，要接受更多的懲罰。[74]

一九七〇年代晚期，中國並不是唯一採取威迫式人口政策的國家。更自由的發展中國家也有相仿者，最著名的就是印度。印度運用各種誘因，鼓勵結紮。這些有時候在強制邊緣游走的計劃，得到了富裕國家和國際組織的協助和鼓勵，而這些富裕國家和國際組織的選民和利害關係人，由於深陷人口議題的狂熱，不太可能對這些計劃提出質疑。如果一項政策不做的下場保證是大饑荒，何來政策太過嚴苛之說？[75]

中國第一次現代普查

雖然最極端的人口控制計劃是在一九七四年世界人口年之後出現的，然而，現在回過頭看，它卻標記著對人口問題的憂慮走入終結的開端。早在代表們聚集在布加勒斯特之前，人口的重大變遷已經展開。普查反映這種變遷的速度較慢；畢竟普查多半間隔十年，通常也只記錄到前一個十年到接下來幾年的歷程。

一九八二年，中國舉行了一次普查——這場普查有時候被認為是中國按照國際標準所做的第一次現代普查。這是自一九六四年普查以來的第一次普查（當時中國以外的地方仍不知曉一九六四年普查的存在），也是中國推行重大人口控制政策後的第一次普查——不過中國政府在此期間也曾運用戶口記錄估計人口數。這次普查動用的工作人力，規模比許多國家的總人口還多。五百萬名普查人員蒐集了答案、傳給十萬名後勤人員處理申報表，然後輸入二十九部大型主機電腦的資料庫裡。[76]

這些電腦中，大約有二十一部是由聯合國人口活動基金提供的 IBM 機器，是一項與中國合作的大型計劃的一部分。不久之後，因一胎化政策而被合理化的逆倫新聞傳出，這項合作計劃很快便引起了聯合國機構的批評。電腦本身也難逃撻伐，被指稱用於計算落實一胎化政策的配額。[77]

當主機電腦完成計算，得出的總數為十億零八百一十七萬五千兩百八十八，單一普查的總人數首度超過十億人。但是，即使中國創下這個里程碑，它的年度人口成長率卻萎縮到一・四％。擁護者主張，無論中國實行了什麼政策，現在看起來都奏效了。其他地方的生育率也在下降。美國嬰兒潮的結束和開始一樣迅速：一九七六年，總生育率掉到空前的低點，只有一・七四。其他人口眾多的國家，如印度、巴西、印尼，生育率也都在一九七〇年代期間呈現穩定下降。[78]

在西方，大眾對人口的憂心以及對人口控制的支持，甚至在生育率下降的趨勢變得明朗之前就已經開始消散。《人口炸彈》的暢銷（一九七四年銷售已達兩百萬冊）帶動了各式各樣類似的書籍出版，不過沒有一本如此成功。在英語書籍裡，「人口過剩」、「人口問題」和「人口爆炸」等詞彙的使用，都在一九七〇年至一九七三年間達到巔峰，之後又迅速退燒。一九八一年，埃利希最後一次上《今夜秀》。[79]

整個八〇年代，下滑的趨勢持續。最令人戒慎恐懼的災難預言沒有成真，大眾對這個議題也就隨之失去了興趣。然後，當人口控制計劃矯枉過正的一面被揭開，冷漠馬上轉變成高漲的敵意。在美國，小政府主義當道以及宗教保守主義抬頭，為人口控制的反對聲浪推波助瀾，如今，這些人口控制政策被視為對個人自由的侵犯。一九八五年，就在冷戰升溫之際，雷根總統（Ronald Wilson Reagan）治理下的美國政府提及聯合國人口活動基金早期對中國政策的支持，並撤銷了對它的資助。[80]

一九九〇年代，在國際場域上，人口控制幾乎不再是單一的議題，而是由更廣泛的發展議題取代。一九九四年，原本應該是聯合國贊助的第三屆世界人口大會變成國際人口與發展會議（International Conference on Population and Development）。這場會議在開羅召開，採納以個人權利為焦點的「行動計劃」（特別是針對女性權利），並明確

RES KOU PU CHA YOU LI YU KONG ZHI REN KOU ZENG ZHANG

人口普查有利于控制人口增长

中國一九八二年的普查正好落在一個有爭議的時間點：自一胎化政策開始實施已有數年，顯示中國正著手處理國內人口成長。聯合國人口基金對這項普查的支持，在美國引發了政治的反對聲浪。（International Institute of Social History / Zuster Mart Nienhuis Stichting）

拒絕設定人口目標。幾個月後，聯合國人口委員會改名為人口與發展委員會。當聯合國分別於二〇〇〇年以及二〇一五年為全球發展目標進行投票時，降低人口成長並不在其中，不過性別平等見於其列。[81]

同時，最嚴苛的國家政策也有所調整。二〇一五年，中國的人口成長低到讓中國領導人放寬了一胎化政策（當時已處處充斥著例外規定），允許所有家庭生兩個孩子。這不是政策的澈底翻轉，但是由於東亞其他各國的生育率下降到勉強保住二‧〇，加上小家庭已經成為深植於中國文化的常態，因此新政策只影響到少數父母。[82]

成長趨緩到顯露衰退

人口為何會成長緩慢？上令下行的計劃無疑起了一定的作用。像是在印度與中國等國家，早在埃利希宣布輸掉人口戰爭之前，政府的關注焦點就是減少人口成長。一九五二年，印度是第一個採取人口限制官方政策的國家，之後一路加碼，直至整個一九六〇年代。甚至在聯合國涉入之前，私人基金會的資金就已經流入了這類的計劃。[83]

最早「供給面」的政策（目的是讓生育控制更容易施行）或許有其必要，但幾乎不足以降低生育率。許多地方最終採取「需求面」的政策，做為互補：以公共宣傳與財務誘因鼓勵實施家庭計劃。有些人認為，這些行動儘管違反自由，卻是生育率降低的核心因素。即使人口控制最嚴厲的批判者也同意，這些政策的確有一些效果。[84]

最威迫的措施（如中國的一胎化政策）扮演何等角色，仍然眾說紛紜。這些人口控制措施最極端而赤裸的形式通常介入太晚，無法發揮重大作用。事實上,中國整體生育率的衰退(從超過六到不足三)是在一九六五年至一九七九年間發生的——在一胎化政策頒布之前。此外,沒有採取這類措施的國家,不久之後也出現了同樣的模式。由此種種,全球人口成長率在一九六八年達到巔峰,大約是二・一%。一九七一年,人口成長率開始步入衰退,在一九七七年跌到大約一・八%。這個成長率水準持平了十年,直到一九八八年才進入另一段陡降期,人口成長率的衰退也一直持續至今。

　　長期而言,比特定人口政策更為重要的是生育控制需求背後的動因,也就是一直影響著生育選擇的社會和經濟因素。在鄉村地區,大家庭有它的好處,孩子能增加務農人手,但當人民遷往都市,這就不再是考量的因素——事實上,孩子反而可能因此變成花費的來源。在傳統社會,子女通常會照顧年邁的父母;但是社會福利制度的發展減輕了父母從事養兒育女這項「投資」的壓力。死亡率的降低(人口爆炸的原始成因)也是抑制生育率的助力之一:一旦民眾確信他們兩、三個子女全都會活到成年,就會停止生育更多孩子。生育決策是複雜的決策,除了政府目標、宣傳和誘因,還受到其他許多因素影響。[85]

　　最近數十年間,有一項因素特別突出:教育。即使在一九五〇年代,就已經有人(至少有女性研究人員)體認到女孩的教育和生育率之間的關聯,但是要到一九七〇年代晚期,這件事才得到嚴正的關注。一九九〇年代,「教育是最好的避孕方法」這個觀念已經是一般發展理論的一部分。教育為什麼能有此效應,原因很多。還在求學的女性比較可能把婚姻延遲到十八歲以後,也比較可能了解避孕的選項。教育提高了女性的所得能力,因此為生育而減少工作時間的機會成本變高了。教育也提升了女性在家計單位裡的地位，讓她們在生育選擇上擁有更多權力。[86]

對於躲避一九一一年英國普查的那位女性參政權運動人士戴維森來說，這應該是她所樂見的認可，就算來得相當遲。戴維森在投身社會運動之前，曾進入牛津大學就讀，她是第一代上大學的女性之一。她的考試成績出色，但因為身為女性，而無法獲頒學位。她最後拿到了倫敦大學的學位。在這期間，她曾在兩所女子學校教學，也曾當過家庭教師。當國會的兩名職員在違反她的意願下代替她完成普查申報表時，她的職業欄裡填的是「學校教師」。[87]

隨著人口過剩的恐懼消散，許多地方的普查人員開始完整觀察到另一個現象：人口衰退。這並不是一個意外或全新的現象。即使是整體人口成長強勁的時期，各地總還是會有一些衰退的破口；變遷的氣候讓農地歉收，或是礦場、漁場耗竭，或是一座城市因瘟疫、戰爭或天然災害成為廢墟。隨著各國的工業化，大批人民離開鄉村，前往擴張中的城市，這些破口也會變多。但是，在生育率下降長達一個世紀或更長的期間之後，到了二十一世紀，地方現象開始影響世界各個區域整體。二〇二〇年，大約有三十幾個國家的人口正在衰退。一、兩年後，歐洲整體人口將開始萎縮。[88]

到了那時，全球將有超過一半的人口生活在生育率低於替代率的國家：將近所有的高所得國家，以及大部分的中所得國家。美國的總生育率在一九七二年跌破替代率；只因有源源不絕的移民，美國人口才得以保持不墜。中國的生育率現在也低於替代率；按照目前的趨勢發展下去，中國的人口會在二〇三〇年代開始步入衰退。印度正要取代中國，成為全球人口最多的國家，以目前的預測來看，這個重大事件會在二〇二六或二〇二七年發生。印度的生育率剛好位於替代率的水準，但是人口慣性會讓它的人口繼續增加，維持一段較長的時間，到二〇五〇年代晚期達到高峰。到了那個年代，根據目前的預測，將近有一百個國家會流失人口，而三個洲陸地區（歐洲、亞洲和拉丁美洲）的整體人口會步入衰退。

目前為止，這股趨勢唯一的例外是非洲。在二十世紀上半葉，非洲也像亞洲一樣，進入低死亡率、高生育率的階段。一九六〇年，非洲的人口低於三億。但是在大部分非洲國家，高生育率持續的期間比亞洲大部分國家都還要長。生育率仍高於五的十一個國家全數都在非洲。二〇〇九年，非洲的人口達到十億，二〇二〇年會再增長三分之一。到了二一〇〇年，非洲的人口大約會和亞洲人口一樣多，介於三十億到六十億人之間。[89]

不意外，如今非洲成了人口議題眾所矚目的國際焦點——雖然因為上一個世紀的教訓而有所收斂。一如既往，關注的方式是減少人口成長的介入措施與測量人口的計劃雙管齊下。在二〇一〇年回合沒有進行普查的二十一個國家裡，有九個在非洲。在現在這個處處都有豐富資料的世界，這些國家形成了強烈的對比。由於捐助者比過去都更想看到援助影響的量化數據，諸如「數據剝奪」和「數據貧窮」等語彙，也進入了發展辭典。[90]

聯合國人口活動基金花費超過兩億美元，支援一百三十個國家進行二〇一〇年回合的普查，其中以非洲東部與南部的資金占最多。世界銀行也提供普查資金，例如蘇丹二〇〇八年回合的普查就拿到三千四百萬美元。許多捐贈國則是直接支持非洲實施普查；美國普查局就有一項國際援助的重大計劃，自二〇一〇年起在十幾個非洲國家運作。[91]

但是，資源的缺乏並不是最大的問題。以奈及利亞和衣索比亞這兩個非洲人口最多的國家為例（前者在二〇二〇年的人口估計為兩億零六百萬人；後者為一億一千五百萬人）。一直到最近，奈及利亞的人均所得一直維持在印度之上，衣索比亞則貧窮得多，相當於一九九〇年代早期的印度。政治不穩定是破壞非洲普查工作者計劃的原因。奈及利亞最近一次的普查是在二〇〇六年（許多觀察者對此存疑）實行的，政府原本預期在二〇一六年實施新一屆的普查，但到了二〇一九年還是遲遲沒有動靜。就像黎巴嫩一樣，由於這個國家在政治上南北對立，適切的人口統計可能會造成政局不穩定。衣索比亞的第四次全國普查原本應該在二〇一七年舉辦，一度延到二〇一八年，後來基於安全考量，又在原訂的普查時間前兩週再次延期，改到二〇一九年四月舉行。[92]

這些波折讓人聯想到中國在二十世紀上半葉三次未竟的普查嘗試。如果有安全顧慮或是不利於普查的政治誘因，再多的金錢或技術支援也無法讓普查得以實行。抽樣調查和衛星影像等科技能讓我們即使沒有完整的統計，也能追蹤人口成長的狀況，但這些技術在二十世紀早期尚未問世。然而，如果實際普查的時間落差太大，世界的人口專家或許有一天會驚訝地發現，地球表面居然多出兩億人，就像他們當初追蹤中國一九五三年普查時的情況一樣。[93]

綠色革命

五十年過去了，各方對《人口炸彈》的看法仍然不一。它挑起馬爾薩斯之子的分歧對立。經濟學家傾向相信它是危言聳聽的奇想，根據的是天真無知的預測，而且沒有體認到人類（即使是父母）對誘因的反應，還有健全的市場機制可以化解許多資源限制。生態學家和環保運動人士傾向相信埃利希基本上是對的，我們之所以能躲過災難，完全是因為我們採取了協調統合、由上而下的行動——此外，我們還沒有脫離困境。

在這裡還是要對埃利希表示肯定：人口成長的速度只比他在書裡的預測稍微慢了一點（在二〇一一年達到七十億，而不是如他主張、以三十七年倍增所計算出來的二〇〇五年）。但是，即使面臨如此快速的成長，我們還是得以倖免於全球災難。事實上，餵養全人類這場戰役，我們並沒有如埃利希一九六八年宣稱的那樣，輸得一敗塗地，永無翻身的希望。雖然自一九七〇年以來，偶爾會有某些地區發生饑荒，但是《一九七五年大饑荒！》所描述的那種遍地缺糧慘狀卻從來沒有發生過——一九七五年沒有發生，之後的任何一年也都不曾發生。

反之，一連串被稱為「綠色革命」的技術創新橫掃農業，糧食產能因而擴大，高於世紀中悲觀主義者所認為的可能產出水準。一九四〇與一九五〇年代在墨西哥工作的美國農藝學家諾曼・布勞格（Norman Borlaug）開發出新品種的小麥，讓每一畝耕地能有更高的收穫量。不久後，其他主食作物也有類似的改良出現。灌溉、機具、肥料和除蟲技術都有所改善，也引入之前不曾使用過這些技術的地方。

埃利希或許已經看到這些發展：在他寫那本書時，墨西哥的小麥產量已經增加了一倍。一九七〇年十二月，埃利希上《今夜秀》節目後不到一年，布勞格就因研究成果榮獲諾貝爾獎。一九七〇年，有人詢問埃利希對綠色革命的看法，他的回答是，它只能「保證更多的人口在稍微晚一點的時候挨餓」。將近五十年過後，雖然人口已經遠比之前多了更多，但印度和中國的糧食生產或多或少都已能自給自足。[94]

一九八〇年代，同為諾貝爾獎得主的經濟學家阿瑪提亞・森恩（Amartya Sen）主張，至少在現代，饑荒甚至算不上是糧食生產不足所造成的結果。森恩九歲時曾近距離目睹一九四三年的孟加拉饑荒。後來他研究了當時在印度的英國管理當局所採取的行動，並從中得出一個觀點，那就是饑荒是政治失能的問題，而不是農業或人口問題。他論述，機能完善的民主體制不會出現饑荒。更晚發生的糧食不安全事件往往再次驗證他的論點，例如在一九八〇年代早期的衣索比亞或是二十一世紀早期的達佛（注：Darfur，蘇丹西部地區），糧食危機都是暴力衝突的產物。[95]

不過，我們還是無法全盤駁斥埃利希的論點。他的思想傳人今日主張，綠色革命無法永續發展，它要不斷消耗有限的資源才得以為繼，因此無法避免最後的結果，只是拖延終局的到來。這種說法究竟有幾分真實，難以判斷（除非是已經走到無以為繼，否則沒有人可以確知什麼能夠永續發展，什麼不能）。但是，有一個非永續發展的例子，幾乎得到科學家一致的同意：由溫室氣體排放引發的氣候變遷。埃利希第一次在《今夜秀》亮相的半個世紀後，這仍然是最有力的反論。

你可以主張，人口還不是氣候變遷的核心因素：大約有三分之一的碳排放累積量是由住在歐洲與北美的富裕國家的少數人所造成的。但是,如果其他條件不變,碳排放量確實會隨著人口規模擴大而增加,而地球吸收碳排放的能力看起來則是相對固定——這個事實仍然成立。在諸如中國等國家,興起的中產階級理所當然會想要追求(而且正開始實現)同等於他們在西方的同儕所享有的生活水準,因此也會產生同樣的碳足跡。

當然,人口或許也能為氣候變遷提出解方。在這新增的數十億製造碳排放的人口裡,也有科學家和工程師會想出解決辦法,為世界經濟進行去碳化。但是,如果把這當作預言,而不是希望,未免愚蠢。世紀中對人口爆炸的恐懼或許過度誇張,但這並非完全沒有根據。如果我們像批評埃利希的那些人一樣,認為問題會自己解決,那麼,關於那段時期的課題,我們也是劃錯了重點。畢竟,布勞格的研究與其他綠色革命的成果並非偶然:它們背後有組織的資助和支持,而這些也正是當時按下人口問題警鈴的組織,像是洛克斐勒和福特基金會,還有聯合國。

整體而言,全球現在都依循著歐洲與美國在十九世紀與二十世紀早期的城市化路徑發展,而根據聯合國的定義,全球的城市化發展已在二〇〇七年跨越了「以城市人口為主」的指標。這並不容易。今日,走訪德里的旅人所看到的景象、聽到的聲音、聞到的氣味,與埃利希在一九六〇年代遊走德里、讓他焦躁不安的那些元素,大概沒什麼不同。只不過,那座城市一直在擴張,成長為當年的十倍,今日德里的人口將近三千萬人。如果按照這個軌跡發展下去,德里人口將在二〇三〇年超越東京,躋身超級城市之列,加入現在已在榜單上的上海、聖保羅、墨西哥市和開羅等城市。同時，紐約的排名已經被擠了下來，甚至跌出十名之外。但是，即使是人口數在一九六○至一九八○年靜止、甚至衰退的紐約，在過去的二十年間，人口也已出現成長（雖然在本書寫作之際，成長又再度轉負；這是否為長久的發展趨勢，仍有待觀察）。[96]

城市（至少是大城市）在二十一世紀呈現了成長的趨勢。講到城市的人口密度，以前大家只會聯想到霧霾和汙水，但現在卻因低度碳足跡而受到肯定。擁擠的城市人口已經不再被視為罪惡的溫床，而是創意和動能的發電機。知識工作樞紐從工業化衰頹的灰燼中興起。經濟學的新理論認為，人或許不只是消耗資源的漏口，也是點子的活水源頭，能孕育出像布勞格那種改變世界的構想。「有人探訪，有人起爭執，有人大聲咆哮」的城市，如今被視為這個過程的心臟——或許更準確來說，是大腦。[97]

當然，城市仍然有它們的問題。霧霾和汙水仍是全球許多大城市的特徵。一個更乾淨的紐約或倫敦，至少有部分是一個更骯髒的上海或重慶換來的；是全球貿易把汙染產業移往遠離全球富人與權貴之地的結果。在富裕國家，城市的復興以及隨之而來的城市縉紳化，把既有的社區推向邊陲；而做為城市重要引擎的社會流動性，甚至已經出現停滯的跡象。城鄉差距對老化的政治結構形成壓力，挑起進步思想與多元性俱增的郊鄉人口對抗通常傾向保守、掌握高到不成比例的政治權力的城區。[98]

但是，無論好壞，全球的城市化步調並沒有趨緩的跡象。同時，全球的城市人口應該會在二○二○年左右達到三十四億的巔峰值。如果目前的趨勢不變，那麼在那之後，城市人口就會開始下降。[99]

不確定性

聯合國人口部門最新的估計顯示，二○二○年七月一日，全球人口為七十八億。與我相談的那些專家中，沒有任何一位願意為那個數字定一個誤差範圍；不過，誤差應該很小，或許低於五％。自從一九八○年以來，每個回合的普查都涵蓋了大約九○％的全球人口。即使是普查記錄拼拼湊湊的大國，例如奈及利亞，家計單位調查的擴大代表官方人口估計值現在應該會相對完善。今日，我們得知的地球人口總數比過去任何時候都有更高的確定性。

再過幾十年，這個數字會有何變化，則難以斷言得多。從馬爾薩斯到埃利希，人口學專家的嚴重錯誤就是一直假設目前的趨勢必定會持續不變。在富蘭克林之前就一直用於描述人口成長的人口倍增時間，這個概念本身就營造出一種沒有根據的確定感。「二十五年的倍增時間」表示成長率在二十五年間會穩定一致。至少以人口而言，沒有什麼會那麼穩定。

至少在為期幾十年的區間裡，由於慣性使然，人口成長的某些面向會相當穩定。（雖然馬爾薩斯所說的戰爭、饑荒和疫疾大流行等把關機制，時至今日仍然會大幅削減人口。）但是，人口面貌變化潛在的驅動力，如科技、政治和文化等因素，並不是固定不變的。尤其，生育率可能會在非常短的期間驟變。現在，未來人口較少取決於不止息的「兩性間的激情」，而是以全球大約十億對夫妻的個人生育選擇居多。那些決策不像埃利希一九六八年寫書時所想的「民眾想要大家庭」那麼好預測。如今，預測長期的人口變化不但是政治算術家與其傳人的工作，也是人類學家、文化評論家和科幻小說家的工作。人口統計或許是這些工作的依歸，但是長期的人口狀況已經沒有什麼預定的劇本可言。[100]

聯合國體認到這些不確定性，於是持續運用不同的假設情境來發布人口預測，每兩年就加以調整，納入新的普查資料，還有其他人口資料。最新的高人口數情境顯示，人口會持續成長，在二一〇〇年再次倍增，達到一百六十億，看不到高峰期。中等人口數情境顯示，成長趨緩，人口的高峰值大約是一百一十億，在剛過二一〇〇年時達成。低人口數情境的人口高峰值則出現在二〇五四年，不到九十億人。如果一定要選擇一個情境，聯合國出版品偏好中等值，不過許多外部專家則傾向低人口值。[101]

如果真的要猜，最穩當的猜測或許是人類將在二一〇〇年前達人口高峰，而且人口會少於一百一十億人。如果真是如此，那麼會有一段時間——可能是數十年、可能是數百年，人口會步入衰退，不只是一座城市或一個國家的人口會減少，而是全人類。全世界的普查工作者克盡厥職，記錄了人口數百年間無止無休的成長之後，他們將要面對詩人佛斯特（Robert Frost）一九二三年的詩作〈普查者〉（The Census-Taker）所描述的光景：

> 數算靈魂的哀愁
> 隨著一年一年過去，他們也愈來愈少 [102]

前景未必如此慘澹。如果人類這個物種可以度過接下來數十年的人口成長、避免氣候變遷最惡劣的後果，那麼二十一世紀末普查工作者的哀愁，或許會因為他們調查到的家庭更富裕、更健康、更幸福而被沖淡。或許，到了那個時候，馬爾薩斯的幽靈終於能得到一些安息。

第 6 章
漏網之魚

漫畫家扎皮羅（Zapiro）準確捕捉到馬克·奧金（圖左）和帕里·樂侯拉（圖右）的掙扎：他們兩人都不想去向南非財政部長崔佛·曼紐爾解釋，修正後的普查人口總數是怎麼一回事。（"Ministry of Finance" © 1998 Zapiro. Originally published in *Sowetan*. Republished with permission. www.zapiro.com）

怎麼會有將近三百萬人突然憑空出現？這是南非財政部長崔佛·曼紐爾（Trevor Manuel）在一九九八年九月問的問題。當時，南非實施普查已經過了兩年，那場普查是南非大張旗鼓、以後種族隔離制度民主國家的身分進行的第一次普查。前一年年中，當時的中央統計局（Central Statistical Service）發布，初步人口統計總數為三千七百九十萬人。而現在，局長馬克‧奧金（Mark Orkin）要告訴曼紐爾，真正的數字超過四千萬。[1]

當然，這件事有一個合理的解釋，而奧金也在努力說清楚、講明白。但是，部長顯然覺得他被暗算了。「他震怒到極點」，奧金在曼紐爾的一本傳記裡如此描述：「他……大發雷霆」。[2]

在火線上的不只奧金一人。他還帶了他的副手帕里‧樂侯拉（Pali Lehohla）——這次普查的負責人。同行的還有來自澳洲統計局的顧問茱麗亞‧伊凡斯（Julia Evans）。澳洲團隊為這次普查提供了技術支援；他們術有專攻，長期處理各地普查都會面臨的一個問題：普查有個惱人的傾向，就是總會漏掉一些人。那一刻，三人坐在南非財政部長的對面，或許正暗自希望自己可以消失。樂侯拉回憶道：「〔曼紐爾〕發飆時，茱麗亞坐在我和馬克的後面，她就那樣隱身到牆後……我看不到她。她就那樣消失了！」[3]

初步估計值的校正數如果是平均分配在全國各處，或許還好處理。以國際標準來看，兩百七十萬人（相當於七％的人口）的誤差算高，但還不至於高到難看；難就難在這些新發現的人口大部分都住在以黑人為主的省分鄉村地區。這些地區的人口數字調高的幅度高達一〇％至二〇％，而豪登（Gauteng）與西開普（Western Cape）這兩個最富裕、白人人口最多的省分，人口數的修正幅度卻沒有這麼離譜。豪登省的人口只是些微調升，而西開普省事實上還調降了超過十五萬人。對於一個正在拆除種族隔離制度、仍在脆弱的新民主折衷之路上摸索的國家來說，這是一個具有潛在殺傷力的情況。對於懷疑者來說，這看起來會像是由黑人領導的曼德拉新政府為了一己之利在操縱數字。[4]

　　曼紐爾大吼：「我要怎麼面對總統和這個國家？我要怎麼告訴他們這件事？這會搞得我必須辭職。」

　　「部長，」奧金回道：「我會比你先辭職。」[5]

普查一直在出錯

　　人口普查一直都在出錯。這是一個公開的祕密：普查人員和統計人員當然都知道，有時候他們也會向大眾和政治人物解釋，只不過通常是在引言裡放個警語或是加個注腳，輕描淡寫地處理掉。有人的記錄被歸錯類別或標錯地點。有人被算了兩次。還有人完全沒被點到，可能是意外，也可能是當事人故意躲開普查人員的注意。這都還沒提到制度面的重大過失：一整箱不見的記錄；捏造資料的普查人員；敲錯一個鍵造成編碼錯誤，因而多加或少算了一百萬人。就像任何複雜的人類組織一樣，錯誤的機率永遠存在。無論普查的規模大小，自古至今，沒有任何一次普查呈現人口的真實計數。

　　有很長的一段時間，真實的錯誤其實只是問題裡最微小的一部分。歷史上，大量的普查「誤計」並非無能的結果，而是源自刻意的歧視：法律與政治上的決策打從一開始就決定了應該計算的對象。古代的普查往往只計算某個階層的成年男子。那些早期的普查（如果我們願意稱它們為普查的話）一開始就沒打算把每一個人都納入，而正是基於這個理由，有些學者不認為它們是普查（相當合理的主張）。

但是，從十九世紀初期開始，現代的普查應該要有所不同。當專業的統計學家接管了普查工作，並把計算人員定位為技術機構，「每一個人都應納入普查」也就成了新的共識。如果沒有計算到每一個人，那就是不科學。到了十九世紀末，全球普查的基本結構已經成形：世界劃分為許許多多管轄領土，各管轄領土每十年清點一次轄境內所有的人口，而那些人口總數的加總，原則上就會涵蓋到地球上的每一個人。一如匈牙利統計學家科羅西一八八七年所述：

> 這支普查大軍會再次入侵每個人居之地，從阿拉斯加和冰島白雪覆蓋的山峰到開普敦，甚至到澳洲南境……這支大軍巡邏的時候，會再次深入世界大都城的宮殿，也會伸進荒野中擅自屯墾者的茅舍；他們不會漏掉貝都因人（注：Bedouin，在北非、中東等地的沙漠曠野過著遊牧民族生活的阿拉伯人）的帳篷、愛斯基摩人的小屋，也不會放過印第安人的尖帳。[6]

但是，即使統計學家那樣認為（不是所有統計學家都做此想），普查還是受限於文化和政治現實，確實會排除一些人，例如「未被課稅的印第安人」就仍然沒有被納入美國的官方普查人數裡。那些與科羅西有相同觀點的人必然會為這種例外感到不快；隨著時間的推移，普查人員通常會找到方法，計算那些被排除在外的群體。

一八八〇年的美國普查制定了特殊條款，首度把仍屬於「未被課稅」類別的美國原住民納入普查。普查當局會發布兩種總人口數字：一個是用於計算國會席次比例的官方數字，未計入「位於印第安領土、印第安保留區和阿拉斯加的人」；另一個數字比較科學，會把這些人算進去。這類與普查主幹工作有所區隔的附加總數、特別報告和補充列表並非一個真正兼容並蓄的普查應有的樣貌，不過仍然算是朝正確的方向邁進了一步。[7]

日積月累，隨著政治的發展，例如奴隸的解放和女性參政權的擴張，這些對社會成員的排他觀念也開始面臨挑戰。在生活的許多層面，種族與其他階層結構持續存在，甚至更為盛行。但是，普查的兼容並蓄得到社會最基本的認可：根據國際普查慣例，人口的計算應該不分階層；普查反映的不是社會地位、投票權，甚至不是公民身分，只是陳述一個簡單的事實：在某一天或某一夜待在某個地方的人。

美國則是一直採用一條略微不同的規則：美國普查計算的是一地的「常住居民」，至於只是剛好在普查夜待在該地的訪客則忽略不計。但如果合理解讀，就算是這樣的規則也和對美國原住民的例外處理相互矛盾。一九二四年，排除條款終於廢止，失去法律效力，而美國國會也通過法案，讓還不具公民身分的人都有了公民身分。「未被課稅的印第安人」等語仍然留在《美國憲法》中，未經修改，但如今它只是一個空的類別。[8]

現今，四月一日在美國境內被普查排除在外的人，只有來自其他國家的短期訪客。其他每個人都計入普查；黑人、白人、美國原住民、公民、非公民、有身分文件，以及沒有身分文件者，都是普查的對象。[9]

澳洲的人口計算也有類似的演進過程，雖然澳洲普查的起步較晚。澳洲的原住民人口由兩個不同的族群組成：（一）澳洲大陸以及塔斯馬尼亞（注：Tasmania，位於澳洲大陸東南的島，為澳洲唯一的島州）的土著；以及（二）托雷斯海峽（Torres Strait）島民（澳洲東北昆士蘭州〔Queensland〕和巴布亞紐幾內亞之間有一灣狹窄的海峽，此指居住在海峽列島上的傳統居民）。一九〇一年，散布於澳洲大陸上的英國殖民地建立起澳洲聯邦，澳洲的新憲法呼應了他們的美國前輩所訂定的憲法，其第一百二十七節如此陳述：「在計算聯邦、州或聯邦其他行政區的人數時，土著居民不計。」

一如在美國，這項規定的立意把原住民排除在各殖民地（現在是各州）用以分配權力的計算之外。一開始，普查報告完全沒有納入「土著居民」。然而，州與地方通常會為了行政目的自行做估計，到了一九二〇年代，澳洲聯邦普查與統計局才開始把那些總數列入發布的報告裡。[10]

就像在美國，被排除在普查外的類別也逐漸收窄。昆士蘭州成功遊說了托雷斯海峽的島民，讓他們重新歸類為太平洋島民，因而納入一般普查。同時，「土著」一詞經過重新解釋，最終只有「純種土著」被排除。就像之前的美國普查同行一樣，澳洲普查工作者認為，他們得遵守《澳洲憲法》的約束，把這些澳洲人另外製表：數算他們，但不把他們計入最終的「計算人數」。[11]

一九五〇年代末，民權運動之火延燒到澳洲，當時，澳洲的狀況如下：統計主管當局仍然把一部分的人口排除在整體人口統計數以及詳細的列表之外，而各地對於這些人口的調查統計工作也是各行其是。講白了，排除的人口數相當小：澳洲的原住民人口大概不曾超過一百萬，而且一如在美洲，這個族群也受到隨著殖民化而來的疾病與暴力摧殘。此外，雖然歧視相當普遍，也偶有法律禁令，但種族的界線已經開始因為通婚而變得模糊。到了一九六一年的普查，主管當局報告顯示，「純種土著」只有四萬零八十一人。實際經過統計調查的人數比例為九〇％，而這個總數是由州主管機關所做的估計值。數字少歸少，卻有強烈的象徵意義。[12]

後續歷任的美國政府還可以透過行政及立法決定，逐步取消美國原住民的排除條款，反觀澳洲，文字沒有模糊空間的《澳洲憲法》條文使得此舉行不通。一九五〇年代晚期，一項尋找合憲解決方案的運動興起。澳洲的這部立國文獻當中，有兩處與土著具體相關，《澳洲憲法》第一百二十七節就是其中之一，另一處也是類似的定義性條文，與州權力有關，但兩者都不是那種能鼓動群眾運動的內容。但是，一個更廣泛的論述很快便成形了。各方相信，通過一個刪除這些條文的修正案能帶來許多益處：賦予土著公民權，終結歧視。[13]

就法律層面來說，這些全都不能成立，但是公眾辯論沒有著眼於法律觀點。對於一個前瞻的新國家而言，把土著排除在澳洲的人口計數之外是一個強烈而具破壞力的象徵。一九六〇年代早期，去殖民化與公民運動的滙流提高了各地對原住民權利的關注。在來自國內與海外愈來愈高漲的壓力下，澳洲政府同意在一九六七年五月二十七日舉行公投。贊成推動修法的人以兼容並蓄為主要論調。根據某家大報的說法，第一百二十七節的廢止關乎「把土著當人對待」。[14]

這項公投案以壓倒性的態勢通過，有剛好超過九〇％的選民，以及在各州明顯占絕大多數的人對這項政策投下了同意票。在澳洲歷史上，它仍然是最具決定性的公投案。隨著時間過去，這項公投已被視為澳洲種族平等、土著權利和進步主義的轉捩點。相對來說，這項公投案所促成的變動聚焦於定義層次，而輿論多半已經忽略或遺忘此事，取而代之的是公民身分之賦予、平等地位之爭取等一般概念（以及迷思）。[15]

這種認知以及一九六七年象徵性的地位，也許反而讓運動人士灰心不已：半個世紀之前的單一立法行動儘管象徵意味濃厚、實質虛無空洞，卻被視為已經解決了澳洲種族不平等的問題。一九六七年的憲改對於澳洲原住民的生活所產生的影響，遠遠低於許多沒那麼聲名大噪的改革。然而，這個根深柢固的敘事正好顯示，計入與未計入的象徵作用有多麼強而有力。

種族隔離與鉛筆

在這條朝向兼容並蓄的普查邁進的路上，南非不但起步較晚，也遠遠走得更加曲折。這個國家打從存在以來就一直由少數白人統治，至於非洲黑人、「有色人種」（也就是混血者）、「亞洲人種」（從印度次大陸運來的契約工後代）等其他種族都被排除在外。就在澳洲和美國著手處理種族不平等之際，南非卻加碼強化種族的不平等：一九四八年，勝選執政的南非國民黨政府實施了新的種族隔離制度。

起初，種族隔離制度讓普查工作者得到權能。由於非白人是控制的對象，因此這些人也成為普查的重點，反而沒有被忽略或少計之虞。我最近一次走訪南非行政首都普勒托利亞（Pretoria）時，這段歷史不請自來，跳進我的腦海。我在人權日的隔天抵達，宣傳人權日紀念活動的各種海報和標語處處可見。一九六〇年三月二十一日發生了一場屠殺事件，標記著這個國家種族隔離史上最黑暗的時刻。那一天，一大批群眾聚集在沙佩維爾（注：Sharpeville，位於約翰尼斯堡西南方的小鎮）的警察局外頭抗議隔離制度，特別是「通行證法」——它規定所有的南非黑人都要隨身攜帶詳細的身分證明文件，而他們可以到哪裡工作、旅行和居住，都取決於這些文件。

通行證的規定其實在隔離制度出現之前就有了，早在十八世紀就已制定，目的是控制做為農業勞動力供給的大批黑人人口；而自十九世紀中期開始，這些黑人又成為南非金礦與鑽石礦的勞動力來源。但是，當南非開始實施種族隔離制度時，通行證被整合進一系列強化隔離並維持白人控制權的措施。這場沙佩維爾的抗議正是反對這些「不公法律」的運動的高潮。[16]

那一天，隨著時間分秒流逝，聚集的群眾愈來愈多，有人公開燒毀通行證，並反抗那些要逮捕他們的警察。最後，一場混戰爆發，抗議者開始丟石頭，警察則以開火回應。六十九人在衝突中被殺害。這場屠殺是南非新時期的開端，不但確立了通行證是種族隔離制度的象徵，還引起了國際社會的關注，同聲譴責南非過去十年間所建立的嚴密控制制度。[17]

這個制度的核心是一個小法案，也就是一九五〇年立法通過的《人口登記法》（*Population Registration Act*）。納粹統治德國時發現，種族歧視措施的實行需要種族的操作性定義，以及應用定義的分類流程。至於要上哪裡找這樣的分類——有哪個地方會比普查局更好？《人口登記法》指示普查局長以下一輪的普查（一九五一年）做為人口登記的基礎，並把種族分類納入普查的重點。普查局長詹・拉茲（Jan Raats）擁有勝任這項工作的絕佳條件：他早前曾遊歷過戰後的歐洲，並了解當時仍在實行的登記制度。[18]

根據一九五〇年的法案，每個人都要「視自身狀況，歸類為白人、有色人種或原住民」。官方對分類的定義不但模稜兩可，有時候還會陷入循環論證：例如「白人」指的是「在外觀上顯然屬於白人、或是一般被認為是白人」。於是，實際的分類工作落到普查人員的頭上，而他們多半是在地的白人，沒有受過什麼訓練，而且原本是無業人口。[19]

如果有人覺得自己被歸錯類別，可以提出上訴。接下來，他們會用一系列去人性化的方法對種族做出最終的判定。最惡名昭彰的就是所謂的「鉛筆測試」：把一枝鉛筆插進種族不確定者的頭髮裡，如果鉛筆掉到地板上，他就歸類為白人；反之，就是有色人種或黑人。官方人員也會檢查鼻子、耳朵和血管，尋找能顯示種族的印記。《紐約時報》當時有一篇報導提到，拉茲本人「在分別面談之後，親自為七百個人分類」。南非的左派報紙有一篇重要報導則描述，參與的官僚人員具備「成為優秀納粹分子的所有素質」。[20]

登記工作很快就大功告成。拉茲的普查局長任期在一九五六年結束，而到了一九六〇年代，維護人口登記資料的責任轉移至另一個部門。一九七〇年，南非最後一次在隔離制度下實行了全國統一的人口統計，普查的重要性也隨之降低。

大約同一時期，南非的領導者發展出新的隔離方法。自從種族隔離制度開始實施，南非政府大致根據民族語言的差異，在各個地區劃出所謂的「黑人家園」（homelands）。自一九七〇年代起，南非政府宣布這些黑人家園完全獨立或完全自治，因此家園區的居民（包括許多在此之前數十年間被迫遷居到那裡的民眾）被剝奪了南非公民的身分。自此，任何居住於指定家園之外的黑人也被認定為外國移工，而非南非公民。

國際社會從來沒有承認這些黑人家園。外部觀察者以它們真正的本質看待它們：完全依賴南非的傀儡國。但是，為了維持家園「獨立」的假象，南非政府把家園人口從中央統計資料裡剔除，並把家園的統計責任下放給它們的政府。結果造成接下來四分之一個世紀的普查混亂又零碎。

一九九一年種族隔離時期的最後一次普查就是這個方法的例證。在以白人為主的地區，普查人員如常登門拜訪，調查居民。但是，在許多與南非城市比鄰而居的「城鎮」（注：township，特別是南非政府因應種族隔離政策而在城市周圍創造的黑人社區），普查人員則宣稱，他們無法接近這些擁擠、低度發展、以黑人為主的聚落，由於太過危險，他們無法進入。這種說法有幾分真實：在種族隔離制度的尾聲，非洲民族議會（African National Congress，ANC，曼德拉所屬的政黨）採取了一項策略，透過暴力讓黑人城鎮變得「無法管治」。但是，無論如何，這些地方的精確人數有多少都不是最重要的。例如，索維托（注：Soweto，位於約翰尼斯堡郊區，當時是南非最大的黑人聚集區）的一百萬多人口就是安全地從空中估計而來的：計算空照圖裡可見的建築。[21]

同時，有幾個黑人家園政府其實有能力實施適當的普查，只不過仍然得依賴南非中央統計局的支援，最後採取類似的空照估計和抽樣方法。一個讓普查人員束手無策的例外就是所謂的波布那共和國（Republic of Bophuthatswana），由說茨瓦納語（Tswana）的南非黑人所居住的七塊不連續飛地所組成。樂侯拉就是在這裡見識到實施普查的藝術，而此時距離他在曼紐爾的辦公室裡辯解還有十幾年的時間。[22]

普查大人物

我與樂侯拉約在他的住處見面，他住在舒適宜人的普勒托利亞郊區，離這座城市的植物園不遠。根據二〇一一年的普查，此處周邊地區的居民以白人和說南非語的人為主，因此說塞索托語（Sesotho）的黑人樂侯拉在這裡屬少數族裔。我比已經很早的約定時間還稍微提早到場；等候時，我去附近蹓躂了一下。這是普查工作者會怕的那種社區：不是因為這裡會發生民間動亂，就像一九八〇年代和一九九〇年代早期的城鎮一樣；這裡的環境正好相反，但是這裡有高聳的石牆、鐵門和電子對講機，而在這種有層層防範的地區進行家戶調查，也可能會讓普查人員倍感挫折。[23]

他開門迎接我時，我多少預期他會穿上他那件著名的金絲雀黃西裝。這是他在二〇一一年普查期間的招牌行頭，呼應普查工作者所穿的黃背心，也讓全國觀眾在電視畫面裡一眼就能看到他——他成了真正的普查名人。但我失望了，他那天穿得比較隨興；不過當我走進屋內，我注意到他家門柱上的號碼是金絲雀黃。我們在他家客廳坐定，環繞我們身邊的是他擔任公職期間的紀念品，包括一篇加框的二〇〇二年人物報導，標題為「普查真人」（注：The Man Who Really Counts，此標題一語雙關，也是「真正的大人物」之意）。[24]

　　樂侯拉很早就接觸到人口統計。一九五七年，他生於當時的英國殖民地巴蘇托蘭（Basutoland），是位於南非的一塊飛地，在一九六六年十月獨立成為賴索托這個國家。在獨立之前，當局安排了一場普查，以可靠的資料為將要接手政權的政府建立基準線。這時樂侯拉八歲，他第一次聽說普查這種事，而這個概念讓他深深著迷。他的爸爸是教師，有一天，爸爸牽了一頭牛回家，全家人決定把牠取名為「森瑟斯」（Census，即「普查」），慶祝即將到來的普查。

　　（就像許多南非人一樣，樂侯拉似乎對語言文字與它們的意義很感興趣──或許這是生活在一個有十一種官方語言的國家無可避免的結果。在樂侯拉快要卸任時，以鋼鐵和玻璃打造的統計局新總部啟用，建築名稱為 ISIbalo 大樓：isibola 在恩古尼語言〔Nguni languages〕是「總數」的意思，而頭三個字母大寫，則是對國際統計學會〔International Statistical Institute〕的熱誠致意。）[25]

　　樂侯拉讀大學時主修經濟學與統計學，接著他在一九八○年進入迦納大學（University of Ghana）就讀研究所。一九七二年，在聯合國人口基金的支持下，迦納大學成立了享負盛譽的人口學研究機構。完成研究所的學業後，樂侯拉的統計職涯卻出現了意外的轉折。賴索托獨立時是多政黨的民主政治，但之後愈來愈專制獨裁。一九八二年，樂侯拉幫助一個朋友逃離賴索托，結果很快就輪到自己也必須逃亡。他越境進入南非，在當時的波布那首都姆馬巴托（Mmabatho）待了一陣子。在那裡，他申請到黑人家園統計局的工作。[26]

對樂侯拉來說，這個決定並非毫無掙扎。就像所有的黑人家園一樣，波布那的合法性仍然未明，這還是最客氣的說法。波布那的獨裁領導者盧卡斯‧曼霍佩（Lucas Mangope）是公認種族隔離政策的合作者，他的統治受到非洲民族議會譴責。當樂侯拉離開賴索托時，他並不是要去波布那，而是要去北邊的鄰國波札那共和國，那裡已經成為南非異議人士的避風港。他告訴我：「我讀大學的那幾年，包括我在迦納大學讀研究所時，〔我企圖〕勸退想去南非的人，我說：『你怎麼會去投奔種族隔離制度？』幾個月後，我卻發現我自己也身陷那個制度裡。」

在波布那的統計局裡，樂侯拉很快就面臨到大學研究通常忽略掉的普查實務面。例如，局裡沒有任何職員擁有駕照——在需要跨越有如群島般散布的領土執行田野調查時，這是很嚴重的障礙。這項工作讓他理解到蒐集統計資料後勤面與組織面的挑戰。他分別在一九八五年以及一九九一年領導家園的普查。

到了一九九一年的普查，曼德拉已經出獄，廢除種族隔離政策的協商也已經展開。一九九一年六月，在政權移轉期間，受人唾棄的《人口登記法》遭廢止，是幾項主要種族隔離法規裡最後被廢止的。四十年來頭一次，南非完全擺脫了種族分類的正式法律架構。總統戴克拉克（F. W. De Klerk）對國會說：「現在，它已走入歷史。現在，每個人都不再受它限制。」[27]

黑人家園也走入歷史。但是，在波布那共和國瓦解之前，樂侯拉利用他那裡的職務策動了南非統計制度的變革。一九九四年，曼德拉的後種族隔離政策新政府勝選執政後，來自中央統計局的改革壓力逐漸增加。中央統計局的專業職員幾乎清一色是白人，當中有很多人不願接受南非即將成為新「彩虹國」這個事實。衝突無可避免：樂侯拉還記得，有一次，他真的被人鎖在佩特托利亞總部的會議室門外。

之前曾經營過社會研究組織的奧金被找來主持一支新的領導團隊，樂侯拉成為他的副手。這個新官雙人組震驚了中央統計局的員工：其中一個是黑人麻煩製造者，之前在局裡就是個不受歡迎的人物，而他的搭檔——套用奧金的自述：「或許是非洲民族議會裡唯一仍然相信數字的馬克思主義者」。[28]

一九九五年六月，兩人一上任便著手展開一項令人膽戰心驚的工作計劃。局裡召募新員工，取代種族隔離制度時期招聘、不願意效力新政權的官僚人員。經濟統計資料需要擴張範疇，方法也必須改良，以因應國際制裁解除後而湧入的投資洪流。最關鍵的是，這個國家要需要對人口做一次新普查，這次普查的對象是國家所有的人口。這項普查的資料既能支應建設民主南非這項龐大工程所需，也讓大眾第一次有機會能一睹這個新國家的面貌。

奧金與樂侯拉接手統計局時，十年週期中段的普查籌備工作已經展開。但是，他們發現工作「規劃不良、進度落後且充滿種族隔離制度的痕跡」。他們決定立刻重頭來過。兩人擋住了幾乎是立刻就要一個人口數字的要求，爭取到一年的時間重新做準備——這樣的時程實在不算合理。奧金對我說：「澳洲花七年的時間規劃五年一度的普查。也就是說，他們在這一次的普查還沒開始執行之前，就已經在規劃下一次的普查。所以要在一年的時間裡完成普查的準備工作，根本是不折不扣天大的奇蹟！」可是，他們辦到了，他又補了一句，他們靠的是「從起步訊號一落就瘋狂一路拚命的幹勁」。[29]

　　當然，這時就要回頭談到本章一開始那個倉促的初步人口統計結果、後續的校正，以及在財政部長辦公室裡那場神經緊繃的會議。樂侯拉解釋，他們真正的錯誤不是初始數字太低（在大部分的國家這再常見不過了），而是在還沒有做過完整分析以及檢查之前，在一九九七年就發布了初步數字。他們的國際顧問曾就此提出警告：如果初步數字與最終的結果差異太大，顧問擔心，這會動搖大眾對新國家統計人員的信心，連帶也傷及大眾對新政府的信心。但是，一九九〇年代中期，南非瀰漫在一股亢奮、混亂又反動的氛圍裡，奧金與樂侯拉沒有理會顧問的建議。在他們眼中，他們已經達成不可能之舉。樂侯拉回憶道：「我們如此熱切……又逞強……它讓我們所有人都變得盲目，我們覺得自己所向無敵……就是因為這種衝動和迫切感，我們才對全國公告了初步的全國統計人數……我們為此遍體鱗傷。」[30]

捕捉一再捕捉

　　在普查的大半歷史上，幅度這麼大的修正根本令人無法想像。總數就是總數，不容分說。普查人員執行職責，申報表完成，小計數目製表，然後發布總數。沒有太多辯論的空間。統計人員或許會重新檢查中間階段的總數，甚至回頭重新檢查申報表的內容，但是除非有重大誤計，否則結果不太可能出現太大的變動。

　　一八九〇年的美國普查，粗估數字與正式數字的差異大約是〇·二五％。但這並不表示這些早期的數字是正確的。許多人都對一八九〇年的統計結果提出嚴重的懷疑，就連一世紀前的華盛頓和傑佛遜也都曾對人口總數表示質疑。一般而言，統計人員都會懷疑普查有遺漏的傾向，導致淨低估。但是，這些懷疑沒有可行的方法可以證實或是量化。這些遺漏如果發生，那麼就是在調查現場發生的。這些調查結果，統計人員想要重算多少次都可以；但是這麼做永遠不可能發現普查人員調查時究竟漏掉哪些人。我們必須憑信念接受這些結果，因為沒有人知道如何適當地從頭到尾重複確認普查。[31]

問題在於，普查已經是測量人口的黃金標準：它理應要盡可能計算到居住於某塊領土上的每一個人。但是，你要拿什麼與之對照，以供檢驗？最明顯的選擇就是進行另一次普查。畢竟，這就是我們在日常生活中重複確認數額的方法，像是你皮夾裡的現金，或是一疊撲克牌的張數。但是，面對數百萬人口，把每個人都清點一遍就已經夠困難且所費不貲了，遑論再算一次。[32]

如果有準確的生命記錄與遷移記錄，人口學家或許可以試著建構人口模型，以兩次普查中間這段時期的出生數、死亡數、移入數和移出數，更新過去的普查總數。這個方法和人口預測所用的年輪組成法（注：cohort-component method，又名「人口變動要素合成法」）一樣，只不過用於檢核普查時稱做「人口分析」（demographic analysis）。視記錄的細節程度不同，人口學家可以估計不同次群體的總數，然後與普查實際的數字互相對照。但是，由於國際遷移追蹤記錄的貧乏，一直到二十世紀中期之前，這個方法都不可靠。

當政府開始為普查之外的目的登記人口，另一種可能的做法也隨之出現。例如，有人就從徵兵名冊取得年輕男性的總數估計值，拿來與一九四〇年美國普查人口分類項下的小計做比較，以探究普查的準確度。這項研究證實了普查往往會有漏網之魚的懷疑。全國的普查總數大約比人口登記數少三％。這項研究也暴露了一個新問題：黑人男性人數少計的比例為一三％，遠高於非黑人男性人數的少計比例。[33]

這些方法都能為普查的準確度以及錯誤提供實用的線索，但是每個方法都仰賴輔助資料的現有狀況。統計學家評估涵蓋整體人口的普查結果時，他們需要的是一個真正具獨立性的方法：一個近似做第二次完整普查、又可以省卻重複工作與花費的方法。答案就是抽樣：一九四〇年代就有愈來愈多統計主管機關採用這項技術。

抽樣的概念相當直觀。假設你有一大袋彈珠，這數千個彈珠有紅有黑，但是除此之外，每一個都一模一樣。現在，你想要計算彈珠的紅黑比例。一個做法是記錄每一顆彈珠的顏色，得到確切的答案：那就是普查。（不過這個方法或許要花很長的時間。）另一個方法則是用力搖晃袋子，然後抽取少數彈珠，比方說一百顆，然後只記錄這一百顆的顏色：這些就是樣本。假設你發現這一百顆彈珠中有四十顆是紅色的，那麼你可以合理推論，所有彈珠中，四〇％（即五分之二）是紅色的。當然，這個答案不盡然完全準確，但除非你的運氣很背，或是沒有充分混合彈珠，否則這會是個不錯的估計值。[34]

這種簡單的邏輯可能已有悠久的歷史：十七世紀，葛蘭特估計倫敦人口時就用過一種抽樣方法。但是，統計學的數學演進提供了精良的架構理解抽樣。統計學家可以運用推論的技巧得出估計值（四〇％為紅色），並量化這個估計值的良好程度。（所謂「良好」的定義可以相當明確：以前述的例子而言，標準分析的結論會是紅色彈珠的真實比例非常可能介於三〇％到五〇％之間。）

美國的政府統計學家在一九三〇年代開始實驗抽樣方法，好在十年一度的普查之外，更能頻繁地蒐集資料。每週調查幾千個謹慎挑選而具代表性的家戶單位抽樣，可以用於追蹤整體人口的失業率。抽樣為官方統計學家以及沒有普查的時期增加了一項寶貴的工具，現在這已成了他們的重要工作。但是，抽樣要如何用於估計人口總規模，並沒有立即而明顯的關聯，但這卻是獨立確核普查的必要條件。人口規模不是樣本的屬性。從袋子裡抽出一百個彈珠無法讓我們得知袋子裡還有多少彈珠。[35]

關鍵的洞見來自一個誰都想不到的方向：生態學。如果點算人類看起來困難重重，想像一下點算幽暗湖水裡的魚會是什麼樣的挑戰——這就是一八九〇年代的丹麥生物學家卡爾‧喬治‧約翰尼斯‧彼得森（Carl Georg Johannes Petersen）要解決的問題。彼得森想要估計利姆海峽（Limfjord，位於丹麥北方，幾乎為陸地所封閉的淺海峽）裡有多少鰈魚。

彼得森設計出一個絕妙的方法。他與當地的漁夫合作，先捕一批魚，並在每一條魚的背鰭上打洞做記號。他記下標記的魚隻數，然後把所有的魚都放回海峽裡。接著，等待一段時間之後（目的是讓做了記號的魚有足夠的時間與沒有記號的魚混合在一起），再捕一批魚。他觀察做記號的魚在第二批魚中的占比，藉此估計總魚數，而不必實際清點每一條魚。[36]

假設彼得森的團隊捕了一千條魚，在牠們身上做了記號且全數放生，接下來捕獲的五百條魚裡有十條有記號，占比為五十分之一。假設第二次捕獲的魚（這個樣本）能代表整個母體，他就可以推論，整個海峽裡必然每五十條魚就有一條魚有記號。既然他知道有記號的魚總數為一千條，那麼整個母體必然是五十倍，也就是五萬條。

在生態學，這就是所謂的「捕捉─再捕捉法」，時至今日，這種方法仍然以某種方式用於計算野生動物群體的規模。一九四九年，印度人口學家奇達姆巴拉・錢德拉塞卡蘭（Chidambara Chandrasekaran）以及美國人口學家威廉・愛德華・戴明（William Edwards Deming）把這個方法引進人口學。他們用這個觀念研究印度的出生登記資料，比較官方登記官的記錄以及獨立調查的數據。當然，嬰兒不可能像魚一樣做記號，不過統計學家可以用足以辨識身分的細節（如名字和村莊）達到相同的目的，看看調查裡的出生記錄是否已經列入登記。由於捕捉與再捕捉這兩個階段用的是兩個不同的系統，因此這項技巧在人口學裡又稱「雙系統估計」。[37]

統計學家明白，同樣的方法可以擴大規模，用於重複確核整個全國普查。一九五〇年的美國普查一完成計數，主管機關就展開一項獨立的樣本調查工作。這項工作大部分的層面都與普查很類似，雖然規模小得多，而且只出動「細心與毅力」卓然超群、「能力一流」的訪查人員。當然，在一個理想的世界裡，所有原始普查的訪查人員都應該要符合這些標準，但是要召募到十四萬名一樣細心的人工作好幾個月並非易事。所以，這群超級菁英普查員被派往統計調查的抽樣區，他們奉命翻過圍籬、挨戶敲門，並無畏看門狗等障礙，調查這些之前的普查員可能跳過的人家。這個程序稱為事後調查（postenumeration survey）。[38]

一旦完成，藉由比對這兩張獨立名單（一是來自普查，一是來自事後調查），統計學家就能辨別出普查正確記錄了哪些人，又遺漏了哪些人，還有，如果有的話，又錯誤納入了哪些人，並由此算出抽樣區的淨少計數。只要抽樣區經過謹慎挑選，這些結果就可以用來推論全國的概況。由於普查和事後調查記錄了豐富的人口細節資料，少計數分析可以依不同次群體進行，找出哪些人被遺漏了（或許甚至可以查出被遺漏的原因）。

今日，事後調查是全球相關單位偏好用來評估普查的方法，在二〇一〇年回合普查裡，大約有七〇％的國家採用。大約有四〇％的國家採用人口學分析，而這個方法在資料來源的品質提升之後（特別是遷移統計資料），也變得更加可靠。[39]

當統計學家愈來愈能安然看待普查少計數的測量，合理的下一步就是調整官方報告的總數，反映那些測量的結果。不管怎麼說，向大眾報告人口總數是一百萬人外加三％的少計數，而不是直接給一個調整後的總數一百零三萬人，總是一件奇怪的事。如果少計率更高，如五％或一〇％，這看起來簡直就是怠忽職守：畢竟，調整後的數字才是統計學家對真實值的最佳估計值。

澳洲是最早採行這種調整程序的國家，從一九七六年就開始採用。二十年後，澳洲的統計學家建議他們在南非的同行比照辦理，採用同樣的方法，因此南非是採用抽樣方法調整普查人口總數的第一個非洲國家。技術上來說，這是一項值得推崇的成就，而這也是一九九八年九月的那一天，奧金與樂侯拉努力想對氣急敗壞的南非財政部長解釋清楚的事。但是他們發現，對好奇的大眾解釋他們所採用的這個複雜、但並非完美無瑕的程序,完全又是另一項挑戰。[40]

在美國,這些普查誤差的量化技術正好趕上了開展中的政治代表權辯論,而為其所用。《美國憲法》規定,眾議員應該「按聯邦所轄各州的人口數目比例分配」,但是《憲法》對於國會選區在各州應該如何劃分卻隻字未提。這造成一些嚴重的不公平:例如在一九三〇年代早期,紐約人口最多的選區有七十九萬九千四百零七人,然而人口最少的選區只有九萬零六百七十一人。不意外,這些較小的選區多半是郊區和白人區。一九六〇年代,最高法院終於對選區的不平等開鍘,確立了「一人一票」的通則。[41]

等到違反這條原則最嚴重的情節得到糾正,大家的注意力就轉移到選舉不平等更細微的形式,包括一直存在於普查的少計。要是少計純粹是隨機現象,平均分布於全國與全人口,那麼它在政治上也就不會有什麼重要性。但是,普查局自己的數據顯示,少計根本不是隨機事件,而是具差別性的少計。一九六〇年,九‧五%的美國黑人沒有納入普查,相較之下,白人只有二‧二%。其他弱勢族群也有類似的情況。普查看似客觀、一視同仁,但是不平等一直存在。[42]

遺漏以及其他誤差之所以普遍見於特定群體(通常是原本就處於弱勢的群體),個中原因與普查的規劃和執行方式有關。地理學是普查的起點。一個國家會把領土劃分成許多地區,做為普查實施的基本工作單位。每個地區各有專屬的一名普查工作人員負責。用這種方式劃分整個國家,應該就不會漏掉任何人。此外,只要普查區之間沒有重疊,應該就不會有任何人被重複計算。一如美國普查局的描述,普查應該「在正確的地點點算每一個人,而且每一個人都只點算一次」。

但是普查人員不能直接走在他們負責分區的街頭，逢人就見一個登記一個。他們必須挨家挨戶敲門。住家以及住址是普查地理學的重要部分。對個人的普查就要在那個人的住家進行，無論是普查人員登門拜訪，還是把表格塞進門縫或放進信箱裡。這就是為什麼許多國家會同時進行家計普查和人口普查：反正普查人員都必須列出每戶人家，而且可能每戶人家都會拜訪，所以他們或許也可以在拜訪時記錄家戶的實體特徵，例如是否有電力供給。

　　但是，把住家和家計單位放在普查流程裡這麼核心的位置，會造成誤差來源。有些住家可能不為郵政當局所知，普查人員也難以辨識，例如租給房客的地下室。此外，不是每個人都住在房子裡。有些人是無家可歸的遊民，睡在路邊或車裡。有些人過著傳統的游牧或半游牧生活，或許是夏日裡把牲口趕到高地，並住在帳篷裡。有些人住在機構裡：囚犯、大學住宿生、難民營裡的難民、住在基地的軍方人員。[43]

　　有些人可能離家，在普查人員拜訪、或家人填表的當下不在場（如果是採自主申報）。商務差旅或是出遊人士在普查當晚住的可能是旅館，而不是住家。漁夫或商船隊員可能在海上。如果不特別進行普查，這些流動人口很容易就會被漏掉。他們也有可能會被重複計算，就像一九一一年，戴維森在國會被登記一次，在她的住處又被她勤勉的房東太太登記一次那樣（雖然當時她並不在家）。

　　由於以家戶單位為焦點，普查官員不見得會遇到或見到他們調查的每一個人。訪談者在一個家戶通常只會和一個人訪談——戶長或是（更中性地說）參考人，並信任對方會申報所有的同住者。即使是自主申報，由一個人代全家填寫所有細節資料的情況也很常見。此外，說來或許讓人訝異，但有證據顯示，有的人會在這個過程裡被漏掉，特別是遇到複雜的家庭或家戶結構時。[44]

最後，或許也是難度最高的挑戰：有些人會選擇不要被納入普查。他們可能沒有身分文件，可能是難民，或是沒有國籍，因而害怕與任何官方人員有所接觸。他們可能是一地完全合法的公民，但基於理念或政治因素而反對普查。他們可能只是因為忙到沒辦法回覆普查，或是認為普查不重要。他們可能非常富有，住處有高牆、柵門和電流刺網包圍，讓普查人員無法真正接觸到他們。[45]

這些群體在一國之內並非平均分布（例如，遊民可能會聚集在城市裡），所以少計情況會因城市或鄉村、城市州或鄉村州而有所差異。由於種族通常與社會、經濟和文化因素有關，少計的情況通常也會因種族而異。事實上，普查的少計會因為要計算的人口統計特質而不同。種族和民族只是最明顯的項目；它們得到最多的關注，是因為它們強化了現存以及歷史上的弱勢處境。（整體來說，大家不太在意普查遺漏了那些極為富有的人，雖然他們有可能被遺漏。）

下一次會更準確

隨著普查發展出有效因應少計問題的措施，加上解決普查少計問題的政治壓力愈來愈大，普查人員開始設計方法觸及那些原本可能會被遺漏的人。

在美國，提高普查參與率最重要的措施就是逐漸減少普查問卷的篇幅。在二十世紀的頭幾個十年，那時的普查員仍然會挨家挨戶拜訪，每個成人大約要回答三十個問題。一九四○年，普查局在普查的同時進行抽樣實驗，普查員每訪問滿二十個人，那第二十個人就要多回答一些問題。一九五○年，抽樣擴大，每個成人回答的問題縮減到只剩十六個。[46]

一九六○年，美國普查局改採自主申報，寄到每個家戶的表格上只列了每個人需回答的五個問題：與戶長的關係、年齡、性別、膚色或種族，以及婚姻狀態。郵寄普查是一種有風險的做法，因此這次的普查標準問卷（短式）刻意盡可能保持簡單，以減少不回覆的風險。在初步普查完成後，每四戶人家就會有一戶收到普查人員寄出的一份追加問卷（長式）。美國接下來幾屆的十年一度普查都採用這套通用制度，在短式問卷裡，一個人的問題不會超過十個。加拿大也採行同一套方法；但是有許多國家即使改為郵寄通訊普查，也沒有採用這套措施，包括澳洲和英國。[47]

就在全世界的普查主管機關努力維持整體人口的回覆率時，它們也開始把那些最常被遺漏的群體列為優先工作項目，發展各種方法改進這些普查困難群體的普查狀況。

一九六七年後，澳洲普查正式納入土著，因此普查與統計局也更努力針對這些人做完整的普查。一九七一年，所有之前被忽略的社區首度被納入普查。從一九八○年代起，澳洲普查與統計局就採用一套密集的策略，包括使用特殊表格、雇用土生土長的普查人員（要是可以，就用該社區裡的人）、容許較長的普查時間，以及整體上都採取遠遠更有彈性而務實的方法。[48]

澳洲原住民的妥善統計調查仍然是一項挑戰。澳洲的人口高度集中，有將近九〇％的人都住在城市區域，且有三分之二集中在幾個首府城市。原住民大約有八〇％也住在城市裡，但是另外那二〇％的人，有的住在全世界最遺世獨立的聚落裡。一名二〇〇一年的普查人員曾記述，「一趟特別的旅程，開了兩天的車，前往一處原住民擁有的牧場……據說有幾名歐魯昆人（Aurukun）住在那裡（歐魯昆是位於昆士蘭州北端的一個社區）；結果，只做了兩個人的普查。」不意外，那一年偏遠原住民社區的每人普查成本是其他地方的十倍。對澳洲而言，那就是終於算遍所有人的代價。[49]

一九九六年，南非展開它成為民主國家之後的第一次普查時，也採取了這些策略。從某個角度來說也是很諷刺；普查主管機關原本想要擯棄南非過去普查常採用的拼湊做法。但是，專家後來明白，在一個異質化的國家，要做好普查，就要像大雜燴，同時動用各種五花八門的方法。差異在於動機：為了兼容並蓄，而不是排他、忽略或控制。[50]

從最基本的層次來說，要兼容並蓄就得翻譯：十一種官方語言的普查表格全都有印製。此外，還有其他更精細的措施反映在地的特定狀況。例如，有相當多的南非人住在工人旅舍（大部分是黑人男性），這是一種為了滿足採礦業的需要而設置的機構住處，因此政府為這些人設計了特別表格，並交給旅舍的主管。當局也特別為遊民的普查花了心思，是南非第一次嘗試的做法。一般表格之外，總共另有三份附加問卷，以捕捉這些特殊人口。[51]

儘管做了這些努力，不出奧金和樂侯拉所料，統計仍然不完整。在顧問的建議下，他們展開事後調查，測量原始的普查究竟有多不完整。普查六週後，超過一千名最有經驗的訪查者再次穿上他們醒目的黃色網狀背心，出發「再捕捉」大約一％普查區的居民。[52]

然而，不是每一件事都按照計劃走。由於大眾仍然對普查機關多多少少有些疑慮，為了解除這種對保密性的恐懼，他們推出了一項措施，讓普查問卷只記錄當事人的名字或姓名縮寫。既然街道住址在非正式的住宅區也不可靠（例如黑人城鎮），統計人員在比對原始普查紀錄與事後調查資料時也頻頻遭遇困難。要為普查少計的問題找出適當的對策，所花的時間遠比預期還要長得多。[53]

於是，奧金和樂侯拉做了一個影響重大的行政決定：不等完整的雙系統估計結果出爐，而是用一個簡單的辦法算出經少計數調整的初步人口估計值。根據那個辦法，淨少計數只有六·八％，而完整的雙系統估值最後發現的少計數高出許多，為一〇·七％──這一差就是一百六十萬人。第二個誤差（也就是想省時間的後果）又讓初步的總數少了一百萬。這些誤差值最後都有浮現，但不是在初步總數發布之前。[54]

樂侯拉對我描述這些誤差的當下，我還是可以明顯感受到他的惋惜。政府的統計人員對於錯誤往往戒慎恐懼。發布錯誤的結果罪無可逭，而這種事可能會讓當事人在二十年後仍然懊悔不已。我說，這樣的錯誤在普查的歷史上俯拾皆是，班班可考，但這樣的解釋對他並沒有產生什麼寬慰作用。即使那些錯誤最後還是修正了，這個事實也沒辦法安慰他。如果你是「普查真人」，或是數千個協助普查的男男女女之一，你應該做對的事就是計數。他承認，這是個「糟糕的錯誤」。[55]

不過，不管是執行普查的樂侯拉，還是他的老闆奧金，抑或是負責的部長曼紐爾，最後都沒有辭職。在那場戲劇化的第一次會議之後，統計學家們花了時間仔細檢視他們的工作，並研擬了溝通策略，解釋新的人口總數。一九八八年十月二十日星期二，曼紐爾在數百名貴客面前向曼德拉總統提報最後的普查報告。曼德拉在他的演說裡宣告，這次普查是「我們在打造新國家的過程中，最重要的里程碑之一。」[56]

曼德拉總統信心滿滿，用幾句話化解了修正的爭議：「第一次向大眾公告的初步估計結果，是為了展現我們民主的開放精神，並基於資訊的早期需要。而這種資訊本質上就有需要修正的可能，而事實證明，的確如此。」他似乎是在說，錯誤是大膽嘗試無可避免的後果。

訪談樂侯拉之後的那幾天，我看了那場演說的低解析度影片（他寄給我的）。由於我已經讀過官方文稿，所以對影片並沒有什麼期待。但是，曼德拉總統演說脫稿的程度還滿大的，他對他的政府所做的成就提出了強烈辯護，並承認它的錯誤與不完美。將近二十分鐘過後，曼德拉終於講到結論時，我看到人在後方的樂侯拉臉上露出了一彎笑容（這時的他還沒有那套後來遠近馳名的黃西裝）。在那幾格影片裡，我感受到他鬆了一口氣。曼德拉比大部分的人都知道，原諒錯誤的意義是什麼。

政治操弄的可能

在二十一世紀的開端，美國普查少計的故事歷經了新的曲折。普查局致力擴大範圍，與社群團體密切合作，並且開放採用付費廣告，廣告的高潮就是二〇一〇年國家美式足球聯盟年度冠軍賽超級盃的三十秒廣告（是兩百五十萬美元配套方案的一部分）。對於尋常觀察家來說，這看起來也許就像普查局已經成功解決了少計的問題。一九九〇年的少計率為一‧六％，二〇〇〇年降到－〇‧五％（淨多計），二〇一〇年則維持在－〇‧〇一％的水準（統計上等於零）。[57]

不過這個顯然完美的總數還是掩蓋了差別性的少計。普查局長羅伯特‧葛洛夫斯（Robert Groves）觀察到「雖然普查的整體覆蓋率是模範生，但是傳統上統計困難的群體，像是租客，統計狀況就沒那麼好。」他又說：「由於少數族裔有相當高的比例都住在統計困難的環境，與多數人口相比，他們還是少計了。」淨零誤差只不過是歪打正著，是部分人口群體的少計與其他群體的重複計算平衡後的結果（例如，大學住宿生通常會同時列入他們父母以及宿舍的普查表格裡）。[58]

儘管相關單位為了擴大普及率做了種種努力，美國普查仍然沒有準確反映出潛在的人口。一個真正可以修正這個問題的工具（普查調整）似乎不是普查局的能力所及。雖然美國是事後調查的開路先鋒，但美國從未運用這種調查結果去調整官方的普查總數。由於黑人和其他非白種美國人投票給民主黨的比例偏高，普查中任何會提升他們代表權的調整都會因為選區重新劃分而產生黨派效應，是以整個一九八〇年代與一九九〇年代出現的調整提案全都陷入爭議，無一倖免。為了強迫一九八〇年普查進行調整而提起的上訴被最高法院否決。一九九〇年普查前後，以及二〇〇〇年普查之前，這個議題都曾經被再度提起。[59]

那時，普查調整這個主題無可救藥地淪於政治化，連學術殿堂的統計論述都很難與赤裸裸的黨派利益脫鉤。普查與代表權的連結在一七八七年是真正的創舉，現在卻成為進一步創新的阻礙。每個方法論的提案都會在政治上創造贏家和輸家，無可避免。在今日兩極化的政治生態下，每個重大的普查決策都會引發批判聲浪。

然而，如果把調整的爭論全然斥為黨派之爭，而忽略了哲理面向，也是不對的。如果調整的目的是為了估計真實的人口數，那麼調整在理論上就有其說服力，從統計上來看也是正確的選擇。調整等於承認，要在像美國這樣一個龐大、多樣，而且（說真的）經常不太合作的國家裡實際點算每一個人，絕無可能。如果調整的做法得當，應該就能得到更準確的總數。

但是，調整所依賴的少計量化衡量指標也不完美。例如，事後調查一定會漏掉原來普查就漏掉的人。這些遺漏可能會造成新的錯誤，一如南非一九九六年的發現。根據事後調查的建構方式，調整可能會改善總數的準確性，但分布上的準確性卻會有所減損。因此，有些統計學家對於調整特別審慎。二〇一〇年回合的普查，有九〇％的國家對自家的普查結果進行了量化評估（事後調查或人口學分析），但其中只有四分之一的國家實際運用評估的結果調整普查結果。調整勢必要做許多微小的方法論判斷，每一個判斷都可能會有爭議。即使是最高法院的法官，似乎都難以領會其中的細微差異，要理解和解釋更是難上加難。[60]

單純是一種美德，這點就政治權力分配必要的流程而言，特別適用。原始、未經調整的計數本身就很單純，是一種直截了當的清點。至少在呈現上可以很單純。

此外，有些法律學者相信，《美國憲法》採用「實際人口調查」

一詞，本身就排除了統計抽樣。這個論述很有爭議，因為《美國憲法》制定之際，連統計學原理都還沒有出現，現代形式的抽樣理論就更不用說了。目前為止，美國最高法院已就此找到了迴避裁定之道。

二〇一〇年的普查沒有再提起調整的問題，普查局想必還在為過去數十年的法律戰心力交瘁。官方公告只有簡單陳述如下：「二〇一〇年普查顯示，美國在二〇一〇年四月一日的居住人口為三億零八百七十四萬五千五百三十八人。」這句話就我看來，是一句精確到很詭異的陳述，即使是淨零少計也一樣。如果說人口為三億零八百萬人、正負誤差為一、兩百萬，這種說法或許還比較誠實。但即使是最具統計思維的普查者，要他們承認這點，恐怕他們心裡也很難過得去。就算是那些內行人，也都難以抗拒把普查視為真實數據的衝動。[61]

美國目前排拒統計調整，把各種可能對一方有利、對另一方不利的調整方法與其深奧論述都擋在門外。事後調查會在二〇二〇年普查不久後開始進行，但是一如往常，它仍然只會報告少計或是多計，而非校正普查的結果。計數將維持原樣，不做調整，用於所有目的。但這麼做的後果使得另一種政治操縱成為可能：把少計本身變成武器。[62]

至少，二〇一七年末，許多觀察家如此解讀關於司法部要求在二〇二〇年的普查問卷裡加入公民身分題的報導。這則新聞立刻引發反應。據信大約有一千一百萬個沒有公民身分或其他合法移民身分的人住在美國，而且大部分都來自拉丁美洲。反對公民身分題的人主張，這不但會壓低那些人的回覆率（根據《美國憲法》規定，無論身分狀態為何，他們也應被計入普查），也會壓低那些人與其同住的其他移民和拉丁裔的回覆率。一名社區擁護者表示，這項計劃是「為了破壞普查」而生。[63]

Is this person a citizen of the United States?

☐ Yes, born in the United States

☐ Yes, born in Puerto Rico, Guam, the U.S. Virgin Islands, or Northern Marianas

☐ Yes, born abroad of U.S. citizen parent or parents

☐ Yes, U.S. citizen by naturalization – *Print year of naturalization* ↘

☐ No, not a U.S. citizen

〔卡片內容〕此人是美國公民嗎？／是，在美國出生。／是，在波多黎各、關島、美屬維京群島或北馬利安納群島出生。／是，美國公民在海外出生的子女。／是，歸化為美國公民——歸化年分。／否，不是美國公民。二〇一七年，針對二〇二〇年普查問題的提案中，一個關於公民身分的爭議問題，最後於二〇一九年遭最高法院駁回。（US Census Bureau, "Questions Planned for the 2020 Census and American Community Survey," Washington, DC, March 2018, 7.）

　　二〇一八年三月，商務部長威爾伯・羅斯（Wilbur Ross）向美國國會提交了一份普查問題清單（普查屬於他的職責範圍），替換之前提交的版本；新版本裡有一個問題：「此人是美國公民嗎？」不到一週，就有州、郡和城市組成聯盟，以紐約州為首，一狀告到聯邦法院。他們主張，如果拉丁裔和移民的少計數增加，會讓他們流失代表權和預算。不久後，有一群公民權利組織也加入了他們的陣營。

　　主管機關的官方說法是，這個問題是為了維護一九六五年《選舉法案》（*Voting Rights Act*）的精神而生，以分析並杜絕「傑利蠑螈」

（注：gerrymandering，一八一二年，麻州州長傑利〔Elbridge Thomas Gerry〕將某一選區劃分成不尋常的蠑螈〔salamander〕形狀，好讓民主共和黨勝選。後指為了照顧黨派利益，刻意以不公平的方式劃分選區）之所需，但是許多觀察家不採信這種說法。數十年來，劃分選區所需的資料包括公民身分、種族和年齡，這些資訊都由普查局用抽樣的方法蒐集而來——先用長式普查表，後來是採用美國社區調查（American Community Survey）。但是，如今司法部（自從政權輪替後其實沒有展開任何相關的執法行動）卻宣稱，根據抽樣而來的估計值並不適用。

隨著法律調查程序持續進行，事情浮現出更錯綜複雜的樣貌。文件顯示，執政（川普政府）當局內部的移民政策強硬派打從執政早期就在推動把公民身分題放入普查的構想，對普查局的這項要求還是由商務部長親自勸說的（要求顯然來自司法部）。紐約案的當審法官傑西‧福爾曼（Jesse Furman）表示，這種曲折的方法是「借故推托」，違反了行政法對「主觀和恣意」的禁止，於是廢止了增加問題的命令。他總結道，落實投票權這個目的是「事後的理由」。不過，他沒有對羅斯部長真正的理由下任何定論。[64]

普查局再一次陷入左右為難。證據顯示，普查局一再試圖回絕部長的要求，並警告說這種要求會傷害普查的品質。他們建議另一種提升抽樣估計值的方法，也就是運用社會安全局和其他機構的行政資料。普查局的統計學家奉勸，如果不顧一切、把這個問題放入普查問卷，非公民家戶的未回覆率會增加五‧八％。這個比例後來修改成八‧〇％，增加的二‧二％是整體人口的自主回覆率降幅。這個數字通常會被誤報為少計的預測，雖然它並不是：未回覆率的增加難免會造成少計的增加，不過這會透過後續的田野調查補強。研究人員預測，這些額外工作的成本為一億兩千一百萬美元，但是他們沒有估計對少計最後的影響。[65]

政府就福爾曼的裁定直接向最高法院提起上訴，主張普查的時程緊迫，這個案件需要迅速達成最終決議。二〇一九年四月，最高法院聽取言辭辯論。保守派法官特別指出，這樣的問題在美國歷史上以及國際間都有先例可循。這只是部分的實情。

一八二〇年至一九五〇年間，美國普查都有問到關於公民身分的問題（或是相同概念的問題），但是一九五〇年之後，這個問題只在長式表格出現，只用於涵蓋一小部分家計單位的抽樣調查。在二〇二〇年援引一九五〇年之前所使用的問題，此舉忽略了普查局六十年來刻意而為的政策，也就是讓短式問卷（送到所有家戶的版本）盡可能簡短且不引人反感，以達到最高的回覆率。[66]

放眼國際，確實有許多國家都會問到公民身分（以二〇一〇年回合的普查來說，七二％的國家有問），但是這個問題多半沒有利害關係。每個國家的普查都有自己的歷史、政治和文化背景。有五二％的國家有問宗教信仰，然而在法國，這個問題是地雷。聯合國的普查實施建議裡，公民身分雖然被列為人口普查的「核心主題」，但是同被列入核心主題的還有其他二十五個項目，包括「家裡在過去十二個月死亡的人數」，以及「參與自用物品的生產」。這些是建議，不是規定，是為了可以廣泛應用於許多國家而訂定的。同一份文件也提到，問題應該要在「權衡過……主題的敏感性，以及攸關資訊在其他資料來源的可得性」之後，才可以被納入問卷。美國普查局反對公民身分題的提案，主張的正是這些理由。[67]

最後，最高法院考量的因素既不是歷史、也不是國際的比較。最終，最高法院裁定了這個錯綜複雜的案件，支持承審法官的判決。原則上來說，法院找不到不能問公民身分的理由，而是認同福爾曼法官的結論，也就是關於要問這個問題的理由，商務部長沒有說實話。這個判決沒有斷然排除公民身分的問題，有那麼一陣子，行政機關看起來或許還可以想辦法再試一次。但是，由於印刷截止日期已過，時間不允許，所以美國政府最後打退了堂鼓。於是，二〇二〇年的美國普查不會出現公民身分題。[68]

法院留下了一個未解決的問題：行政機關問這個問題真正的動機是什麼？一開始，反對者的主流理論是，用這個問題影響回覆率本身就是行政機關的目的，而遠遠不是這個問題帶來的負面副作用。這個問題會壓制傳統上偏向民主黨的民眾，抑制傳統上偏藍州的居民參與普查，藉此影響國會的席次分配。

但是，沒多久又出現了另一種解釋：這個問題是一項政治活動的一個環節，該活動的目標是重劃選區，並以公民人口為唯一的依據，而不是像過去的通則那樣，以所有人口為依據。雖然《美國憲法》和法律的先例清楚指明，在分配各州的國會席次時，每個人（公民與非公民都一樣）都必須計算在內，但是各州內的選區劃分卻非如此，仍然是法律的灰色地帶。[69]

選區重劃當然是這個問題一開始被提出的原因，但是當這件案子被送進最高法院，爭議已經形成，公民身分題的提案似乎有了新目的：政治象徵。對許多右派人士來說，政府應該能夠點算公民，這是不證自明的。對於部分左派人士來說，公民身分這個觀念本身看起來就有諸多疑慮，與美國的理想有所衝突。二〇二〇年在總統候選人提名競爭裡領先的民主黨候選人伊麗莎白‧華倫（Elizabeth Warren）就提議，一律禁止「在政府調查裡納入公民身分的問題」。[70]

至於我，我認為行政機關要求詢問每個人的公民身分，其實是在陳述它認為誰才是真正的美國人。我之所以會這麼想，或許是因為我自己只是美國的永久居民，而不是公民。如果被問到這個公民身分問題，我的答案會是「否」。那是個完全正確的答案。但是一個問題的答案儘管正確，卻還是可能不完整。今日，美國的身分歸屬有許多灰色地帶。公民身分「是／否」這個二元問題的目的就是要消除這些灰階。有時候，我們問的問題所透露出去的資訊，和我們給的答案一樣多。

#普查失敗

即使沒有公民身分題，二〇二〇年的美國普查就達成準確數字而論，也會面臨前所未有的挑戰。在關鍵的準備年度，普查持續面臨資金不足的問題。普查即將進入一個空前的高難度領域，得面對一群愈來愈難觸及、不太會去回應各種調查的人。

目前只有六〇‧五％的家戶單位預計會在二〇二〇年自主回覆，這個比例在二〇一〇年還有六四％。為了把回覆率衝到最高，普查局打算在普查人員親自登門訪查之前，每戶發送多達五次郵件。我心懷愧疚地瞥了一眼擺我公寓裡那疊從未拆開、也沒有查看的郵件，這項策略實際上能有多少幫助，我打了個問號，特別是對於那些已經學會忽略各種轟炸我們的垃圾郵件或訊息或任何事物的年輕人。類似的情況不僅如此，至少在住家，固網電話已經快要絕跡，而且許多人除了認得的來電者之外，也不接手機。調查員的工作愈來愈難做。[71]

線上回覆這個選項應該有助於觸及這些人（但也只有一部分），然而，線上普查也有風險。二〇一六年，澳洲第一次嘗試以線上普查為主要的蒐集資料管道，那時我剛好去布里斯本看我爸媽。到了八月九日普查夜，我們喪氣地坐在廚房裡，因為我們試著上普查網站卻一直連線失敗。失敗的還有好幾百萬人。幾天後，我們終於成功登錄，「#censusfail」（＃普查失敗）的標籤卻在社群媒體流傳。美國普查局一定有仔細研究過這起事件，但是四年後的現在，由於社群媒體錯誤資訊盛行，國家養成的駭客也成為真實無比的威脅，網路環境並沒有變得更容易，反而更具挑戰性。

許多專家擔心，公民身分題的爭議已經破壞了拉丁裔和移民對普查的信任，無法修復。即使抽掉這個問題，這個群體對普查還是心存疑慮，而這種保留的態度也不難理解。二〇一九年五月，新納粹網站《每日暴風雨》（*Daily Stormer*）發布了一則滿是納粹符號的貼文，鼓動讀者去應徵普查人員的工作，這樣他們就可以發現沒有身分文件的人，並向移民執法機構舉報。這是非法行為，普查人員最高會被處以五年監禁以及兩萬五千美元的罰鍰。然而，即使普查局和公民社會團體極力駁斥這些陳述，二〇二〇年普查的氛圍還是數十年來最令人堪憂的一次。沒有身分文件的人如果不想和普查扯上任何關係，也情有可原。[72]

　　我們什麼時候才能得知普查局為了「在正確的地點點算每一個人，而且每一個人都只點算一次」所做的努力有了回報？用來重新分配代表權的各州人口，會在二〇二〇年十二月三十一日之前送到總統辦公室（通常之後會立刻公布）。人口學分析會即時確核結果是否符合預期：截至最近的公開預測，普查局預期，二〇二〇年四月的美國人口大約是三億三千一百萬人。但是，那些預測只有按年齡和簡化的種族分類區分：黑人或非黑人——而不是普查本身更精細的人種和族裔分類（包括西語裔／拉丁裔）。二〇二〇年普查的第二次測試（更多細節）會在事後調查結果公布後發布，也就是一或兩年後。[73]

　　想像一下這一幕。現在是二〇二二年，普查局剛完成了事後調查回收資料的分析。商務部長召喚普查局長來解釋普查結果。大量的工作現在已經完成，局長解釋，最後的費用也快結算完畢。二〇二〇年美國普查的費用是一百六十億美元，是任何國家所進行過的人口調查活動中開銷最高的。但是，就算有這樣的預算，官方人員還是被迫做了一些會影響到覆蓋率和準確度的取捨：無論人口的規模有多大，任何預算都無法保證每個人都被計算到。

　　假設現在局長也必須報告，淨少計數高得出奇：超過二％，這種水準自從一九七〇年以來就再也沒有出現過。少計數在南美裔、拉丁裔或西語裔甚至特別高，是二〇一〇年少計數（一·五％）的三倍。局裡有許多人認為，這個少計數還算低估了：做過事後調查回來的訪查員曾提到，有人一看到他們就緊閉門窗、拉上窗簾。光是加州就遺漏了超過一百萬人。加州將會失去數千萬美元的聯邦補助款，而有傳聞說，加州總檢查長準備提起上訴。[74]

聽聞這些消息，部長的反應想必取決於誰當部長，而誰當部長又取決於二〇二〇年十一月的美國總統大選結果。接下來會發生什麼事，也都繫於此。局長或許會觀察到，最高法院為根據這種少計而調整人口數字的可行性留有餘地——沒錯，不是為了各州代表權的分配，而是其他事項：各州內的國會、州議會和地方選舉的選區劃分，以及每年將近一兆美元、必須以普查結果為依據的聯邦補助款分配。

美國還不曾這麼做過。但也許時候到了。假設這件事成真，美國政府發布了新的人口數字：一個經過調整、改良而且（根據普查局專家的說法）在科學上更站得住腳的人口數字。到時候，我們這些大眾會做何反應？

普查迎來終結？

二十世紀晚期對普查少計的關注，恰逢對權威更廣泛的質疑以及對統計客觀性這個概念的挑戰。在學術界，傅科（Michel Foucault）等後現代主義者發展出一種新的批判角度去理解政府，帶動了研究機率和統計的歷史與人類學的一股新風潮。在這種新觀點下，這些領域不是特定的知識與實務，而是其所在的社會與歷史背景下的產物。[75]

當這些後現代思想掙脫了象牙塔，政府對統計事實的壟斷也隨之減弱。今日，官方統計學家必須不斷爭取他們的信譽：他們得檢視並報告自己的錯誤，他們要勇於面對誤差的來源與不確定性，也要根據情況調整方法。有些政府試圖反擊：二〇一八年，坦尚尼亞制定了一項法律，規定任何對官方統計資料的牴觸都屬違法。但是這種做法（它所引發的言論自由顧慮姑且不論）只會傷害政府的統計學家，畢竟他們能從與學術界與公民社團的開放對話中得到不少幫助。二○一九年，坦尚尼亞的這項法律被推翻了。[76]

現在我們知道了，看似直接簡單的普查，就算秉公處理、誠實無欺，都會因為與社會和政治情況的互動而系統性地排除或誤計個人。歷史上，即使更多正規體制內的歧視終結了，還是會有人因為有缺陷的普查技術而受壓迫並被少計，賦予這些人權利，理解普查與社會、政治互動的影響尤其重要。這樣的理解提升了普查的藝術，讓我們比從前更接近計算每一個人的目標，同時點出這個目標是多麼高遠，而且可能無法達成。

但是，在「假新聞」的時代，民眾對於權威的信任似乎一直瀕臨崩壞，任何批判的省思都有可能過度引申。當前的政治對於普查官僚那種專精的專業特別不友善。身為候選人的川普總統一再質疑經濟統計數據，特別是失業率。有些統計觀念確實相當複雜、主觀、有辯論的空間，但有些卻不是，例如一國的人數或群眾人數。所有的估計值都不完美，但是有些估計值確實比較精良。[77]

普查從來就不是按字面解讀的資料，而且一向多多少少會被政治化，但是二○二○年的美國普查有爭議的機率看起來特別高。批判很容易變成酸諷，侵蝕對普查的信心，隨而損及繫於普查的民主體制的信心。

雪上加霜的是，準確的普查其實已愈來愈難做。一九九八年，曼德拉收到他的國家第一次真正兼容並蓄的普查結果，他樂觀地表示：

「毫無疑問，下一次的普查會更加準確。」並沒有。雖然南非的統計人員竭盡全力，但二〇〇一年的少計還是一下子就跳到將近一八％。隨著國家重生的狂喜消退，建設國家的艱困現實浮現，統計與被統計的熱情似乎也跟著消散。目前為止，一九九六年仍是南非後種族隔離政策時期普查準確度（也是熱度）的高點。[78]

也許，當美國回顧二〇一〇年淨少計數為零的普查時，情況也差不多。政治爭議與公眾疑慮是一回事；普查走過這些風風雨雨數十載，存留了下來。但是，當普查變得愈來愈困難、成本愈來愈高昂，許多統計學家自己都開始質疑，十年點算一次人頭是否為估計一國人口最好的方法。傳統普查的悠久歷史可能走向終結。

第 7 章
透明的公民

　　中國在接近二〇二〇年年底舉行最新的一屆普查。緊接著幾個月後，印度的普查會在二〇二一年的二月和三月進行。這兩場普查將顯示兩國的人口數旗鼓相當，大約都是十四億人。但是，這兩個國家的人口規模都不是人類歷史上最龐大的。我們幾乎可以斷定，這座冠軍屬於臉書——二〇一九年六月，臉書有二十四億個活躍用戶。[1]

　　臉書的用戶資料當然不能構成傳統意義上的普查。臉書不是一個國家或國家的一部分，也不符合實施普查的基本條件：在某塊定義明確的領土上全面進行統計調查——雖然臉書的用戶有七成來自像美國、英國和澳洲等國家。（不過，在臉書創建自家貨幣的過程中，法國財政部長把這一步視為「對國家貨幣主權」的威脅。）[2]

　　臉書之所以宛如普查，在於它所蒐集的資訊。首度註冊時，網站要求用戶提供姓名、生日和性別等資訊。（無庸置疑，有些人會編造假資料，就像有人會在普查裡謊報資料一樣，但是臉書要求使用者提供真實姓名，這項有爭議的政策是它的關鍵創新之一，讓臉書能反映真實世界的社交關係網絡。）用戶登入後，網站會提示你提供額外的細節資料，像是居住城市和原籍、就讀的中學和大學、雇主與情感狀態等等。這些資料項目直接取自聯合國普查手冊，全部屬於普查「核心主題」的範疇。臉書的營運宗旨是連結每一個人，而世界各地的人都大方地提供資料，建立連結。原來，要連結每一個人，就得先經過某種人口調查儀式。[3]

社群網路雖然不是國家，卻是一個社區，或許也是一個社會。確實，所謂「社會」的定義之一就是「連結的事實或狀態」。我們使用社群網路的方式正是社會運作的寫照。如果現代的馬利亞和約瑟因為某個原因從拿撒勒被召往伯利恆，他們孩子的出生除了會登記在政府機關，也可能會發布在臉書或 Instagram 上。伯利恆之星會是社交 APP 上豎起大拇哥的手勢，迎接新生兒降生的不是帶著禮物來的三位博士，而是按讚數（還有，棄式尿布的定向廣告幾乎也會同時到來）。

當然，臉書這樣的社群也許不會像許多真正的國家那樣長壽，存在數百年之久。或許臉書會變得無關緊要，資料庫被刪除，無所不在的藍色標誌也會成為人類二十一世紀初網路過度分享風潮所留下來的奇特古董。或許它會被涵蓋範圍更全面的事物取代，就像臉書自己一度取而代之的 MySpace 一樣。無論如何，現在的臉書或許就是科羅西在十九世紀的使命最真實的化身——打造「涵蓋全人類的通盤知識」。

這樣的認可對普查歷史定位的狹義理解構成了挑戰。本書目前只追溯了自孔子、凱特勒、何樂禮和科羅西等一脈相承的一個支系：這些人為「普查」一詞奠定了正式主張。完整的族譜遠遠更為廣闊，不只包括華盛頓和北京的官方統計學家，還有他們在其他政府機構的同胞，甚至還有他們在加州和深圳工作的軟體工程師遠親。

從廣義上理解，如今普查是一項普及的實務，然而，對二十一世紀的普查工作者（民數的正統傳人）來說，卻是預料之外的緊張衝突。我們生活在一個由普查所創造的世界，一個我們容許自己為各種目的而被點算、註冊並建檔的世界。然而，在那個世界裡，十年一度的傳統普查已不合時宜，失去了人口資訊唯一知識來源的地位。

難以忽視的成本

　　諷刺的是，資訊社會可能終究會成為傳統普查的殺手。普查歷經種種打擊留存了下來。但是，在二十一世紀採用舊式方法點算人口似乎是愈來愈昂貴的奢侈品。普查最容易引發怨言之處，在於它所蒐集的資訊（人數當然不在話下，但還有這些人的其他特質，像是性別、年齡、婚姻狀況以及教育程度等）在其他檔案與資料庫裡都已經有記錄了（雖然通常不完整或不正確）。政治人物自然要問，如果其他政府機構（臉書就更不用提了）已經有這些資料，那麼這項既特殊、成本又高的活動為何還非做不可。

　　成本考量是實質的議題。美國二〇二〇年的普查預計總共要花掉美國政府一百六十億美元，以三億三千萬個應計人口來說，每個人的平均調查成本相當於四十八美元。數十年來，這個數字一路增長：一九七〇年是八美元，二〇〇〇年是二十四美元，二〇一〇年增加到四十九美元（全部都以二〇一九年的美元價值計算）——增幅高達六倍。人口統計調查之所以成本高昂，原因在於它是勞力密集的工作，這也就是為什麼中國、印度等國的花費會低很多；兩國在二〇一〇二〇一一年度普查的調查人數都超過十億人，而兩國的人均調查成本都低於一美元。不過，即使是和美國類似的國家，如加拿大和澳洲，每個人的普查成本也都不到美國的一半。美國普查的成本之所以貴得天下無雙，是因為政治利害關係過於重大（事涉與黨派利益密切相關的選區重劃流程），也是因為法律禁止抽樣和調整。[4]

當然，即使是美國的例子，昂貴不見得就是浪費。十年間一百六十億美元的普查費用如果換算成單年開銷（也就是十六億美元），一年的成本占聯邦政府支出總額不到〇・〇五％。如果把普查視為資訊服務，普查單位可與國家氣象局（National Weather Service）類比，而後者每年的預算超過十億美元。如果把普查視為科學機構，那麼它的財務規模與大型強子對撞機（Large Hadron Collider）差不多，然則後者是歐洲最大的粒子加速器，一年的運轉費用是十億美元。如果把普查視為政府的顧客研究，那麼以營收比來看，它的成本平均而言比美國企業界的市場研究支出還要低得多。高品質資訊的蒐集就是貴。[5]

不過，就像很多政府計劃一樣，普查的利益難以捉摸，而且難以量化。有些國家曾經嘗試分辨普查資料的最終用途，像是政府的補助金與資本投資的效率配置，並設算它們的貨幣價值。英國、紐西蘭與澳洲最近的研究發現，它們普查的利益遠遠超過其成本。不過，有一項嚴謹的南非評估發覺，二〇一六年的十年中期普查不符合經濟效益。於是，南非目前改為十年普查，並從二〇一六年所省下約兩千億美元的經費中撥出一部分，用於改良抽樣調查。[6]

無論普查工作在狹義的經濟基礎上是否站得住腳，普查實行者都不斷承受著創新與撙節成本的壓力。二〇一〇年，英國的新政府（卡麥隆）宣布，二〇一一年的普查會是英國最後一屆普查。司職的部長說，二〇二一年會有「其他做法，能夠更頻繁、更迅速、以更低廉的成本提供更優質的資訊」。在公眾的疾呼以及國會的關切下，二〇二一年的普查又恢復實施。不過這似乎是緩刑：英國國家統計局正在努力策劃未來替代傳統普查的做法。[7]

當然，放眼全球，傳統普查根本沒有過時淘汰的問題。世界上大多數的地方都不像英國或美國一樣資訊泛濫。如在孟加拉或蘇丹等地，面對面的普查仍然是接觸多數人唯一可行的方法。大約有八〇％的國家識字率低於九〇％，在這些地方，連自主普查都有困難。許多國家的通訊基礎設備落後，或是政府能力有限，是以儘管傳統普查的後勤運籌工作複雜，卻是一種容易理解而穩健的方法，幾乎在任何地方都可運行。而這並不表示普查沒有創新的空間：像是用於標記住址的衛星影像、用於記錄資料的手持平板電腦等新科技，就連傳統的田野調查都能受惠，並降低成本。

較為富裕的國家也能利用科技降低成本。統計機關採用網路做調查的步調緩慢，特別是普查，但是它們現在正迅速加腳步。任何科技變動都有風險，普查領域也不例外。澳洲二〇一六年的普查網站就出現嚴重差錯。紐西蘭二〇一八年普查的低回覆率被歸咎於「過於偏重數位優先方法」，紐西蘭的國家統計學家也因此辭職。美國二〇二〇年的普查會是美國第一次高度倚賴網路普查申報——這是個重大考驗。[8]

但是，即使成功了，網路自主回覆並沒有我們想像中的那麼具革命性。它讓現代普查中成本最低廉的環節變得更便宜。至於成本最高的部分，也就是訪查員實際到沒有自主回覆的家戶做追蹤訪查，網路或許沒有什麼縮減成本的效果。對此，普查規劃者指望的是間接效應：如果大家看到上網回覆比填寫表格還簡單，自主回覆率或許就會變高，從而減少高成本追蹤訪查的需要。但是，此舉也有可能出現反效果：比方說，如果民眾看到網路回覆比較不安全，那麼自主回覆率反而會降低。

在仍然使用長式問卷的國家（如澳洲和英國），如果能減少普查的問題數量，並多倚重樣本調查，可以省下不少經費。一九七〇年，美國以長式／短式兩階段問卷成為這個方法的先驅。加拿大和中國也比照辦理。除了能降低成本，由於蒐集的資料整體而言比較少，所以另一個優點就是能討好隱私維權者。

不過這個方法也有風險。抽樣調查在公眾眼中並不是普查的必要部分，所以可能會有低回覆率的問題。二〇一〇年，加拿大的保守派政府不顧專家警告決定，二〇一一年的長式問卷採自願式調查。提出警告的專家包括首席統計學家，他後來辭職以示抗議。（他說：「自願式調查只是在浪費錢。」）一如預期，二〇一一年的長式問卷回覆率從二〇〇六年的九三・五％重跌到六八・六％。有些使用者宣稱，由於普查結果偏誤嚴重，以致於資料毫無價值。中間偏左路線的杜魯多（Justin Trudeau）政府在二〇一五年執政時，最先採取的行動之一就是翻轉這個決定。[9]

二〇〇〇年後，美國把自己的十年普查長式表格束之高閣，並在二〇〇五年，以一直在實行的美國社區調查（American Community Survey，ACS）取而代之。然而，二〇〇〇年時有一千七百萬家戶同時收到長式調查表，而美國社區調查則是在每個十年期間分散持續進行。他們每年大約挑出三千五百萬個家戶，因此在十年期間，大約會有四分之一的美國家戶被納入調查。這個較為複雜的方法捨棄了單一年分的精確度，以得到更即時的資料，是個公認成功的做法。但是關鍵在於，美國社區調查被視為十年普查的核心工作，而且比照強制參與的規格做宣傳。[10]

隨著普查回覆率連連下降，有些美國專家認為，未來的普查會更加倚重美國社區調查。最極端的狀況下，十年普查也許只會記錄家戶人數（《美國憲法》規定的最低限度），其他資訊一概不計。這個方法或多或少把美國普查又帶回一七九〇年的起點。[11]

行政資料介入

許多國家正在嘗試各種不同的方法減少普查的工作負荷量：更多採用所謂的行政資料。行政資料指的是政府在治理的過程中已經蒐集到的資料，例如郵政記錄、稅賦申報、移民檔案，以及退休金或社會安全帳戶。這種方法的倡議者主張，與其每十年發給每一個人一張空白表格，不如再利用現有的制度資料，這麼一來，不但更簡易可行、成本較低，也比較不會引發民怨。

普查工作者已經研究這類的資料長達數十年了，比方說，用它來估計普查裡的少計誤差。不過，要用行政資料全面代替普查資料還是有其障礙。過去，要把同一個人不同來源的資料連結整合是很困難的事，例如報稅資料和就學記錄。許多國家也有法律限制這種比對。但是，現代電腦能做到更有效的比對，統計學也發展出更好的技巧，把錯配的影響降到最低。而法律也更常有豁免規定，容允為統計目的做資料比對。

　　行政資料比對成為美國二○二○年普選公民身分題法律論戰的核心。在這個議題送進法院審理之前，普查局就曾建議公民身分資訊應該從其他現有的政府記錄蒐集，而不是在普查問卷裡增加問題。罕見的是，這個爭議讓大眾明白了美國政府究竟知道什麼，以及不知道什麼：普查局的首席科學家估計，九○％的公民身分只要根據社會安全資料就能判斷，而他們也預期，剩下的那一○％大多能透過比對移民記錄得知。川普總統最後發出的行政命令（做為他的行政機關在這個問題上退讓的表示之一）指示普查局進一步訴諸於行政資料這個選項。[12]

　　這不是單一事件。在美國，普查局希望能更廣泛使用行政資料，以減少二○二○年普查對未回覆者追蹤調查的需求。在英國，國家統計局的「後二○二一年研究計劃」以「行政普查」的建構為重點，理想上可以完全取代傳統做法。但是，行政資料仍然有其限制。例如，有些問題如果是放在普查，民眾可能會回答，但如果不是普查，他們可能就不會透露資訊給政府機構（包括種族和宗教）。現存的行政資料是否真能取代以調查為基礎的普查，仍然未有定論。

　　我們可以說，一個世紀以前，專責的人口登記制度興起之際，就已經解決了行政資料用於人口統計的困難。像是英國在思考的「行政普查」其實就是人口登記的可憐親戚，只比後者少幾個關鍵特點，包括全民登記以及主動提報的規定。

　　納粹濫用人口登記資料為非作歹，造成一些地方人口登記的推展緩慢。卡爾密耶為法國預想的詳盡檔案遭到摒棄（雖然法國仍然根據他的工作實施了國民身分編號制度）。荷蘭退回市政登記制度，而不是由一個容易濫用的中央機構握有全數的資料，一如蘭茲所做過的。但是，在納粹占領遺毒沒那麼深重的北歐國家，登記制在二十世紀晚期迅速發展，以支應優渥、擴張的福利國家的行政需求。[13]

還有其他國家也加入了北歐的行列。二〇一〇年左右，有十九個歐洲國家以人口登記資料取代傳統普查的部分層面（十年前，多達九個國家已經如此實行）。許多國家仍然以人口登記資料搭配某種有限的普查或抽樣調查，不過有六個國家（北歐五國加上奧地利）只用現有的登記資料實施十年人口統計。歐洲之外，好幾個國家（包括印度和土耳其）也已經開始建立人口登記資料。[14]

人口登記與其他行政資料庫的差異，以及它之所以能成為人口統計的適用基礎，在於它包含一國之內的每個居民、它的精確程度，以及它可以與其他政府資料庫和調查相通。這些特質代表「普查」基本上可以在任何時點從人口登記資料產生。例如，瑞典每個月都會發布類似普查的人口總數。每個人都有專屬的個人身分號碼，因此統計學家可以把核心人口統計資料連結到就業、教育等其他資料，甚至還能隨著時間追蹤個人（十年一次的資料要做到這件事相當困難，或根本不可能）。[15]

要打造一個完整度和準確度都足以取代普查的人口登記資料庫並非易事。雖然大部分的國家都有許多不同的居民資料庫，但是這些資料庫通常沒有納入每個居民（例如，不是每個居民都有繳納所得稅，也不是每個居民都會登記投票）。這樣的人口登記資料庫一旦建構起來，就必須主動更新維護。普查的許多核心屬性從出生開始就都相當穩定，但是民眾所在的地點卻經常變動（美國每年大約有一○％的人搬家，其中將近一半是搬到異國或他州）。像美國、澳洲、加拿大和英國等國家，國民沒有義務向主管機關登記住址變動，這一點與許多歐洲國家不同。因此，人口登記可以用來計算一國之內總共有多少居民，但是在州或郡的層級，時間愈久，隨著人口的遷移，人口數就愈失真。[16]

　　同理，這些國家也沒有像瑞典的個人身分號碼那種單一、全面的居民身分識別系統。雖然澳洲和英國有識別個人的稅籍號碼或福利號碼（分別是稅務檔案號碼〔Tax File Number〕和國家保險號碼〔National Insurance Number〕），但是法律禁止這些號碼另作他用。美國與此相應的是社會安全號碼，美國人一出生，或是移民進入美國時就會配發，已經接近實質上的個人身分號碼。民間企業也經常把社會安全號碼用於身分識別，這麼做已經超過其原初的功能，而社會安全局與州政府對此雖然有所限制，卻也是睜一隻眼，閉一隻眼。加拿大的社會保險號碼（Social Insurance number，SIN）也扮演了類似的角色，不過加拿大政府對於民間用途的防治更為積極。[17]

　　這些英美法系的英語國家對於強迫登記制度有很深的抗拒，但通常來說目的有限的傳統普查是個例外。在反對者的眼中，強迫登記制度是一條通往核發國民身分證、立法規定隨時攜帶身分證以及在街角設立警察檢查哨的不歸路。一九八○年代中期，澳洲人否絕了「澳洲卡」計劃，就是因為有此擔憂。二○○九年，印度推出了一個名為「Aadhaar」的系統（印地語〔Hindi〕「基礎」之意），是一種個人身分識別碼，連接到全國人口登記資料以及生物識別資料，像是指紋及長相。這項計劃遭遇印度最高法院多次挑戰，已經縮減範疇。[18]

在許多地區，文化上對於人口登記的趨避性可能已漸漸減弱。一項在九一一攻擊事件之後的民意調查發現，贊成「立法要求美國境內所有成人攜帶政府核發的國民身分證」的美國人略占多數。聯邦政府沒有推出這種證件，不過政府介入了駕照相關事務，把這個之前屬州層級的職責部分升級至國家層級。二〇〇五年倫敦炸彈事件之後，英國政府開始推出國民身分證，但是這個議案在二〇一〇年政府輪替之後被取消了。在這個恐怖主義與非法移民等議題仍然受到大眾高度關注的世界，不難想像輿論會更進一步改變方向，轉而贊成實行身分號碼、證件和登記等制度。[19]

此外，便利性也會持續把國家推往無所不包的中央化人口登記制度的路上。連結單一識別碼能讓政府與公民的互動更為順暢。紐約州的聯邦醫療補助（Medicaid，低收入者的醫療保險）申請書共有六頁，外加三頁描述證明身分和受領資格的必要輔助文件。在瑞典，你只要帶著身分證去醫療機構就行了。[20]

普查是否成了環形監獄？

許多我訪談過的專業統計人員都認為，至少在中高所得國家，人口登記是普查無可避免的未來。並非所有人都樂見這個預期中的未來。日常接觸到私密的個人資料可能會讓人心像蘭茲念念不忘的那種全知夢想，但也可能會對隱私深切尊重，並對任何會威脅到隱私的事物戒慎恐懼。

從我著手寫作本書以來，我也歷經過類似的內在衝突，在以下這個問題盤旋：普查是否成了環形監獄（注：Panopticon，一種監獄的構造，看守者在環形中心，可以看到所有囚室的狀況）的基樁？又或者普查並無害處，甚至有益，基本上是一個建構社群的正面概念，由於福利國家的推動而與理性、技術官僚政府的開端不謀而合，並有助於創造一個大部分人都能比兩千年、甚至兩百年前過得更好、差距無可計量的世界？

普查自問世以來就不曾擺脫這個問題的糾纏。在《聖經》第一次的描述裡，計算人口就和危險、瘟疫與災難有關。在猶太神學中，被數算就有被險惡的「邪惡之眼」看到的風險；邪惡之眼是人類原始的信仰，許多文化都有這樣的概念。它幾乎是一種動物本能：被看到就等於曝露在掠食者的獵程裡，岌岌可危。《出埃及記》為以色列人提供了解決辦法，也就是用每個人繳交的半舍客勒銀替代本人被點算：未算之算。[21]

超自然的迷信最終被更深植於社會內在的全觀之眼取代：霍布斯的利維坦（注：Hobbes's Leviathan，《利維坦》是英國政治學家霍布斯〔Thomas Hobbes〕一六五一年出版的著作，原為《聖經》中的一種怪獸，在此書中喻指強勢的國家），也就是國家本身。英國國會議員松頓在一七五三年挑起這股恐懼，論及普查會「完全顛覆英國最後僅存的自由」。然而，這最後僅存的自由並沒有被顛覆：在英國沒有，在美國沒有，在其他大部分於一八五〇年實施普查的國家也沒有。事實證明，政府蒐集到的統計資料有限（通常只有年齡、性別和職業），可說是軟弱無力。

不過，窺探到一角之後，終究會想要知道更多。隨著問卷內容變得更全面、也更具侵入性，大眾再度變得警戒。他們現在對被看見所表現的閃避態度不是出於恐懼，而是為了捍衛隱私：保持祕密、隱晦和不為人所知的權利。普查工作者回應這個訴求的解決辦法，創意不亞於《出埃及記》的間接數算法。在統計保密的原則下，一國或許可以藉由統計資料的總結而對公民有概觀的了解，卻無法得知任何一個公民個人的資訊：未見之見。

但是，即使這個辦法變得普遍，卻無法切合一般政府愈來愈多的需求。雖然政府的統計人員在他們的工作上砌起保密的碉堡，其他官僚機構卻在打造二十一世紀福利國家的中央化資訊系統。人口登記是其中一種表現，不過社會安全檔案、國家健康記錄、學校入學資料庫也都屬此類。

二十世紀中期，個人與國家之間的關係從根本上起了變化。一個世紀之前，擁有完整、中央化的公民或非公民居民名單的國家，就算有也很罕見。一九四八年，以色列以精確的領土範圍和精確的人口資料宣布建國，其人口登記之本就是普查。即使是在沒有中央化公民名單的國家，愈來愈多的福利及義務（納稅、退休金、醫療保健）都讓公民（或居民）與國家的關係變得個別化；由此而形成的檔案或許不像普查那麼全面，但也相去無幾。

到了一九六〇年代，沒有人可以確知，哪個政府機構握有他們哪些資料，目的又是什麼。反對的聲浪於是湧現。在越戰和水門事件之後，美國人不再信任政府會明智運用民眾的資料。全世界各地都興起類似的顧慮，隨後還出現了一波立法風潮。一九七四年，美國的《隱私法案》（*Privacy Act*）生效；一九八〇年，經濟合作與開發組織（Organization for Economic Co-operation and Development，OECD）國家也有了這樣的法律。一九七〇年的隱私規範是否真的如其本意發揮效用，這個問題仍有討論的空間，不過許多地方都有實施隱私規範。[22]

　　同時，個人資料蒐集的前沿也在持續推進。如今最有價值、最有意思的資料並不是某人是誰（或是他們說自己是誰），而是他們做的事。事實上，造就臉書五千億美元身價的資料並不是使用者加入時主動申報的那些人口統計資料項目的答案，而是他們被臉書的雷達鎖定之後點閱的網站、按讚的產品所呈現的類型。和我們在人口普查定義自己的廣泛類別比起來，這種資料更為私密，也透露出更多關於我們的訊息。

　　政府能夠取得的行為面資料也愈來愈多。例如，數十年來，各國政府的交通運輸規劃人員運用普查的住家地址和工作地點資料來分辨通勤模式。今日，這種外顯的蒐集資料方式已經過時。政府只要與民間企業合作，就能觀察到個人智慧型手機在週間和晚上通常所在的位置（前者是工作地點，後者是住家）。這是一個相對來說無關痛癢的例子，但更多暗黑的例子我們也不難想像。如果有臉部辨識功能的閉路攝影機記錄每週五進出清真寺的人有誰，普查有沒有放進宗教問題，也就無關緊要了。

新疆教育營

　　當然,高壓政府會長時間追蹤個人行為,以找出並迫害異議分子。大家都知道,東德的祕密警察就保有四分之一人口的檔案,記錄行蹤、與誰會面,並監聽對話。但是,一項把網撒得這麼大的工作需要大量人手積極主動配合。一九八九年,柏林圍牆倒下時,每一百個東德人就有一個是祕密警察的線民。[23]

　　三十年後,廣布線民的做法已經沒有必要。這可不是紙上談兵的見解,當今的世界就至少有一座令人不安的實驗室,呈現出在二十一世紀科技的提升下,一個全面實施監視的國家會是什麼樣貌:位於中國偏遠西部的新疆——二〇一八年,《經濟學人》(*Economist*)把它描述為「獨一無二的警察國度」。這個省級行政區是維吾爾人的家鄉,這支民族說的語言屬於突厥語系,信奉伊斯蘭教。無論是文化上還是地理上,這九百萬人都更接近鄰近的中亞地區,而非龐大的中國人口。他們在現代中國的處境一直都不好過,偶爾會爆發分離主義者的情緒,隨後便遭政府鎮壓。[24]

　　然而,大約自二〇〇八年起,中國政府祭出愈來愈精細的監視科技。最近去過新疆的訪客和維吾爾流亡分子皆描述了與指紋和 DNA 資訊連結的生物辨識身分證、手機強制安裝間諜軟體、配有臉部辨識功能的地毯式閉路電視攝影機、到處都有實體的檢查哨,以及每幾百公尺就設有一座、所謂的「便民警務站」。根據人權觀察組織(Human Rights Watch)的說法,支撐這套實體基礎建設的是一套資訊系統,結合了閉路電視攝影機、Wi-Fi 數據分析器、車牌掃瞄器、檢查哨身分證掃瞄所蒐集的監視資料，以及諸如「汽車所有權、健康、家庭計劃、銀行和司法記錄」等較傳統的記錄。這樣的系統，蘭茲大概只能在夢裡才找得到。在新疆，公民不但可以被看到，根本就是透明的。[25]

這一切雖然理論上每個人都適用，但顯然中國政府以維吾爾人口為目標。監視伴隨著鎮壓：據信，大約有一百萬名維吾爾人被送往再教育營，有些人再也沒有回來。華盛頓大學（University of Washington）人類學教授達倫・拜勒（Darren Byler）以維吾爾語的語彙「kımeytti」（意為剷除）來描述這些消失事件。拜勒在他的博士論文裡講述了許多這類的故事，包括一個他稱為「哈桑」的維吾爾男子。

哈桑出身於莎車的村莊，但當拜勒於二〇一四至二〇一五年間採訪他時，哈桑住在新疆首府烏魯木齊。搬到這座超過兩百萬人的城市，哈桑找到了在他的家鄉小鎮愈來愈少的自由。好景不長，二〇一四年，自治區政府發行了一種名叫「便民卡」的內部護照，要求離開家鄉居住的人必須返鄉登記。二〇一五年一月，哈桑和他的妻子與一歲大的女兒收到通知。由於沒有什麼其他選擇，一家三口搭上了夜間巴士，前往莎車。他們最後並沒有抵達目的地。半路上，巴士遇到車禍，哈桑的妻子身亡，女兒受傷。哈桑自己沒有受傷，但是不久之後，拜勒就聯絡不到他了。拜勒相信，哈桑被送往再教育營——從社群裡剷除。[26]

普查的當代必要

新疆式的監視不是今日科技注定的終點，就好像納粹的卡片檔案不是十九世紀人口統計學注定的結果一樣。但是，無論是在政府裡還是在大型企業裡，當前的科技進步確實對中央集權有利，與一個世紀之前的卡片檔案和打孔卡並沒有什麼不同。就如美國日裔囚禁營的故事所示，只要情況看似必要，即使是相對自由的政府也會禁不起誘惑，濫用人口資料。

無庸置疑，普查本身就是一種實施中央集權的技術，是羅馬、印加和大英帝國等其他帝國重要的行政管理工具。此外，特別在古代，普查通常會對接受普查的對象造成影響，例如課稅或徵兵。十八及十九世紀普查者的重大成就就是打破這個關聯，並說服民眾（一方面是公眾，另一方面是政府裡的同僚）國家可以蒐集公民的資料，但不至於用這些資料從事對公民不利的事。

這樣的普查（今日仍然為大部分國家所採用）是一種折衷。它承認在隱私與國家為了運作的知情需求之間，無可避免要做出取捨。在最好的情況下，傳統普查能在相互衝突的目標之間找到一個纖細的平衡。普查之所以能成功達成這點，是因為人口調查統計本質上需要大眾的參與，因此普查既不是由國家做主，也不是由人民做主，而是在兩者之間的持續協商下存在。由此形成的體制有其珍貴的特點（有些是本質上的，有些是辛苦得來的），如果我們能思及這些特點，就能成功地為二十一世紀的社會建構資訊系統。

首先，傳統普查對於蒐集來的資料誠實而透明。尤其是採自主申報時，政府無法暗中實施普查，或是偷渡問題卻不被大眾知道。（美國政府想增加的公民身分題卻遭強烈反對一事足以做為明證。）在這個程序的另一端，普查所蒐集的大部分資料都會回過頭來，以彙總的形式公諸於世。有些隱私維權者主張，政府的監視應該要有「反監視」機制，也就是召募普通公民自願「監視那些監視者」。普查有內建這種當責機制。[27]

再者，隨著時間過去，普查工作者也在法律、機構和專業倫理等各層面發展出有力的約束，限制他們分享資料的對象和方式。二〇二〇年，美國普查局計劃應用一種稱為「差分隱私」（differential privacy）的技術，這種推論法能讓普查局從數學上證明，某些彙總資料的發布並不會曝露個人的事實資料。這是一項重要的進展，但這些在技術層面上對洩露資訊的限制，其重要性遠遠不如人類既有的自我克制。

第三——雖然統計學家不願意承認這點，但是對於任何覺得普查威脅性十足的人來說，要迴避普查相對容易。雖然在大部分地方普查的參與都有強制規定，不參與的罰則卻相對輕微，而且很少有人因此遭到起訴（至少，相對遺漏的人數而言）。這彷彿就像我們認為被點算這件事很重要，所以要為它立法，同時至少在象徵意義上承認，透過統計而來的社會成員身分仍然是一種選擇。如果運作得當，大家會本於公民義務和同儕壓力回覆普查，而非礙於法律威迫。

第四，也是最後一點：在這個時代，隱蔽而被動的資訊蒐集活動比比皆然，普查卻正好相反，需要我們主動的關注。數百萬名普查人員登門查訪，沒有任何隱微之處。十年一次、一次為期幾週的普查能短暫地提醒大家，我們身為社會的一分子在資訊上所做的妥協。無論公平與否，普查象徵我們失去的隱私，有真實的，也有想像的。

在一個民主政體裡，很少有事物能夠像普查這樣有力地攫取民眾的關注。或許我們應該要善用這種特質。自二○○七年起，好幾個國家把一月二十八日定為「國際資料隱私日」（Data Privacy Day）。理論上，這應該是一年一度的節日，但是以一條曾經看似不可逾越的界線來說，若要觀察它逐漸的變遷，一項一年一度的活動或許太過頻繁。就像俗稱的溫水煮青蛙，我們也難以即時注意到隱私觀念的變化。或許我們應該把普查日定為隱私節，讓我們每十年有一個片刻可以檢視我們的政府，提醒我們自己，政府掌握了我們的哪些資訊。

幾乎可以確定的是，十年一度的傳統普查已經處於衰退的早期。在大部分的國家，這項於十九世紀發跡、不知怎麼地延續至二十一世紀的發明，或許終究會被本章所描述的其他方法替代。變化或許是漸變。統計學家在本質上相當保守，而且今日的普查工作者不管面對什麼財務或政治壓力都能敏銳地意識到，他們是這個已有數世紀歷史傳統的守護者。在有些國家，最明顯的是美國，立法或憲法改革的步調有如冰河，因此傳統普查勢必還會以某種形式存續一段時間。[28]

不過，即使是漸變，採用傳統普查的國家數還是有可能在二○二○年達到高峰，接著在未來的回合裡步入衰退，令人不勝唏噓。大家排隊依序接受統計調查，使得這項活動帶有某種崇高的色彩，不是因為我們個人會因此受惠或實質上受害，而是因為我們大多數人仍然相信政府，而相信的基礎是事實，而不是出於偏見或猜測。想要接觸每一個人、敲他們的門（愈來愈常在虛擬世界發生），然後對每個人說

「你也算進來了」──這件事就算有一點唐吉軻德的意味，還是值得敬佩。這套制度的巧妙之處在於，它取得了我們個人的私密資訊細節，然後回報關於我們鄰里、城市、州和國家的總合統計資料，而不會違反任何一個人的保密狀態。托爾斯泰所說的鏡子是一種特效鏡，我們在鏡裡看到的不是我們自己的面容，而是我們所生活的這個社會的面貌。

當然，就算這種形式的普查式微，更廣大的傳統卻不會凋零：那就是人類千年來數算、自我分類的習慣。就算我們能標記出穹蒼裡每一顆星星，我們也不會收起我們的望遠鏡。我們不會在窺見浩瀚宇宙之後，就此轉頭不看。因此，我們也不會停止計算人口。人類的旅程在每一個新生命的誕生裡延續，民數生生不息，人口統計也會再添新頁。

謝辭

接下來的點名，我幾乎可以百分之百肯定，這絕對不是完整的名單。

本書的構想大約出現在二〇〇九年。二〇一〇年回合的普查之前，我正在牛津大學的貝里歐學院（Balliol College）修習。二〇一三年，這個構想離實現又更近了一步：我當時為媒體網站《對話》（*The Conversation*）寫了一篇短文，反對英國取消二〇二一年的普查。接下來又經過了五年的時間，我才有機會把我的想法寫成書。機會出現時，Umar Serajuddin、Tariq Khokhar 以及 Haishan Fu 都鼓勵我向世界銀行（World Bank）告假，把握這個機會。

這個主題最讓人開心的一點，就是它彙集了這麼多時期和地點；我也非常幸運能夠造訪其中的一些地點。在以色列和巴勒斯坦，我受到許多人款待：伊姆巴旅行社（Imbach Travel）的 Roth Susanne，還有穆罕默德・阿塔里、涅達爾・薩瓦爾梅和 Anwar Dawabsha，以及明燈中心（Siraj Center）。巴勒斯坦中央統計局的職員，以及 Daniel Estrin、Jenny Levy 和 Dan Meisler，他們慷慨地付出他們的時間接待我。在南非，馬克・奧金、帕里・樂侯拉和 Hennie Loots 好心願意接受我的訪談，還有 Juliette Alenda 和我分享她的研究成果。

至於回到過去時代的旅行，只有去圖書館、檔案室及博物館才辦得到，而我在許多方面都仰賴紐約公共圖書館（New York Public Library）和布魯克林公共圖書館（Brooklyn Public Library），還有國會圖書館（Library of Congress）、博德利圖書館（Bodleian Libraries）、海格利博物館暨圖書館（Hagley Museum and Library）、大都會藝術博物館（Metropolitan Museum of Art），以及種族隔離博物館（Apartheid Museum）。計算機歷史博物館的 Dag Spicer 以及國家獨立歷史公園（Independence National Historical Park）的 Karie Diethorn 都給我很有幫助的建議。

Patrick Gerland、Meryem Demirci 與 Sabrina Juran 助我理解國際統計制度的各個部分如何接合在一起。羅伯特・葛洛夫斯、Kenneth Prewitt 與 Roeland Beerten 分享了他們對未來普查的想法。Neema Singh Guliani 與達倫・拜勒幫助我理解其中的風險。Kate Morgan、Clarissa Belloni 與 Ed Lewis 本於他們的專業為我解答問題。

我是受過訓練的量化研究人員，因此這樣一本滿篇都是文字，而非公式、數字、甚至圖表的書（不過，本書還是有圖表），看起來有一點超現實。Stian Westlake、Olivia Beattie、James Meader 與 John Butman 幫助我進入出版的世界。許多朋友都耐心地傾聽歷史上關於普查的雞毛蒜皮小事（有時候故事說得又臭又長），其中包括 Jacobus Cilliers、Erica Fox、Ashley Nord、Simon Thwaite 以及 Ariana Tobin。除了一些前述的名字，我的父母 Michael Whitby 與 Noela Whitby、我的姐妹 Catherine Whitby，以及我的朋友 Sara Nawaz 都曾對本書的初稿提出反饋。我的經紀人 Lisa Adams 對這項出版計劃信心滿滿，並說服他人付諸行動。Brian Distelberg 是我在 Basic Books 的編輯，他對我提出挑戰，要我更深入挖掘、更努力思考，而我的文稿編輯 Beth Wright 則把我的文字塑造得更接近我腦中的想法。

我非常感謝所有相關人士幫助這本書成真。

不過，若沒有我的妻子 Anna Alekseyeva 在這段旅程裡的傾聽、閱讀，以及對我的支持，這一切都不會存在。

本書如果有任何錯誤，都是我的疏失。正如十七世紀的天文學家、人口學家始祖里喬利所言，但願我只「嬉遊於數字，而沒有欺瞞世界」。

注釋

序章　人口統計，大有關係

1. 澳大利亞島州塔斯馬尼亞的戶政機關把一八九一年的殖民地普查描述為「下一場盛大的全國『盤點』」；參閱：Tasmania General Register Office, *Census of the Colony of Tasmania, 1891: Parts 1–8* (Hobart, Tasmania: William Grahame, 1893), x。在「盤點」用於明喻之前，它曾是一種類比。一八六一年，著名的英國普查官威廉·法爾曾寫道：「戶長記錄家庭成員；商人記錄存貨明細；政府計算國民人數。」參閱："The Forthcoming Census," Illustrated London News, April 6, 1861。

2. "Census Archive," Burning Man, burningman.org/culture/history/brc-history/census-data/.

3. United Nations Special Committee on Palestine, *Report to the General Assembly (Volume 1)*, Official Records of the Second Session of the General Assembly (Lake Success, NY, September 3, 1947), chap. 2, sec. A, and chap. 6, part 1, sec. G.

4. Anat Leibler and Daniel Breslau, "The Uncounted: Citizenship and Exclusion in the Israeli Census of 1948," *Ethnic and Racial Studies* 28, no. 5 (September 2005): 880–902. 引述出自：UN Statistics Division, *Principles and Recommendations for Population and Housing Censuses, Revision 3* (New York: United Nations, 2017), 103。

5. Leibler and Breslau, "The Uncounted," 891; *Palestine Post* quoted in "Israel Applies a Curfew to Detail All for Census," *New York Times*, November 9, 1948.

6. Central Bureau of Statistics (Israel), "Israel in Statistics 1948–2007,"Statistilite, Jerusalem, May 2009.

7. UN Statistics Division, *Principles and Recommendations for Population and Housing Censuses*, 2.

8. "Diplomatic Relations," Permanent Observer Missions of the State of Palestine to the United Nations, New York, October 14, 2019, palestineun.org/about-palestine/diplomatic-relations.

9. "Statistics on Settlements and Settler Population," B'Tselem: The Israeli Information Center for Human Rights in the Occupied Territories, January 16, 2019, btselem.org/settlements/statistics. 關於法律地位，請參閱：Security Council Resolution 2334, December 23, 2016, undocs.org/S/RES/2334(2016)。

10. 公元一世紀（注：因應作者在第 1 章裡對紀元的看法，本書皆使用「公元」，不用「西元」。）的歷史學家約瑟夫斯（Josephus）寫道：「根據加利利人的習慣，節慶時他們會前往聖城，穿越撒馬利亞人的土地。」參閱：Josephus, *Antiquities*, Book 20, chap. 6（《猶太古史》）。

11. 這個部分的文字根據兩次專訪而來：一次是二〇一九年三月十九日在巴勒斯坦中央統計局；另一次是二〇一九年一月二十九日的第一次對話。與我談話的官方人員要求不要提到他們的名字。

12. Joel Greenberg, "Palestinian Census Ignites Controversy over Jerusalem," *New York Times*, National edition, sec. A, December 11, 1997.

13. 引用自以下文獻：Ibrahim Husseini, "Israel Arrests Palestinians over Population Count," *Al Jazeera News*, November 22, 2017, aljazeera.com/news/2017/11 /israel-arrests-palestinians-population-count-171122151547713.html; PCBS, "Population, Housing and Establishments Census 2017: Census Final Results— Summary (Updated Version)," Ramallah, July 2018, [24] and Table 29. 巴勒斯坦中央統計局把耶路撒冷省（耶路撒冷城區之外的巴勒斯坦行政區）分成兩個地區：J1，即一九六七年時被以色列併吞的土地；以及 J2，指更外圍的郊區、村莊和營地。「東耶路撒冷」通常指的是以色列區，也就是 J1。話雖如此，這兩個地區構成了連綿的城郊蔓延地帶，只以障礙物和檢查哨做為區隔。

14. PCBS, "Population, Housing and Establishments Census 2017," Table 29.

15. 同前注，[13], [33]。

16. 同前注，[39]。

17. Edward Said, "The Morning After," *London Review of Books* 15, no. 20 (October 21, 1993): 3–5. 關於流散的巴勒斯坦人口，參閱：Ola Awad, "Dr. Awad Presents a Brief on Palestinians at the End of 2018," PCBS, December 31, 2018, pcbs.gov.ps/post.aspx?lang=en&ItemID=3356。

18. Ornan v. Ministry of the Interior, No. CA 8573/08 (Supreme Court of Israel October 2, 2013).

19. Bill Chappell and Daniel Estrin, "Netanyahu Says Israel Is 'Nation-State of the Jewish People and Them Alone,' " NPR, March 11, 2019, npr.org/2019 /03/11/702264118/netanyahu-says-israel-is-nation-state-of-the-jewish-people-and-them-alone.

20. 就像在以色列這個獨立國家，普查在公民身分登記上也扮演了一個角色。有人認為，普查的執行在方法上的選擇是為了支持基督徒的少數群體。參閱：Rania Maktabi, "The Lebanese Census of 1932 Revisited: Who Are the Lebanese?," *British Journal of Middle Eastern Studies* 26, no. 2 (November 1999): 219–241。

21. Muhammad A. Faour, "Religion, Demography, and Politics in Lebanon," *Middle Eastern Studies* 43, no. 6 (November 2007): 909–921.

22. The Editorial Board, "Will the Census Count All of Us?," *New York Times*, April 21, 2019.

23. 關於傅科對這個地區的觀點，比較好消化的解讀可參閱：Bruce Curtis, "Foucault on Governmentality and Population: The Impossible Discovery," *Canadian Journal of Sociology / Cahiers Canadiens de Sociologie* 27, no. 4 (2002): 505; Bruce Curtis, *The Politics of Population: State Formation, Statistics, and the Census of Canada, 1840–1875* (Toronto: University of Toronto Press, 2001); James C. Scott, *Seeing like a State: How Certain Schemes to Improve the Human Condition Have Failed*, Yale Agrarian Studies (New Haven, CT: Yale University Press, 2008); Benedict Anderson, *Imagined Communities: Reflections on the Origin and Spread of Nationalism*（注：《想像的共同體》，時報出版），rev. ed. (London: Verso, 2016), chap. 10。關於普查的學術理論，詳細的概論可參閱：Rebecca Jean Emigh, Dylan J. Riley, and Patricia Ahmed, *Antecedents of Censuses from Medieval to Nation States: How Societies and States Count* (New York: Palgrave Macmillan, 2016), chap. 1。

24. 像是凱瑟琳・列維坦（Kathrin Levitan）就持這個觀點，參閱：*A Cultural History of*

the British Census: Envisioning the Multitude in the Nineteenth Century, Palgrave Studies in Cultural and Intellectual History (New York: Palgrave Macmillan, 2011)。

25. 套用 Sarah Elizabeth Igo 著作的術語：The Known Citizen: A History of Privacy in Modern America (Cambridge, MA: Harvard University Press, 2018)。

26. 引用自：Emigh, Riley, and Ahmed, Antecedents of Censuses from Medieval to Nation States, 3。

27. Leo Tolstoy, What Then Must We Do? (1886) excerpted in "Leo Tolstoy on Thoughts Evoked by the Census of Moscow," Population and Development Review 37, no. 3 (September 2011): 579–584.

28. John Clark Ridpath, The Life and Work of James A. Garfield, Twentieth President of the United States (Cincinnati: Jones Brothers and Company, 1881), 217.

29. James Manyika, "Hal Varian on how the Web challenges managers," McKinsey Quarterly (January 2009).

第 1 章　民數記

1. 關於早期人類的稀少，可參閱：Yuval N. Harari, Sapiens: A Brief History of Humankind (New York: Harper, 2015), 47（注：《人類大歷史》，天下文化出版）。關於鄧巴提出的數字，請參閱：R. I. M. Dunbar, "Coevolution of Neocortical Size, Group Size and Language in Humans," Behavioral and Brain Sciences 16, no. 4 (December 1993): 681。

2. Nick Murphy, "The Story of 1," BBC, September 28, 2005.

3. Organisation for Economic Co-operation and Development, Redefining "Urban": A New Way to Measure Metropolitan Areas (Paris: OECD, 2012).

4. Giovanni Anobile, Guido Marco Cicchini, and David C. Burr, "Number as a Primary Perceptual Attribute: A Review," Perception 45, nos. 1–2 (January 2016): 5–31。科學家發現，人類臉部和身體部位的反應有對應的專精化大腦區域，甚至有內在的演化基礎，雖然這種主張有其爭議。參閱："A Cortical Area Selective for Visual Processing of the Human Body," Science 293, no. 5539 (September 28, 2001): 2470–2473。

5. Herodotus, The Histories, ed. Paul Cartledge, trans. Tom Holland (New York: Penguin, 2015), Book 4, para 81. Claudia Zaslavsky, Africa Counts: Number and Pattern in African Cultures, 3rd ed. (Chicago: Lawrence Hill Books, 1999), 52–53.

6. 關於奇普的人口普查資訊的概論，可參閱：Gary Urton, Inka History in Knots: Reading Khipus as Primary Sources, Joe R. and Teresa Lozano Long Series in Latin American and Latino Art and Culture (Austin: University of Texas Press, 2017), 4, 189。關於可能是奇普人口普查的首次確認，請見：Manuel Medrano and Gary Urton, "Toward the Decipherment of a Set of Mid-Colonial Khipus from the Santa Valley, Coastal Peru," Ethnohistory 65, no. 1 (January 1, 2018): 1–23; Daniel Cossins, "How to Read Inca," New Scientist, September 29, 2018, newscientist.com/article/mg23931972-600-we-thought-the-incas-couldnt-write-these-knots-change-everything。

7. 引用自：Urton, Inka History in Knots, 179–180。

8. 關於公元前三八〇〇年這個主張，我所能找到最早提及的人是澳洲備受尊崇的第一位國家統計學家喬治・尼布斯（George Knibbs）。他似乎誤解了頗負盛名的波士卡文（William St. Chad Boscawen）的一則陳述。一九三二年，伍爾夫（A. B. Wolfe）駁斥了這個主張，但這個說法還是繼續存在，特別是在熱衷留下豐功偉業（一如尼布斯）的國家統計局的網站。至於另一個類似的主張，也就是大約公元前二五〇〇年的埃及普查，似乎也是來自尼布斯。請參閱：G. H. Knibbs, Census of the Commonwealth of Australia: Volume I. Statisticians Report (Melbourne, 1911), 2; W. St. Chad Boscawen, The First of Empire: "Babylon

of the Bible"in the Light of Latest Research, 2nd ed. (London: Harper & Brothers, 1906), 147–148; A. B. Wolfe, "Population Censuses Before 1790," *Journal of the American Statistical Association* 27, no. 180 (December 1932): 357。

9. 關於傳說中的普查總人口數，請參閱：James Legge, *The Chinese Classics: With a Translation, Critical and Exegetical Notes, Prolegomena and Copious Indexes,* vol.3, part I (Hong Kong: London Missionary Society, 1865), 76–80。有些資料來源的記載為一千三百五十五萬三千九百三十五人；以下文獻即是其中一例：Hans Bielenstein, "The Census of China During the Period 2–742 A.D.," *Bulletin of the Museum of Far Eastern Antiquities (Stockholm),* no. 19 (1947): 126。關於現代的估計，參見：Colin McEvedy and Richard Jones, *Atlas of World Population History,* Penguin Reference Books (Harmondsworth: Penguin, 1978), 170–172。

10. 關於《周禮》的分析，請見：Huan-Chang Chen（陳煥章）, "The Economic Principles of Confucius and His School" (Columbia University, 1911), 297–299, archive.org/details/economicprincipl00huan; H. George Frederickson, "Confucius and the Moral Basis of Bureaucracy," *Administration & Society* 33, no. 6 (January 2002): 610–628。

11. *Analects of Confucius* (Internet Classics Archive, 2009), section 2, part 10, classics.mit.edu/Confucius/analects.html（注：作者在本段所引用對孔子的描述，語出《論語》〈鄉黨第十〉：……式負版者，……「式」同「軾」，為車輛前部的橫木，此作動詞用，屈身伏於橫木上以示尊敬與同情；負版者指背負國家圖籍之人）; Chen, "The Economic Principles of Confucius and His School," 311。

12. Gan Xu, *Balanced Discourses,* trans. John Makeham, A Bilingual Ed., The Classical Library of Chinese Literature and Thought (New Haven, CT: Yale University Press; Beijing: Foreign Languages Press, 2002), chap. 20（徐幹，《中論》下卷，〈民數〉二十）。現代的對照可參閱：Why We Conduct the Decennial Census," US Census Bureau, October 19, 2017, census.gov/programs-surveys/decennial-census/about/why.html。

13. Chen, "The Economic Principles of Confucius and His School," 298.

14. 部分原因是「戶」（家計單位）與「口」（人數）的混淆。參閱：ibid., 332; Wolfe, "Population Censuses Before 1790," 359。

15. 〈出埃及記〉一章五節與十二章三十七至四十二節。後者記載的人口數為六十萬，不過只包括成年男性。

16. Shira Golani, "Is There a Consensus That a Census Causes a Plague?," TheTorah.Com—A Historical and Contextual Approach (blog), February 21, 2016, thetorah.com/is-there-a-consensus-that-a-census-causes-a-plague.

17. 現代翻譯通常把希伯來語的「rš」英譯為「census」（普查），而不是「sum」（總數）。雖然這樣的翻譯對現代的讀者來說較為清楚，卻有時空倒錯之虞，因為「census」衍生自拉丁文，是好幾個世紀後才出現的字彙。基於這個理由，在此我偏好欽定本較為簡單的翻譯。本書的書名（The Sum of the People）即取自欽定本〈民數記〉二十六章四節的翻譯。

18. 總計記載於〈民數記〉一章四十六節。

19. 關於早期的猶太人口，請參閱：McEvedy and Jones, *Atlas of World Population History,* 141。

20. Colin J. Humphreys, "The Number of People in the Exodus from Egypt: Decoding Mathematically the Very Large Numbers in Numbers I and XXVI," *Vetus Testamentum* 48, no. 2 (1998): 196–213; W. M. Flinders Petrie, *Researches in Sinai* (London: John Murray, 1906), 207.

21. M. McEntire, "A Response to Colin J. Humphreys's 'The Number of People in the Exodus from Egypt: Decoding Mathematically the Very Large Numbers in Numbers I and XXVI,' "

Vetus Testamentum 49, no. 2 (1999): 262–264.

22. 〈民數記〉二十六章。

23. 〈撒母耳記下〉二十四章；〈歷代志上〉二十一章。此間沒有引發事故的普查包括：〈約書亞記〉八章十節；〈撒母耳記上〉十一章八節；〈撒母耳記上〉十三章十五節；〈撒母耳記上〉十五章四節；以及〈撒母耳記下〉十八章一節。

24. 〈何西阿書〉一章十節（注：全句為「然而，以色列的人數必如海沙，不可量、不可數。」）有時候會被引用做為普查禁制的《聖經》基礎。雖然後半的句子看似是直接明白的敘述性明喻，但若刻意解釋，也可以解讀為律法。〈創世紀〉三十二章十二節也有類似的陳述（注：「我必定厚待你，使你的後裔如同海邊的沙，多得不可勝數。」）

25. 雖然 Paul Cartledge（參見本章注 5）表示異議，指出雅典不曾有過這種法律（出處：note 87, p. 660）。Herodotus, *The Histories,* Book 2, para 177。

26. Plato, Book V, *Laws,* trans. Benjamin Jowett, n.d., classics.mit.edu/Plato/laws.html. United Nations, Department of Social Affairs, Population Division, *The Determinants and Consequences of Population Trends,* Population Studies (New York: United Nations, 1953), 22.

27. Tenney Frank, "Roman Census Statistics from 508 to 225 B.C.," *American Journal of Philology* 51, no. 4 (1930): 313–324; Lorne H. Ward, "Roman Population, Territory, Tribe, City, and Army Size from the Republic's Founding to the Veientane War, 509 B.C.–400 B.C.," *American Journal of Philology* 111, no. 1 (1990): 5; Mary Beard, *SPQR: A History of Ancient Rome* (New York: Liveright, 2015), 97–98.

28. William Smith, "Censor," in *A Dictionary of Greek and Roman Antiquities* (London: John Murray, 1875), 260–266, penelope.uchicago.edu/Thayer/E/Roman/Texts/secondary/SMIGRA*/Censor.html; Luuk de Ligt, "Census Procedures and the Meaning of the Republican and Early-Imperial Census Figures," in *Peasants, Citizens and Soldiers: Studies in the Demographic History of Roman Italy 225 BC–AD 100* (Cambridge, UK: Cambridge University Press, 2012), 79–134.

29. A. Cornelius Gellius, *Noctus Atticae (Attic Nights),* Book 4, Loeb Classical Library, vol. 1 (1927), 20:1, penelope.uchicago.edu/Thayer/E/Roman/Texts/Gellius/4*.html#20.

30. 以下就是這類新聞稿的例子："Census of Population and Housing— The 2001 Census, Religion and the Jedi," Australian Bureau of Statistics, May 2, 2001, abs.gov.au/websitedbs/D3110124.NSF/0/86429d11c45d4e73ca256a400006af80?OpenDocument。

31. P. A. Brunt, "The Revenues of Rome," *Journal of Roman Studies* 71 (November 1981): 163–165; W. Graham Claytor and Roger S. Bagnall, "The Beginnings of the Roman Provincial Census: A New Declaration from 3 BCE," *Greek, Roman, and Byzantine Studies,* no. 55 (2015): 637–653.

32. *Res Gestae,* chap. 8. 解讀參見：Tenney Frank, "Roman Census Statistics from 225 to 28 B.C.," *Classical Philology* 19, no. 4 (1924): 329–341; Elio lo Cascio, "The Size of the Roman Population: Beloch and the Meaning of the Augustan Census Figures," *Journal of Roman Studies* 84 (November 1994): 23–40。

33. 關於原始的普查計算與再分析，參閱：John D. Durand, "The Population Statistics of China, A.D. 2–1953," *Population Studies* 13, no. 3 (March 1960): 216, 221. 以下文獻的估計值較低，大約是五千萬：McEvedy and Jones, *Atlas of World Population History,* 170–172。

34. J. Reiling and J. L. Swellengrebel, *A Translator's Handbook on the Gospel of Luke* (Leiden: E. J. Brill, 1971), 104.

35. The prophecy is in Micah 5:2. For arguments against the account in Luke, see Lutz Neesen, *Untersuchungen Zu Den Direkten Staatsabgaben Der Römischen Kaiserzeit: (27 v. Chr.–284 n. Chr.)* (Bonn: Habelt, 1980), 39; quoted in Brunt, "The Revenues of Rome," 163.

36. Claytor and Bagnall, "The Beginnings of the Roman Provincial Census," 639.

37. Josephus, *Antiquities,* Book 18, chap. 1.

38. Thorvaldsen 的書裡有一個部分下了一個尖銳的標題:「末日審判書——不是普查」。雖然以現代的標準來看,它不算是普查,但是如果我們採取的定義寬廣到足以把羅馬普查列為普查,那麼《末日審判書》的調查無疑也是普查。參閱:Gunnar Thorvaldsen, *Censuses and Census Takers: A Global History,* Routledge Studies in Modern History (London: Routledge/ Taylor & Francis Group, 2018), 12。關於《末日審判書》的獨特性,參閱:V. H. Galbraith, *The Making of Domesday Book* (Oxford, UK: Clarendon, 1961), 2–3; David Roffe, *Domesday: The Inquest and the Book* (New York: Oxford University Press, 2000), 2。

39. David Roffe, "Introduction," in *Domesday Now: New Approaches to the Inquest and the Book,* ed. David Roffe and K. S. B. Keats-Rohan (Boydell and Brewer, 2016), 1.

40. 雖然這些條目有其他可能的解釋;參閱:D. M. Palliser, "Domesday Book and the 'Harrying of the North,' " *Northern History* 29, no. 1 (June 1993): 1–23。

41. 各項理論的總結,詳參:Roffe, *Domesday,* 12–16。

42. 《末日審判書》是普查的說法有時候會遭到反對,因此這一句話同時強調人和土地,就顯得耐人尋味。譯自:*The Anglo-Saxon Chronicle,* trans. James Henry Ingram (London, 1823), gutenberg.org/ebooks/657。關於格洛斯特的起源,參閱:N. M. Herbert, ed., "Anglo-Saxon Gloucester: C. 680–1066," in *A History of the County of Gloucester: Volume 4, the City of Gloucester,* British History Online, 1988, british-history.ac.uk/vch/glos/vol4/pp5-12。

43. 〈路加福音〉二章一節的經文取自拉丁文武加大譯本。Bates 在以下文獻裡提出由聖誕得到啟發的理論:"The Domesday Book," *In Our Time,* BBC, April 17, 2014, bbc.co.uk/ programmes/b040llvb。另請參閱:David Bates, *William the Conqueror* (New Haven, CT: Yale University Press, 2016), 468. 關於威廉一世面臨(或缺乏)的劣勢,同前冊 16–24。

44. "Survey and Making of Domesday," The National Archives, nationalarchives.gov.uk/domesday/ discover-domesday/making-of-domesday.htm, accessed October 24, 2018.

45. Galbraith, *The Making of Domesday Book,* 37; Ingram, *The Anglo-Saxon Chronicle.*

46. Richard Girling, "The Yellowed Pages," *Sunday Times Magazine,* December 8, 2002.

47. 關於數字的細節,參閱:Roffe, *Domesday,* 2; "Interpreting Domesday," The National Archives, nationalarchives.gov.uk/domesday/discover-domesday/interpreting-domesday.htm, accessed October 24, 2018. 至於那個無名的英國人,參閱:Ann Williams, ed., *Domesday Book: A Complete Translation,* Penguin Classics (London: Penguin Books, 2003), 1147, folio 232r; Bates, *William the Conqueror,* 470。

48. 之所以有這樣的解釋,參閱:Richard fitz Neal's Dialogue of the Exchequer (1179 CE) quoted in Roffe, *Domesday,* 5. 整體來說,參見 5–7。

49. Robin McKie and Vanessa Thorpe, "Digital Domesday Book Lasts 15 Years Not 1000," Observer (London), March 3, 2002, UK news, theguardian.com/uk/2002/mar/03/research.elearning; "Digital Domesday Book Unlocked," BBC News, December 2, 2002, news.bbc.co.uk/2/hi/ technology/2534391.stm.

50. Roffe, *Domesday,* 7

51. "Granite Mountain Records Vault," The Church of Jesus Christ of Latter-day Saints, 2019, newsroom.churchofjesuschrist.org/article/granite-mountain-records-vault。

52. 《末日審判書》並不孤單。十一至十八世紀間也曾出現過一些類似人口普查的活動,多與稅收有關,儘管比起歐洲其他地區,英國的活動較少;參見 Rebecca Jean Emigh, Dylan J. Riley, and Patricia Ahmed, *Antecedents of Censuses from Medieval to Nation States: How Societies and States Count* (New York: Palgrave Macmillan, 2016)。

53. Austin Ramzy, "Q. and A.: Kung Tsui-Chang on Life as the Heir to Confucius," Sinosphere: Dispatches from China (blog), November 14, 2014, sinosphere.blogs.nytimes.com/2014/11/14/q-a-kung-tsui-chang-on-life-as-the-heir-to-confucius.

54. "Gaia Creates Richest Star Map of Our Galaxy and Beyond," European Space Agency, April 25, 2018, esa.int/Our_Activities/Space_Science/Gaia/Gaia_creates_richest_star_map_of_our_Galaxy_and_beyond.

第 2 章　政治算術

1. National Archives of Iceland, "International Memory of the World Register: The 1703 Census of Iceland," nomination submission, UNESCO, 2012, sec. 3.4

2. 這段話是約杭森十九世紀寫的，被引用於以下文獻：Richard F. Tomasson, "A Millennium of Misery: The Demography of the Icelanders," *Population Studies* 31, no. 3 (November 1977): 407; Colin McEvedy and Richard Jones, *Atlas of World Population History,* Penguin Reference Books (Harmondsworth: Penguin, 1978), 116。

3. National Archives of Iceland, "International Memory of the World Register: The 1703 Census of Iceland," secs. 3.2, 5.1.

4. 基於大致相同的原因，美國普查每次都是一月在阿拉斯加開跑，就在人口統計工作的重頭戲展開的幾個月之前。National Archives of Iceland, sec. 3.4; "The 1703 Census," Culture House, culturehouse.is/vefleidsogn/ut/salur-i/i-veggskapur-ferdabaekur-og-maelingar/manntalid-1703, accessed August 3, 2019.

5. Tomasson, "A Millennium of Misery," 418–419; National Archives of Iceland, "International Memory of the World Register: The 1703 Census of Iceland," sec. 3.1.

6. 關於被遺忘又被重新發現的普查，參閱：National Archives of Iceland, "International Memory of the World Register: The 1703 Census of Iceland,"6。

7. 這些數字都有激烈的辯論；參閱：Charles C. Mann, *1491: New Revelations of the Americas Before Columbus* (New York: Knopf, 2005), 105–109, 150–151; McEvedy and Jones, *Atlas of World Population History,* 275–281。

8. John Smith, "The Generall Historie of Virginia," ed. Lyon Gardiner Tyler, vol. 4 (New York: Charles Scribner's Sons, 1907), 329, americanjourneys.org/aj-082. 另請參閱：Samuel Purchas, *Hakluytus Posthumus, or Purchas His Pilgrimes,* vol. 19 (Glasgow: J. MacLehose and Sons, 1906), 119, catalog.hathitrust.org/Record/006665849; Helen C. Rountree, "Pocahontas (d. 1617)," *Encyclopedia Virginia,* November 30, 2015, encyclopediavirginia.org/Pocahontas_d_1617。

9. 迪士尼動畫電影《風中奇緣 II》（*Pocahontas II*）中有烏塔瑪托馬金算數的情節。關於波瓦坦的算數技巧，更嚴謹的記述可參閱：Helen C. Rountree, *The Powhatan Indians of Virginia: Their Traditional Culture,* The Civilization of the American Indian Series, vol. 193 (Norman: University of Oklahoma Press, 1989), 49–50。

10. Gunnar Thorvaldsen, *Censuses and Census Takers: A Global History,* Routledge Studies in Modern History (London: Routledge/Taylor & Francis Group, 2018), 14; Rebecca Jean Emigh, Dylan J. Riley, and Patricia Ahmed, *Antecedents of Censuses from Medieval to Nation States: How Societies and States Count* (New York: Palgrave Macmillan, 2016), 146.

11. Thorvaldsen, *Censuses and Census Takers,* 17–19.

12. Emigh, Riley, and Ahmed, *Antecedents of Censuses from Medieval to Nation States,* 145–151.

13. Charles Davenant (1698), quoted in Ted McCormick, *William Petty and the Ambitions of Political Arithmetic* (New York: Oxford University Press, 2009), 296.

14. Tony Barnard, "Petty, Sir William," in *The Oxford Dictionary of National Biography,* ed. H. C. G. Matthew and B. Harrison (Oxford, UK: Oxford University Press, 2004); McCormick, *William Petty and the Ambitions of Political Arithmetic,* 14–83. 馬克思（Karl Marx）對配第相當不留情面，直言他是個「鋪張、貪婪、沒有原則的冒險者」，參閱：Karl Marx, *A Contribution to the Critique of Political Economy,* trans. N. I. Stone, translated from the 2nd German ed. (Chicago: Charles H. Kerr & Company, 1904), n. 20, gutenberg.org/ebooks/46423。

15. McCormick, *William Petty and the Ambitions of Political Arithmetic,* 84–131; Samuel Pepys, *The Diary of Samuel Pepys, M.A., F.R.S.,* ed. Henry B. Wheatley (London: George Bell & Sons, 1893), gutenberg.org/ebooks/4200, entry for 27 January 1663/64.

16. 這些報表最大的限制在於，報表是根據埋葬在已有位份的英格蘭教會所舉行的葬禮編彙而成的；因此，倫敦大約有三分之一的死亡人數被遺漏了。參閱：John Graunt, *Natural and Political Observations...upon the Bills of Mortality,* 1662。

17. McCormick, *William Petty and the Ambitions of Political Arithmetic,* 131–135; Graunt, *Natural and Political Observations...upon the Bills of Mortality,* chap. 11.

18. Graunt, *Natural and Political Observations...upon the Bills of Mortality,* chap. 11.

19. Leslie Stephen and Sidney Lee, eds., *Dictionary of National Biography,* vol. 8 (Glover—Harriott) (London: Smith, Elder & Co., 1908), 427–428.

20. 關於配第個人對商店算術的貢獻，概論可參閱：Harald Westergaard, *Contributions to the History of Statistics* (London: P. S. King & Son, 1932)。至於配第計劃的黑暗面，梗概可參閱以下文獻：McCormick, *William Petty and the Ambitions of Political Arithmetic,* 186, 193, 214。

21. 例如，盧梭（Jean-Jacques Rousseau）在一七六二年的《社會契約論》（*On the Social Contract*）裡述及：「什麼是政治組織的目標？成員的保全與興盛。成員保全自我並繁榮最確定的訊號為何？成員的數量與其人口。」參閱：Jean-Jacques Rousseau, "On the Social Contract," in *The Major Political Writings of Jean-Jacques Rousseau: The Two Discourses and the Social Contract,* ed. John T. Scott (Chicago: University of Chicago Press, 2014), 227; Anthony Pagden, *The Enlightenment: And Why It Still Matters* (Oxford, UK: Oxford University Press, 2013), 253。

22. 配第的言詞被引用於：McCormick, *William Petty and the Ambitions of Political Arithmetic,* 177. "Thou hast ordered all things in measure and number and weight" (Wisdom of Solomon 11:20). 關於政治算術的演進，參閱：McCormick, *William Petty,* 287, 294。

23. Westergaard, *Contributions to the History of Statistics,* 53–55. 關於葛蘭特與配第的影響，參見：Peter Skold, "The Birth of Population Statistics in Sweden," *The History of the Family* 9, no. 1 (January 2004): secs. 5–7。

24. Westergaard, *Contributions to the History of Statistics,* 54–57.

25. 同前注，8–59。

26. T. C. Hansard, *The Parliamentary History of England from the Earliest Period to the Year 1803,* vol. 14 (London, 1813), cols. 1317–1318, 1321.

27. 松頓表示反對意見的演說原文，文獻同前注，vol. 14, cols. 1318–1322。利德雷對自己原來立場的省思，參閱：col. 1330。至於簡歷傳記，請見："THORNTON, William (?1712–69), of Cattal, Nr. York.," History of Parliament Online, historyofparliamentonline.org/volume/1715-1754/member/thornton-william-1712-69, accessed August 8, 2019。

28. 事實上，法國人在十七世紀才有普查之議，特別值得注意的是工程師沃邦（Vauban）的詳盡工作，但是全國規模的普查仍然付之闕如。總人口數的估計是根據像葛蘭特所用的方法而行；參閱：Thorvaldsen, *Censuses and Census Takers,* 27–30。

29. 關於反對人數的增長，參閱以下文獻之附注：Hansard, *The Parliamentary History of England from the Earliest Period to the Year 1803,* vol. 14, cols. 1317–1319。

30. 同前注，vol. 14, cols. 1330–1331。

31. 關於殖民地的迷信，在一七一二年時任紐約與紐澤西州長的杭特（Robert Hunter）寫給上議院貿易委員會的信裡可見一斑：「我無法取得完整的普查資料，單純的迷信，以及人民觀察到上一次人口統計之後出現了重大疫疾，二者構成了阻礙。」以下文獻也提到類似的情狀：George W. Schuyler, *Colonial New York: Philip Schuyler and His Family,* vol. 1 (New York: Charles Scribner's Sons, 1885), 428–429。關於英語世界的中心移轉，事實證明富蘭克林說得沒錯：根據一八五〇年的美國普查，美國人口總數為兩千三百萬人，三百萬人是黑奴，但其他絕大多數都是英格蘭後裔。相照之下，一九五一年英國的普查顯示人口總數為兩千七百萬人（當時包括威爾斯、蘇格蘭和愛爾蘭全境），其中只有一千五百萬人是英格蘭人。

32. McEvedy and Jones, *Atlas of World Population History,* 47.

33. 潘恩之語出自其著《常識》：Thomas Paine, "Common Sense," in *The Writings of Thomas Paine,* ed. Moncure Daniel Conway (New York: G. P. Putnam's Sons, 1894), gutenberg.org/ebooks/3755。關於人口與革命，參閱：Margo J. Anderson, *The American Census: A Social History,* 2nd ed. (New Haven, CT: Yale University Press, 2015), 10。

34. Jill Lepore, *These Truths: A History of the United States* (New York: W. W. Norton & Co., 2018), 120.

35. 第一次普查法案（一七九〇年三月一日）與第二次普查法案（一八〇〇年二月二十八日）最後確實以「普查」做為描述語彙。由於「普查」一詞的晦澀，九月十四日梅森上校（George Mason IV）提出修正案動議時，在第九款的「census」之後加了「or enumeration」（根據梅森的記錄，還有「explanatory of」之語）。山繆・約翰遜（Samuel Johnson）一七五五年出版的《約翰遜辭典》（*A Dictionary of the English Language*）中並沒有收錄「census」一詞，不過也沒有「enumeration」或其變體。韋氏（Webster's）一八二八年版的《美語字典》（*American Dictionary*）不但兩個字彙都收錄了，還具體賦予了普查的兩種意義，並分別提到羅馬和美國的體制。

36. Christopher Tomlins, "Reconsidering Indentured Servitude: European Migration and the Early American Labor Force, 1600–1775," *Labor History* 42, no. 1 (February 2001): 5–43.

37. Russell Thornton, *American Indian Holocaust and Survival: A Population History Since 1492,* The Civilization of the American Indian Series 186 (Norman: University of Oklahoma Press, 1990), 90; McEvedy and Jones, *Atlas of World Population History,* 290.

38. James Madison, "Federalist No. 54: The Apportionment of Members Among the States," *New York Packet,* February 12, 1788; 富蘭克林的話引用自亞當斯的日記，參閱：John Adams, "[July 1776]" (1776), Founders Online, National Archives, founders.archives.gov/documents/Adams/01-02-02-0006-0008。

39. Anderson, *The American Census,* 12–13.

40. James Madison, *Notes of Debates in the Federal Convention of 1787* (Athens: Ohio University Press, 1987), Wednesday, July 11. Lepore, *These Truths,* 115; Anderson, *The American Census,* 11–13.

41. Albert Bushnel Hart, "The Realities of Negro Suffrage," *Proceedings of the American Political Science Association* 2 (1905): 149–165; Frederick Douglass, *Frederick Douglass: Selected Speeches and Writings,* ed. Philip Sheldon Foner and Yuval Taylor (Chicago: Lawrence Hill Books, 1999), 384。人口計算議題的討論中偶爾會出現反奴役的聲音，例如根據麥迪遜的報告記載，古弗尼爾・莫里斯（Gouverneur Morris）曾於七月十一日陳述：「容允有人因

為他們的黑奴而得到代表權，形同鼓勵奴隸交易」，而他對此「絕對無法苟同」。

42. Lepore, *These Truths,* 127; Madison, *Notes of Debates in the Federal Convention of 1787.*

43. Madison, "Federalist No. 54: The Apportionment of Members Among the States." 關於漢米爾頓和莫里斯的支持言論，參閱：Kenneth Prewitt, *What Is "Your" Race?: The Census and Our Flawed Efforts to Classify Americans* (Princeton, NJ: Princeton University Press, 2013), 41。關於當代的辯論，參閱："The Constitution's Immoral Compromise," *New York Times,* February 26, 2013, sec. Opinion: Room for Debate, nytimes.com/roomfordebate/2013/02/26/the-constitutions-immoral-compromise。

44. 麥迪遜的主張，參閱以下文獻的引用：Prewitt, *What Is "Your" Race?,* 42；關於結果的描述，參閱以下文獻的引用：Anderson, *The American Census,* 15。

45. Anderson, *The American Census,* 14–15; Carroll D. Wright and William C. Hunt, "The History and Growth of the United States Census," 56th Congress, 1st Session (Washington: Senate Committee on the Census, 1900), 12–17; Frederick S. Calhoun, *The Lawmen: United States Marshals and Their Deputies, 1789–1989* (Washington, DC: Smithsonian Institution Press, 1990), 15–19.

46. Madison, "Federalist No. 54: The Apportionment of Members Among the States."

47. 關於計算短少的意見，參閱：Wright and Hunt, "The History and Growth of the United States Census," 14–17; Anderson, *The American Census,* 15。關於記錄裡遺漏的富蘭克林家孫兒：原因暫時不是可能的遺漏，因為根據國會制定的規則，一個人應該計入其經常居所之地的人口，也就是所謂的常住人口普查。在富蘭克林·巴契的家裡，計調漏掉的是女性，而不是男性，或許並非偶然。有意思的是，在晚近的美國普查裡，幼童也是人數低報的類別。

48. Michel L. Balinski and H. Peyton Young, *Fair Representation: Meeting the Ideal of One Man, One Vote,* 2nd ed. (Washington, DC: Brookings Institution, 2001), chap. 3.

49. 同前注。

50. Anderson, *The American Census,* 15–17; Wright and Hunt, "The History and Growth of the United States Census," 17.

51. 出自以下文獻的引用：Ken Alder, *The Measure of All Things: The Seven-Year Odyssey and Hidden Error That Transformed the World* (New York: Free Press, 2003), 1。

52. Alain Desrosieres, *The Politics of Large Numbers: A History of Statistical Reasoning,* trans. Camille Naish (Cambridge, MA: Harvard University Press, 1998), 37.

53. Robert J. Mayhew, *Malthus: The Life and Legacies of an Untimely Prophet* (Cambridge, MA: Belknap of Harvard University Press, 2014), 38.

54. Keith Michael Baker, *Condorcet, from Natural Philosophy to Social Mathematics* (Chicago: University of Chicago Press, 1975), 343–373; M. de Lamartine, *Heroic Characters of the Revolution* (London: H. G. Clarke & Co., 1848), 81–88.

55. Baker, *Condorcet, from Natural Philosophy to Social Mathematics,* 348; Marie-Jean-Antoine-Nicolas Caritat, Marquis de Condorcet, *Outlines of an Historical View of the Progress of the Human Mind,* trans. M. Carey (Philadelphia, 1796), oll.libertyfund.org/titles/1669.

56. Mayhew, *Malthus,* 54–65; T. R. Malthus, *An Essay on the Principle of Population,* ed. Geoffrey Gilbert, Oxford World's Classics (1798; repr., New York: Oxford University Press, 2008), chap. 8.

57. Malthus Sr. quoted in Mayhew, *Malthus,* 58–59; Malthus's core argument is described in Malthus, *An Essay on the Principle of Population,* chap. 1.

58. 馬爾薩斯，《人口論》，第一章及第十章。

59. Mayhew, *Malthus,* 62.

60. 馬爾薩斯，《人口論》，第六章。

61. Thorvaldsen, *Censuses and Census Takers,* 34–39; Desrosieres, *The Politics of Large Numbers,* 24; Frederick Hendricks, "On the Vital Statistics of Sweden, from 1749 to 1855," *Journal of the Statistical Society of London* 25, no. 2 (June 1862): 112.

62. 有人主張，一〇八六到一八〇一年間，英國完全沒有普查的相關活動，而瓊安‧瑟斯克（Joan Thirsk）所做的一項出色的調查否定了這個說法，不過那些活動仍然相當分散、缺乏協調，而且不完整。最佳的統計資料其實有可能接近《末日審判書》裡調查資料的詳盡程度（別忘了，以現代的標準來看，還是不夠詳盡），而年代愈久遠，就愈不為人所知，另外有許多資料則是保存狀況不佳。參閱：Joan Thirsk, *The Rural Economy of England: Collected Essays,* History Series 25 (London: Hambledon, 1984), chap. II。至於為了重建區區一個村莊在這段期間的人口資料而做的努力（還是一位二十世紀人口統計歷史學家的付出），以下參考文獻即是一例：W. G. Hoskins, "The Population of an English Village 1086–1801: A Study of Wigston Magna," in *Provincial England* (London: Palgrave Macmillan UK, 1963), 181–208。

63. 關於美國普查對英國查查的直接影響，參閱：Roger Hutchinson, *The Butcher, the Baker, the Candlestick Maker: The Story of Britain Through Its Census, Since 1801* (London: Little, Brown, 2017), 25。關於對大衛王事例的誤解之說，有個例子是五十年後，威廉‧法爾等一幫科學家採用了一套借自葛蘭特〈死亡率報表的觀察〉的方法，最後開始把疫疾大流行解讀為再平凡不過的人為事件，事關汙水處理與乾淨的用水，而非天譴。

64. 一八六一年普查時，普查做為公民身分一部分的觀念已廣為接受；參閱：Kathrin Levitan, *A Cultural History of the British Census: Envisioning the Multitude in the Nineteenth Century,* Palgrave Studies in Cultural and Intellectual History (New York: Palgrave Macmillan, 2011), 16–17, 38–46; Emigh, Riley, and Ahmed, *Antecedents of Censuses from Medieval to Nation States,* 129–130; Peter Buck, "People Who Counted: Political Arithmetic in the Eighteenth Century," *Isis* 73, no. 1 (March 1982): 28–45。

65. 事實上，災難論是對馬爾薩斯《人口論》的一個誤解。它更像是災難的現在進行式，而不是未來式。但是，世人多少難免會理解為後者，儘管馬爾薩斯曾經對此表示抗議。

66. John Rickman, "Thoughts on the Utility and Facility of Ascertaining the Population of England," *Commercial and Agricultural Magazine* 2 (June 1800): 399.

67. William Cobbett and T. C. Hansard, eds., *Cobbett's Parliamentary History of England,* vol. 35 (1800–1801) (London, 1819), col. 598.

68. John Rickman, *Abstract of the Answers and Returns Made Pursuant to an Act, Passed in the Forty-First Year of His Majesty King George III,* 1802.

69. Levitan, *A Cultural History of the British Census,* 19。關於存留下來的個人與家戶記錄，參閱：Richard Wall, Matthew Wollard, and Beatrice Moring, "Census Schedules and Listings, 1801–1831: An Introduction and Guide," Research Tools, Department of History, University of Essex, 2012。

70. Cobbett and Hansard, *Cobbett's Parliamentary History of England,* vol. 35 (1800–1801), col. 599; Rickman, "Thoughts on the Utility and Facility of Ascertaining the Population of England." 愛爾蘭與大不列顛在同一年正式統一，但是沒有納入普查，畢竟愛爾蘭缺乏《濟貧法》在地方行政管理基礎設施上的便利。雖然一八一三年當局曾試圖進行普查，但是真正完整的人口統計要到一八二一年才出現；參閱：Ian White, "A Brief History of the Census in Ireland/Northern Ireland," in *Registrar General Northern Ireland Annual Report 2011* (Northern Ireland Statistics and Research Agency, 2012), 35–68, www.nisra.gov.uk/sites/nisra.gov.uk/files/publications/RG2011%5B1%5D.pdf。

71. Thorvaldsen, *Censuses and Census Takers,* 39–48.

72. Alexander Moreau de Jonnes, *Elements de Statistique* (Paris: Guillaumin, 1847), 191–192.

73. 在美國憲法之後,實際使用「普查」(census)此一字彙或相等字彙(西班牙語為 censo)的第一部國家憲法應該是一八五三年原始版的《阿根廷憲法》(*Constitucion de la Nacion Argentina*)。加拿大的《一八六七年憲法法令》(*Constitution Act 1867*)在第八條裡也訂定了類似的規定。至於「普查」一詞目前在現行憲法裡的使用,可參閱:Constitute Project, constituteproject.org/search?lang=en&q=census &status=in_force。

74. Mayhew, *Malthus,* 116; Paul Krugman, "Malthus Was Right!," The Conscience of a Liberal (blog), March 25, 2008, krugman.blogs.nytimes.com/2008/03/25/malthus-was-right.

75. 根據《牛津英文辭典》(*Oxford English Dictionary*),「人口統計學」(demography)一詞出現在英文裡可以追溯至一八三四年,雖然可能是單獨使用。這個語彙成為標準用語是稍晚的事,而傳統上大家將此事歸功於吉勒(Achille Guillard)一八五五年的貢獻。孔多塞寫道:「在苟延殘喘的自由裡,社會科學無法歷經淬鍊而臻至。」我在這裡的翻譯運用了一點自由,因為原始的標準翻譯把法語的「science sociale」(社會科學)譯為「道德科學」,該譯者似乎對這個直譯名詞很陌生。參閱:Baker, *Condorcet,* 372–373, 391–392。

第 3 章　藏在打孔卡片裡的肖像

1. 關於這場競賽,參閱:Leon E. Truesdell, *The Development of Punch Card Tabulation in the Bureau of the Census, 1890–1940: With Outlines of Actual Tabulation Programs* (Washington: Government Printing Office, 1965), 40–43; Geoffrey Austrian, *Herman Hollerith, Forgotten Giant of Information Processing* (New York: Columbia University Press, 1982), chap. 5。 關於何樂禮的辦公室,參閱同一本書第五十頁。關於亞特蘭堤克大樓的一般資訊,參閱:Historic American Buildings Survey (Library of Congress), "Atlantic Building, 930 F Street, Northwest, Washington, District of Columbia, DC," Library of Congress, Prints &Photographs Online Catalog, loc.gov/pictures/item/dc0636, accessed April 15, 2019。關於今日成為國家肖像館現址的專利局大樓,參閱:Lawrence M. Small, "A Pantheon After All," *Smithsonian Magazine,* July 2002, smithsonianmag.com/history/a-pantheon-after-all-65879145。

2. 關於這部機器以及其運作方式的說明,以下是不錯的參考:Truesdell, *The Development of Punch Card Tabulation,* chap. 3。

3. 關於普查卡片的細節,同前注,39。此處的特質列表取自一八八〇年普查,競賽所用的紀錄資料即取自於此次普查。

4. 維恩斯之語,取自以下文獻的引用:Robert P. Porter, "The Eleventh Census" (October 16, 1891), 20。

5. 人力大幅增加,參閱:Margo J. Anderson, *The American Census: A Social History,* 2nd ed. (New Haven, CT: Yale University Press, 2015), 87, 100, 274–275。

6. 關於統計學會的成立,參閱:Walter F. Willcox, "Note on the Chronology of Statistical Societies," *Journal of the American Statistical Association* 29, no. 188 (December 1934): 418–420。關於政府統計機構的成立,參閱:Alain Desrosieres, *The Politics of Large Numbers: A History of Statistical Reasoning,* trans. Camille Naish (Cambridge, MA: Harvard University Press, 1998), chaps. 5–6。這些全都在一個大眾數字素養提高的社會發生,參閱:Patricia Cline Cohen, *A Calculating People: The Spread of Numeracy in Early America* (New York: Routledge, 2016), Kindle edition。

7. 關於美國統計協會對普查的參與,參閱:R. L. Mason, J. D. McKenzie, and S. J. Ruberg, "A Brief History of the American Statistical Association, 1839-1989," *American Statistician* 44, no. 2 (May 1990): 69。十九世紀期間,「普查」(census)一詞愈來愈常被用於製造業、農業和其他產業的全面調查,這類的廣泛使用一直持續至今,我們可以看到有些統計機構從事

「工商普查」或「農業普查」。我在本書唯一的焦點是人口的計算，其他普查並非我關注的對象。

8. 這裡討論的普查表格取自以下文獻的重製：Frederick G. Bohme, *200 Years of Census Taking: Population and Housing Questions, 1790–1990* (Washington, DC: US Department of Commerce, Bureau of the Census, 1989), 16–38, census.gov/history/pdf/200years.pdf。

9. Cohen 認為，這種南北型態的成因是老化的東北部人口當中，老化嚴重的白人人數較多。參閱：Cohen, *A Calculating People,* chap. 6。

10. 「記名」（nominative）一詞略有誤導之虞：這套系統並沒有嚴格要求登錄當事人的姓名（雖然通常會記錄），只是要求每一個人要獨立一列做記錄。更早的時候，這種表格結構就曾有過零星的運用，例如一七〇三年的冰島普查。參閱：Gunnar Thorvaldsen, *Censuses and Census Takers: A Global History,* Routledge Studies in Modern History (London: Routledge/Taylor & Francis Group, 2018), chap. 4。

11. 事實上，轉換成記名式普查似乎造成混淆，部分負責奴隸普查的工作人員把「奴隸人數」一欄的每一格都填上「1」，彷彿他們在做數式普查。

12. 計算的依據為一七九〇年約四百萬的人口除以六（一般家戶人口數），以及一八八〇年約五千萬的人口。

13. Anderson, *The American Census,* 100–102。一八八〇年普查的終冊一八八八年才出版，參閱：Carroll D. Wright and William C. Hunt, *The History and Growth of the United States Census,* 56th Congress, 1st Session (Washington: Senate Committee on the Census, 1900), 68. 引語出處：T. C. Martin, "Counting a Nation by Electricity," *Electrical Engineer* 12, no. 184 (November 11, 1891): 523。

14. 給普查人員的指示如此記載：「特別謹慎區分『black』、『mulattoes』、『quadroons』和『octoroon』。『black』應該用於描述有四分之三或以上黑人血統的人；『mulattoes』是有八分之三到八分之五黑人血統的人；『quadroons』是有四分之一黑人血統的人；而『octoroon』則是指有八分之一或任何一絲黑人血統的人。」事實證明，這些精細的偽科學分類沒有任何用處，也不曾用於製表。參閱：Kenneth Prewitt, *What Is "Your" Race?: The Census and Our Flawed Efforts to Classify Americans* (Princeton, NJ: Princeton University Press, 2013), 57。

15. 關於委員會的成立，參閱：Austrian, *Herman Hollerith,* 50。關於競賽制度的梗概，參見：Truesdell, *The Development of Punch Card Tabulation,* 24–25。關於競賽的真實性，以下可做為進一步的證據：一八九〇年之後，皮金持續與何樂禮競爭，雖然沒有挑戰成功。何樂禮很重視這項外來威脅，甚至還雇用了一名私家偵探打探皮金的工作成果。參閱：Lars Heide, *Punched-Card Systems and the Early Information Explosion: 1880–1945,* Studies in Industry and Society (Baltimore: Johns Hopkins University Press, 2009), 51–52。

16. 一八八〇年至一八九〇年間，普查表格轉了九十度，因此普查問題放在列，而人名在欄。然而，記名式普查的原則仍然保持不變。

17. John S. Billings, Henry Gannett, and L. M. E. Cooke, *Report of a Commission Appointed by the Honorable Superintendent of Census on Different Methods of Tabulating Census Data* (Washington, DC: US Census Office, 1889), 8–9。

18. 關於畢林斯的委員會的差旅規劃，參閱："Tabulating Census Returns," *Boston Post,* August 14, 1889。關於各項方法與其結果，參閱：Truesdell, *The Development of Punch Card Tabulation*。何樂禮增設鳴鐘的確切時間並不清楚。他在一八八七年六月八日提交的專利申請書裡沒有提及這點，在一八八九年四月公布的描述裡也沒有提及，不過在一八九〇年初，它確實是系統的一部分。參閱：L. D'Auria et al., "Hollerith Electric Tabulating System," *Journal of the Franklin Institute* 99 (April 1890): 301–306; H. Hollerith, "An Electric Tabulating

System," *School of Mines Quarterly, Columbia College* 10, no. 3 (April 1889): 238–255; "The Census of the United States," *Scientific American,* August 30, 1890, 132。

19. Karl Marx, *Capital: A Critique of Political Economy,* trans. Ben Fowkes, vol. 1 (London: Penguin, 1981), 557, chap. 15, sec. 5.

20. Scott Reynolds Nelson, *Steel Drivin' Man John Henry: The Untold Story of an American Legend* (New York: Oxford University Press, 2008).

21. Doreen Chaky, "John Henry v. Charles Burleigh's Drill," *Mining History Journal* 1 (1994): 104. 這首民謠有無數個變化版本。此版本的來源：Anonymous, "John Henry," Poetry Foundation, poetryfoundation.org/poems /42897/john-henry, accessed April 16, 2019。

22. "Hollerith Electric Tabulating System (Replica) (Catalog Number XD231.81)," Computer History Museum, n.d., www.computerhistory.org /collections /catalog/XD231.81. 維恩斯的幻覺 實際上不太可能發生。幻覺與譫妄確實是重度水銀中毒的症狀：一般認為，俚語「性格古 怪」（注：mad as a hatter，字面直譯為「像帽匠一樣瘋狂」）的典故，就是因為帽匠在 製造羊毛氈時會暴露於製程所產生的重金屬危害下。但何樂禮機器部件的水銀就算是以現 代的職業安全標準來看，也算是存放得相當妥善，我從未看過任何致病效應的報告。

23. 一 般 參 考 文 獻：Austrian, *Herman Hollerith,* chap. 1; Vaclav Smil, *Creating the Twentieth Century: Technical Innovations of 1867–1914 and Their Lasting Impact* (Oxford, UK: Oxford University Press, 2005), 59。

24. 關 於 博 覽 會 的 觀 察， 參 閱："Events of Note in Paris: Stage Affairs and the Electrical Exhibition," *New York Times,* September 17, 1881; "Themes of Parisian Talk: Electric Lights for the City and an Odd Will Case," *New York Times,* December 25, 1881。雖然非肉眼可見，電力 也像蒸氣一樣，仍然可能致命：一七五三年，德裔俄羅斯人格奧爾格・威爾罕・里希曼 （Georg Wilhelm Richmann）想要複製富蘭克林的風箏一鑰匙實驗卻意外身亡，成為因蓄 意操縱電力而死亡的第一宗已知案例。

25. 喻指為眾人目光焦點的字彙「聚光燈」（注：limelight，字面直譯為「石灰光」），原 意就是燃燒生石灰而產生的白熾光，是早期使用的一種舞台燈光。這種光焰依賴相當不 穩定的氫氧化合物供應。由於使用時經常發生意外（像是一八七六年的布魯克林劇院 〔Brooklyn Theatre〕大火），後來被電力弧光燈（electric arc light）取代。雖然弧光燈的 技術較為優越，一八七九年還是創下了第一起死亡事件的記錄，事故原因是人工發電，死 者是一名法國舞台木工。早期的白熾燈泡光線比較昏暗，不過比弧光燈更安全，也更實 用。

26. 何樂禮在更晚近的追憶（一九一九年）；參見：Austrian, *Herman Hollerith,* 5–6。

27. "1880 Census: Instructions to Enumerators," IPUMS USA, May 1, 1880, usa.ipums.org/usa/ voliii/inst1880.shtml; Bohme, *200 Years of Census Taking,* 30. 那部滾軸裝置指的就是西頓機 （Seaton machine），參見：Truesdell, *The Development of Punch Card Tabulation,* 17–24。

28. Austrian, *Herman Hollerith,* 1, 8–9。

29. US Census Office, *Statistics of the Population of the United States at the Tenth Census (June 1, 1880),* vol. 1 (Washington, DC: Government Printing Office, 1883), 426, Table 7. 製表裡，非洲 的不同區域並無區別；參閱：Table 16, page 538 of the same volume。一八〇七年，大英帝 國境內的奴隸交易成了違法活動，但是在南北戰爭之前，一直都有小規模的非法交易。長 久以來，公認最後一名生於非洲的前奴隸是庫喬・路易士（Cudjoe Lewis），於一九三五 年逝世。在一八八〇年的普查中，他被登錄於阿拉巴馬州的墨比爾市（Mobile），出生 地的記錄正確，雖然不夠具體：「非洲」。參閱：Zora Neale Hurston, Alice Walker, and Deborah G. Plant, *Barracoon: The Story of the Last Slave* (London: HQ, 2018)；近來又出現其 他說法：一名和路易士同船被載來美國、名叫雷朵西（Redoshi）的女性才是非洲出生的

最後一名奴隸；參閱：Hannah Durkin, "Finding Last Middle Passage Survivor Sally 'Redoshi' Smith on the Page and Screen," *Slavery & Abolition,* March 26, 2019, 1–28。

30. *Return of the Whole Number of Persons Within the Several Districts of the United States* (Philadelphia: Childs and Swaine, 1791), 37, archive.org/details/returnofwholenum00unitrich. 關於北京與其他大城市，參閱：Tertius Chandler, *Four Thousand Years of Urban Growth: An Historical Census* (Lewiston, NY: St. David's University Press, 1987), 484–485, 523–526。

31. Thomas Jefferson, "Calculation of Population Increase" (October 1801), Founders Online, National Archives, founders.archives.gov/documents/Jefferson/01-35-02-0444. 關於對馬爾薩斯的評論，出處：Thomas Jefferson, "To Jean Baptiste Say," February 1, 1804, Founders Online, National Archives, founders.archives.gov/documents/Jefferson/01-42-02-0335。

32. US Census Office, *Report on Population of the United States at the Eleventh Census: 1890 (Part I)* (Washington, DC: Government Printing Office, 1895), xviii.

33. US Census Office, *Statistics of the Population of the United States at the Tenth Census (June 1, 1880),* 1:xii–xx. 更早的地圖原初刊載於：US Census Office, *Statistical Atlas of the United States Based on the Results of the Ninth Census 1870* (New York: Julius Bien, Lith., 1874)。

34. Austrian, *Herman Hollerith,* chap. 2; "Charter of the Massachusetts Institute of Technology," MIT, corporation.mit.edu/about-corporation/charter, accessed April 16, 2019.

35. Ernst Martin, Peggy Aldrich Kidwell, and Michael R. Williams, *The Calculating Machines (Die Rechenmaschinen): Their History and Development,* The Charles Babbage Institute Reprint Series for the History of Computing, vol. 16 (Cambridge, MA: MIT Press; Los Angeles: Tomash Publishers, 1992), 54; Stephen Johnston, "Making the Arithmometer Count," *Bulletin of the Scientific Instrument Society,* no. 52 (1997): 12–21. 關於何樂禮與加法機的接觸，參見：Austrian, *Herman Hollerith,* 10。

36. Michelle P. Brown, "The Role of the Wax Tablet in Medieval Literacy: A Reconsideration in Light of a Recent Find from York," *British Library Journal* 20, no. 1 (1994): 1–16.

37. Lothar Muller and Jessica Sprengler, *White Magic: The Age of Paper* (Cambridge, UK: Polity, 2014), part I, section 2.3.

38. Isabelle Charmantier and Staffan Muller-Wille, "Carl Linnaeus's Botanical Paper Slips (1767–1773)," *Intellectual History Review* 24, no. 2 (April 3, 2014): 215–238.

39. 39. JoAnne Yates, *Control Through Communication: The Rise of System in American Management,* Studies in Industry and Society 6 (Baltimore: Johns Hopkins University Press, 1993), chap. 2.

40. "A Word About T.S.," *Chamber's Journal of Popular Literature, Science and Arts,* no. 549 (July 4, 1874), 424.

41. H. Hollerith. Art of Compiling Statistics. US Patent 395,782, filed September 23, 1884, and issued January 8, 1889.

42. Austrian, *Herman Hollerith,* 14.

43. 同前注，15。

44. 關於打孔卡片織布機的發明，可參考：James Essinger, *Jacquard's Web: How a Hand-Loom Led to the Birth of the Information Age* (Oxford, UK: Oxford University Press, 2004), chap. 4。關於何樂禮的家族與紡織業的關係，參閱：Austrian, *Herman Hollerith,* 17。

45. 這個設計是第一號差分機，是巴貝吉一系列三項設計裡中間的那個，參閱：Doron Swade, *The Difference Engine: Charles Babbage and the Quest to Build the First Computer* (New York: Viking, 2001), 45–48。

46. 關於分析機，參閱：Swade, chaps. 5–11。與何樂禮的發明同時代的統計學教科書裡的討論，可參閱——沒錯，這本書就是由他在普查競賽的對手之一皮金所作：Charles F. Pidgin, *Practical Statistics: A Handbook* (Boston: William E. Smythe, 1888), 148。

47. H. Hollerith. Art of Compiling Statistics. US Patent 395,781, filed June 8, 1887, and issued January 8, 1889.

48. 就像許多在美國的發明一樣，這項發明也有人提出異議：俄國人塞米恩・高沙可夫（Semen Korsakov）主張，早在一八三〇年代，他就運用打孔卡片來儲存、搜尋資訊。由於電力工程還處於早期的狀態，是以高沙可夫的發明為純機械，且在運作上很難看出該裝置如何發揮效能。聖彼得堡帝國科學學院（Imperial Academy of Sciences）對他的發明反應冷淡，他似乎因此打退堂鼓，成為這段故事裡的注腳。

49. Austrian, *Herman Hollerith,* chap. 7.

50. 摘自以下文獻的引用：Marion Diamond and Mervyn Stone, "Nightingale on Quetelet," *Journal of the Royal Statistical Society. Series A (General)* 144, no. 1 (1981): 73。

51. 關於希格斯玻色子的發現：G. Aad et al., "Observation of a New Particle in the Search for the Standard Model Higgs Boson with the ATLAS Detector at the LHC," *Physics Letters B* 716, no. 1 (September 2012): 1–29。（論文作者為「G. Aad 與其他人等（et al.）」，這個「其他人等」在此處的角色相當吃重。）

52. Kevin Donnelly, *Adolphe Quetelet, Social Physics and the Average Men of Science 1796–1874* (Pittsburgh: University of Pittsburgh Press, 2015), 105–109.

53. 同前注，115。

54. M. A. Quetelet, *A Treatise on Man and the Development of His Faculties* (Edinburgh: W. & B. Chambers, 1842), 99.

55. 關於英國學會的敘述，參閱：Kathrin Levitan, *A Cultural History of the British Census: Envisioning the Multitude in the Nineteenth Century,* Palgrave Studies in Cultural and Intellectual History (New York: Palgrave Macmillan, 2011), 22–23。關於美國學會的記述，參閱：John Koren, ed., *The History of Statistics: Their Development and Progress in Many Countries* (New York: Macmillan, 1918), 4。關於與巴貝吉的書信往來，參閱：*Swade, The Difference Engine,* 117–118。

56. 關於大會歷史，參閱：J. W. Nixon, *A History of the International Statistical Institute: 1885–1960* (The Hague: The Hague International Institute, 1960), 5–6。關於那場演說：Adolphe Quetelet, "Opening Address," in *Compte Rendu Des Travaux de Congres General de Statistique* (Congres General de Statistique, Brussels: Commission Centrale de Statistique, 1853), 20–23。完整的英文譯本，可以在以下文獻裡找到：Edward Young, William Barnes, and Edwin Snow, *Report of the Delegates to the International Statistical Congress Held at St. Petersburg in August, 1872,* 43rd Congress, House of Representatives, 1st Session (Washington, DC: Government Printing Office, 1875), 70–72。

57. Nico Randeraad, "The International Statistical Congress (1853–1876): Knowledge Transfers and Their Limits," *European History Quarterly* 41, no. 1 (January 2011): 54; 加菲爾德的話取自以下文獻的引用：John Clark Ridpath, *The Life and Work of James A. Garfield, Twentieth President of the United States* (Cincinnati: Jones Brothers and Company, 1881), 214–226。

58. Young, Barnes, and Snow, *Report of the Delegates to the International Statistical Congress,* 34, 36–38.

59. 同前注，39。

60. Billings, Gannett, and Cooke, "Report of a Commission," 9–10.

61. 同前注，10–11；Robert P. Porter, *Report of the Superintendent of Census to the Secretary of the Interior* (Washington, DC: Government Printing Office, 1889), 8.

62. 以下文獻對於事情始末有詳盡的描述：Austrian, *Herman Hollerith,* chap. 6。精確的預算與運作細節，詳見：George W. Evans and A. C. Tonner, "Report of Examination and Review of the Census Office," 52nd Congress, 1st Session (Washington, DC, March 5, 1892), 11。至於內文提到的普查人員人數，參閱：Anderson, *The American Census,* 274–275。

63. Martin, "Counting a Nation by Electricity," 522–524; Truesdell, *The Development of Punch Card Tabulation,* 61–62.

64. "Counting by Machine," *Evening Star,* June 26, 1890.

65. Wright and Hunt, "The History and Growth of the United States Census," 74; Anderson, *The American Census,* 274–275.

66. Martin, "Counting a Nation by Electricity," 525.

67. Porter, "The Eleventh Census," 20.

68. 關於計數的發布以及公告表格的數量，參閱：Wright and Hunt, "The History and Growth of the United States Census," 73–75; Martin, "Counting a Nation by Electricity," 522; Savings estimate from Austrian, *Herman Hollerith,* 69。

69. "No Malthus Needed," *Times-Democrat* (New Orleans), June 20, 1891；普查結果與預期不符時，依舊會有些人因此質疑普查；參閱：Anderson, *The American Census,* 108。

70. Robert P. Porter, "Distribution of Population According to Density: 1890," Extra Census Bulletin no. 2 (Washington, DC: US Census Office, April 20, 1891), 4; reprinted in the main volumes: US Census Office, *Compendium of the Eleventh Census: 1890,* Part 1: Population (Washington, DC: Government Printing Office, 1892), xlviii.

71. Henry Gannett, *Statistical Atlas of the United States, Based upon the Results of the Eleventh Census* (Washington, DC: Government Printing Office, 1898), plates 3–6, loc.gov/item/07019233.

72. 這個假設的其他佐證可以在地圖本身找到。一八九〇年的地圖所使用的圖例與所有之前各屆普查所通用的圖例有出入，因而在外觀上人口相對稠密。有鑑於當時地圖編繪需要動用到人力，這似乎不像是個偶然。參閱：Andrew Whitby, "How the West Was Really Won: By Manipulative Data Vizualization," February 17, 2019, andrewwhitby.com/2019/02/17/how-the-west-was-really-won。

73. 透納後來擴充了他的論點並寫成一本書，而那篇論文就是那本書的第一章。參閱：Frederick Jackson Turner, *The Frontier in American History* (1921; repr. Tucson: University of Arizona Press, 1986)。

74. 關於傳記的細節，參閱：Richard A. Pierce, "New Light on Ivan Petroff, Historian of Alaska," *Pacific Northwest Quarterly* 59, no. 1 (1968): 1–10。

75. Ivan Petroff, "The Census of Alaska," Census Bulletin no. 15 (Washington, DC: US Census Office, November 7, 1890).

76. US Census Office, *Report on Population and Resources of Alaska at the Eleventh Census: 1890* (Washington, DC: Government Printing Office, 1893), 3。因為人數稀少又不計入總數，所以在美國的人口資料當中，阿拉斯加其實是唯一沒有經過何樂禮製表機處理的地方；參閱：Truesdell, *The Development of Punch Card Tabulation,* 25。

77. Pierce, "New Light on Ivan Petroff," 9.

78. 「不可或缺」之語，取自前注文獻第七頁的引用。「謊言」之語取自：Terrence M. Cole, "Klondike Literature," *Columbia: The Magazine of Northwest History,* Summer 2008, 12。

79. Smil, *Creating the Twentieth Century,* 41.

80. 關於製表機器公司的成立，詳參：Austrian, *Herman Hollerith,* chap. 15。關於打孔卡片為科技系統的一部分，理論的討論可參閱：Heide, *Punched-Card Systems and the Early*

Information Explosion, 5–13。

81. 這些資料多半可以在普查網站找到。可惜的是，一八九〇年普查的記錄（第一次由何樂禮的機器做資料處理的普查）在一九二一年的一場大火裡損毀。參閱："Famous and Infamous Census Records," US Census Bureau, census.gov/history/www/genealogy/decennial_census_records/famous_and_infamous_census_records.html, accessed April 16, 2009。波特也靠著何樂禮的機器賺了一筆：他回到他的故鄉英國賣機器。參閱：Heide, *Punched-Card Systems and the Early Information Explosion,* 138–145。

第4章　書面人

1. 這次突襲行動的描繪見於荷蘭文文獻："Kleykamp," Andere Tijden, October 23, 2008, anderetijden.nl/aflevering/299/Kleykamp。最完整的英文描述，包括第一人稱敘述以及飛行路線，參閱：Martin W. Bowman, *Mosquito Menacing the Reich: Combat Action in the Twin-Engine Wooden Wonder of World War II* (South Yorkshire, UK: Pen and Sword Books, 2008), Kindle edition, chap. 8。這支飛行中隊當時的駐紮基地位於漢普郡（Hampshire）的拉斯罕（Lasham），只是那一天他們從史旺頓莫利啟航；參閱：Martin W. Bowman, *De Havilland Mosquito* (Marlborough, UK: Crowood, 1997), chap.3。關於柯恩的觀點，包括引言，參閱："Het Bombarderen van Kleykamp," *Dagblat Amigoe di Curacao,* May 19, 1944。關於「第一次白天出轟炸任務」，參閱："Nederl. Luitenant-Vlieger vertelt over bombardement op Denhaag door geallieerd escadrille" (Radio Oranje, May 6, 1944), nl.wikipedia.org/wiki/Bestand:Radio_Oranje_6-mei1944_Nederlandse_luitenant-vlieger_vertelt_over_de_aanval_op_Den_Haag.wav。

2. 關於柯恩上一次看到這片海岸："Het Bombarderen van Kleykamp."。關於那年夏天的英國水手："Overzicht van elf pogingen vanaf de kust bij Katwijk," Stichting Monument Engelandvaarders Zeehostunneltje Katwijk, 2016, engelandvaarderskatwijk.nl/11-pogingen-vanuit-katwijk。關於柯恩的猶太人身分，有些資料來源語焉不詳；不過，他在法國奧理鎮（Orry-la-Ville）荷蘭紀念墓園的墓地上，墓誌銘是以希伯來文寫成，內容取自《聖經》〈撒母耳記上〉二十五章二十九節，是常用於墓誌銘的經文：「你的性命卻在耶和華──你的神那裏蒙保護，如包裹寶器一樣。」那年夏天，柯恩後來參與了另一項飛往法國的任務行動，並因公殉職。關於柯恩和德永橫渡海峽的事蹟，參閱："Poging 4," Stichting Monument Engelandvaarders Zeehostunneltje Katwijk, 2016, engelandvaarderskatwijk.nl/poging-4。關於德永之死，參閱："Crash No 261: Spitfire BM379: 10-06-1943, Noordzee," Stichting Wings to Victory (Airwar Museum), n.d., db.wingstovictory.nl/database_detail-du.php?wtv_id=261, accessed June 11, 2018。

3. 關於任務計劃，參考："The Hague-Gestapo Headquarters (Original Briefing Model-Enlarged Detail of MOD 396)," Imperial War Museums, n.d., MOD 152, iwm.org.uk/collections/item/object/30018564, accessed June 11, 2018。關於柯恩觀察到的景象以及投彈失敗，參閱："Het Bombarderen van Kleykamp"。

4. 柯恩之語取自："Nederl. Luitenant-Vlieger vertelt"。死亡數原來據報為五十九人，參閱："Kleykamp"。災後的描述：A. Korthals Alter, quoted in Bowman, *Mosquito Menacing the Reich,* chap. 8, location 5095–5110。

5. 概述可參考：Lars Heide, *Punched-Card Systems and the Early Information Explosion: 1880–1945,* Studies in Industry and Society (Baltimore: Johns Hopkins University Press, 2009), chap. 6。關於卡片容量的增加：57–61, 93。關於文字資料：120–121；關於打孔卡片與書寫檔案之優點的整體比較：chap. 4。

6. 關於專職化的概論：Alain Desrosieres, *The Politics of Large Numbers: A History of Statistical*

Reasoning, trans. Camille Naish (Cambridge, MA: Harvard University Press, 1998), chaps. 5–6. 關於歐洲各國普查局的成立日期，參閱以下文獻彙編的一八〇五至一八七三年附表：J. Adam Tooze, *Statistics and the German State, 1900–1945: The Making of Modern Economic Knowledge,* Cambridge Studies in Modern Economic History 9 (Cambridge, UK: Cambridge University Press, 2001), 1–2。

7. Max Weber, "11. Bureaucracy," in *Economy and Society: An Outline of Interpretive Sociology,* trans. Guenther Roth and Claus Wittich, vol. 2 (Berkeley: University of California Press, 1978); quote on p. 975.

8. 同前注，988–989。

9. 關於申報表的公告，參閱：George Gatewood, *A Monograph on Confidentiality and Privacy in the U.S. Census,* US Census Bureau, 2001, 4–5, census.gov/history/pdf/ ConfidentialityMonograph.pdf。關於個人不是統計關心的重點，一八四一年某位愛爾蘭普查委員之語即是一例（「由於總體數量龐大，在平均值裡裡完全看不到個體。」）；此語為以下文獻所引用：Ian White, "A Brief History of the Census in Ireland/Northern Ireland," in *Registrar General Northern Ireland Annual Report 2011,* Northern Ireland Statistics and Research Agency, 2012, 37, www.nisra.gov.uk /sites/nisra.gov.uk/files/publications/ RG2011%5B1%5D.pdf。

10. 關於保密的演進過程：D. Sylvester and S. Lohr, "The Security of Our Secrets: A History of Privacy and Confidentiality in Law and Statistical Practice," *Denver University Law Review* 83, no. 1 (2005): 160–161, 178–179; Gatewood, *A Monograph on Confidentiality and Privacy in the U.S. Census,* 7; and William Seltzer and Margo Anderson, "Using Population Data Systems to Target Vulnerable Population Subgroups and Individuals: Issues and Incidents," in *Statistical Methods for Human Rights,* ed. Jana Asher, David L. Banks, and Fritz Scheuren (New York: Springer, 2008), 279–281。關於當時大眾對於侵略性更強的普查問題之反應：(cartoon)"The Great Tribulation," *Saturday Evening Post,* August 18, 1860, reproduced in Frederick G. Bohme, *200 Years of Census Taking: Population and Housing Questions, 1790–1990* (Washington, DC: US Department of Commerce, Bureau of the Census, 1989), 14, census.gov/history/pdf/200years. pdf。

11. 關於品質的動機：Sylvester and Lohr, "The Security of Our Secrets: A History of Privacy and Confidentiality in Law and Statistical Practice," 160; *New York Sun* quoted in "Those Outrageous Census Questions," *Boston Globe,* May 26, 1890。關於被視為侵犯隱私的問題會傷害統計的準確性，塔斯馬尼亞登記總局也曾有類似的顧慮：Tasmania General Register Office, *Census of the Colony of Tasmania, 1891: Parts 1–8* (Hobart: William Grahame, 1893), xi。

12. 關於隱私、一八九〇年的普查、「債務和疾病」與逮捕案件：Sarah Elizabeth Igo, *The Known Citizen: A History of Privacy in Modern America* (Cambridge, MA: Harvard University Press, 2018), 46–47。

13. 法爾的備忘錄刊登在幾家報紙上，例如："The Forthcoming Census," *Illustrated London News,* April 6, 1861, 524; 另可參閱以下文獻的討論：Kathrin Levitan, *A Cultural History of the British Census: Envisioning the Multitude in the Nineteenth Century,* Palgrave Studies in Cultural and Intellectual History (New York: Palgrave Macmillan, 2011), 45; William H. Taft,"Proclamation for the Thirteenth Decennial Census," March 15, 1910, quoted in Gatewood, *A Monograph on Confidentiality and Privacy in the U.S. Census,* 9。

14. 後來的加拿大首席統計學家艾凡‧費烈吉（Ivan Fellegi）將之稱為「社會契約」的特質；參閱：I. P. Fellegi, "On the Question of Statistical Confidentiality," *Journal of the American Statistical Association* 67, no. 337 (March 1972): 7–18。關於統計學會和期刊倡議保密性：

Sylvester and Lohr, "The Security of Our Secrets," 174–186。至於德國，萊哈特曾在一九四〇年回顧這個觀念從處於險境到普世接受的歷程：W. Reichardt, "Die Reichsstatistik," in *Die Statistik in Deutschland nach ihren heutigen Stand. Ehrengast für Friedrich Zahn,* vol. 1 (Berlin, 1940), 77–90。

15. Michel Poulain and Anne Herm, "Le registre de population centralise, source de statistiques demographiques en Europe," trans. Roger Depledge, *Population (English edition)* 68, no. 2 (2013): 187–188.

16. 登記名冊的行政用途總論，可參閱：E. Nicoli, "Rapport sur les registres de population," *Bulletin de l'Institut International de Statistique* 15, no. 2 (1906): sec. 6。

17. Poulain and Herm, "Le registre de population centralise," 188.

18. 例如，荷蘭在一九三〇年舉行過一次普查，由何樂禮機器製表。參閱：Centraal Bureau voor de Statistiek, *Statistiek van Nederland: Volkstelling 31 December 1930,* vol. 1–9 ([The Hague]: Algemeene Landsdrukkerij, 1932), volkstellingen.nl/nl/publicaties/publicaties_in_pdf/1930/Volkstelling/index.html。關於家戶登記冊，參閱：Kees Prins, *Population Register Data, Basis for the Netherlands Population Statistics,* Bevolkingstrends (Netherlands: CBS, September 2017), 3, cbs.nl/-/media/_pdf/2017/38/population-register-data.pdf。

19. 索引卡註冊在二十世紀初的爭議狀態，描述參見：Nicoli, "Rapport sur les registres de population," 343。荷蘭所面臨的挑戰，部分的描述參見：Henri Methorst and J. L. Lentz, "Die Volksregistrierung und das Neue in den Niederlanden eingeführte einheitliche System," *Allgemeines Statistisches Archiv* 26 (July 1936): 59–84。更詳細的記述，參閱：J. L. Lentz, *De Bevolkingsboekhouding [Population Accounting]* (Netherlands: VUGA, 1936), chap. 2。

20. Bob Moore, "Nazi Masters and Accommodating Dutch Bureaucrats: Working Towards the Fuehrer in the Occupied Netherlands, 1940–45," in *Working Towards the Fuhrer: Essays in Honour of Sir Ian Kershaw,* ed. Anthony McElligott and Tim Kirk (Manchester, UK: Manchester University Press, 2004), 194, 197–198; L. de Jong, *Het Koninkrijk der Nederlanden in de Tweede Wereldoorlog,* vol. 5 (Den Haag: SDU Uitgeverij Koninginnegracht; Amsterdam: Boom, 1995), 446–451.

21. 「娶了工作」一語出自當時的內政總長卡瑞爾・弗列德里克斯，（Karel Fredericks），參考以下文獻的引用：Moore, "Nazi Masters and Accommodating Dutch Bureaucrats," 198; Methorst and Lentz, "Die Volksregistrierung und das Neue in den Niederlanden eingeführte einheitliche System," 60。

22. Lentz, *De Bevolkingsboekhouding.*

23. Methorst and Lentz, "Die Volksregistrierung und das Neue"; H. W. Methorst, "The New System of Population Accounting in the Netherlands," *Journal of the American Statistical Association* 31, no. 196 (December 1936): 719; H. W. Methorst, "The New System of Population Accounting in the Netherlands," *Journal of the American Statistical Association* 33, no. 204 (December 1938): 713–714.

24. Lentz, *De Bevolkingsboekhouding,* 4, 12。蘭茲的手冊第十二頁有個潛在登記項目列表，值得在此完整重述：「投票權的有無；兵役或民兵徵召；退休金；社會福利；護照、國籍證明或身分證明的核發；駕照或車輛登記；特殊個人證照或權利（攜帶火器、警察、醫生、藥師、產科醫師等）；獎項；清寒；償付能力；監護權；警察或司法開單；革除；財務或其他義務；贍養費；指紋；描述；暱稱……等等」。此外，還有一張「更科學的」特質列表，包括「軀幹或四肢的特殊異常；機能不全、兔脣、眼盲；失聰、精神錯亂、遺傳疾病與職業疾病；心智發展狀況（閱讀與寫字、學位）；特殊才能；居無定所傾向；婚生狀況；死因」。「極權統治登記制度」一語來自：Gotz Aly and Karl Heinz Roth, *The Nazi Census:*

Identification and Control in the Third Reich, trans. Edwin Black and Assenka Oksiloff, Politics, History, and Social Change (Philadelphia: Temple University Press, 2004), 2；原來是以德文出版：*Die restlose Erfassung (The Total [or Complete] Registration)*。

25. Tooze, *Statistics and the German State, 1900–1945,* 27–28.

26. 關於社會安全號碼建檔機械化的描述，參閱：Heide, *Punched-Card Systems and the Early Information Explosion,* 217–221。社會安全號碼制度的推行，參閱：Herbert R. Tacker, "Social Security Numbers Issued, 1937–71," *Social Security Bulletin,* Notes and Brief Reports, July 1972, 30–32。

27. Dorothy Swaine Thomas, review of *De Bevolkingsboekhouding,* by J. L. Lentz, *American Sociological Review* 2, no. 1 (February 1937): 117。湯瑪士是這些行政管理資料新來源的開拓者和擁護者，參閱：Dorothy Swaine Thomas, "Utilization of Social Security Data for Sociological Research," *American Sociological Review* 3, no. 5 (October 1938): 718。

28. Timothy Snyder, *Black Earth: The Holocaust as History and Warning* (New York: Tim Duggan Books, 2015), 11–15; Adolf Hitler, "Chapter 14: Germany's Policy in Eastern Europe," in *Mein Kampf,* trans. James Murphy (London: Hutchinson, in association with Hurst & Blackett, 1939)。一九二五年的人口密度（每平方公里的人數）計算自以下的同期資料：League of Nations data: Germany, 344; United Kingdom, 479; Netherlands, 565; Belgium, 674. See League of Nations, *International Statistical Year-Book,* 1926, wayback.archive-it. org/6321/20160901163315/http://digital.library.northwestern.edu/league/stat.html, table 1。

29. 引 述 自：Laurence Rees, *The Holocaust: A New History* (New York: Public Affairs, 2017), 318。

30. 高爾頓在以下文獻裡創造並定義「優生」一詞：*Francis Galton, Inquiries into Human Faculty and Its Development* (New York: Macmillan, 1883), 24–25。

31. 維基百科有一整個條目說明這個問題不同的統計解法；參考："Checking Whether a Coin Is Fair," Wikipedia, en.wikipedia.org/wiki/Checking_whether_a_coin_is_fair, accessed August 28, 2019。

32. T. R. Malthus, *An Essay on the Principle of Population,* ed. Geoffrey Gilbert, Oxford World's Classics (1798; repr., Oxford, UK: Oxford University Press, 2008), chap. 9.

33. Galton, *Inquiries into Human Faculty and Its Development,* 307–317.

34. Desrosieres, *The Politics of Large Numbers,* 13, 18.

35. Raul Hilberg, *The Destruction of the European Jews,* rev. and definitive ed. (New York: Holmes & Meier, 1985), 21–23.

36. US Holocaust Memorial Museum, "Jewish Population of Europe in 1933: Population Data by Country," Holocaust Encyclopedia, encyclopedia.ushmm.org/content/en/article/jewish-population-of-europe-in-1933-population-data-by-country, accessed August 24, 2019.

37. 同前注；G owny Urz d Statystyczny Rzeczypospolitej Polskiej [Central Statistical Office the Polish Republic], *Drugi Powszechny Spis Ludności z Dn.9.XII 1931 r. [The Second General Census of 9.XII 1931],* Seria C, Zeszyt 94a (Warsaw, 1938), tables 10 and 13。

38. 關於萊哈特和他的崛起，參閱：Gunnar Thorvaldsen, *Censuses and Census Takers: A Global History,* Routledge Studies in Modern History (London: Routledge/Taylor & Francis Group, 2018), 212–213, 227。

39. 「 統 計 榮 景 」之 語，參 閱：Jutta Wietog, "Bevölkerungsstatistik im Dritten Reich," *Wirtschaft und Statistik (Statistisches Bundesamt),* July 2001, 588–597。該文是一本書的摘要，可惜該書沒有英譯本：Jutta Wietog and Wolfram Fischer, *Volkszählungen unter dem Nationalsozialismus: Eine Dokumentation zur Bevölkerungsstatistik im Dritten Reich,* Schriften

zur Wirtschafts- und Sozialgeschichte, Bd. 66 (Berlin: Duncker & Humblot, 2001)。對該書著
墨甚多的相關參考資料：Thorvaldsen, *Censuses and Census Takers,* 208–231。帝國統計局人
員編制的擴大，參閱：Aly and Roth, *The Nazi Census,* 18。

40. Thorvaldsen, *Censuses and Census Takers,* 214–218; Wietog, "Bevölkerungsstatistik im Dritten
    Reich," 588; D. M. Luebke and S. Milton, "Locating the Victim: An Overview of Census-
    Taking, Tabulation Technology and Persecution in Nazi Germany," *IEEE Annals of the History
    of Computing* 16, no. 3 (1994): 26.

41. Thorvaldsen, *Censuses and Census Takers,* 215–216；一九三三年普查記錄個人資訊揭露的可
    能性，該書兩百二十三頁有 Thorvaldsen 矛盾的評估。海丁格的話經下列文獻翻譯而引用：
    Luebke and Milton, "Locating the Victim," 26–27。

42. US Holocaust Memorial Museum, "Germany: Jewish Population in 1933," Holocaust
    Encyclopedia, encyclopedia.ushmm.org/content/en/article/germany-jewish-population-in-1933,
    accessed August 24, 2019. 關於未信教的猶太人人數，各項文獻記載當中，最低為二十四
    萬人（Luebke and Milton, "Locating the Victim," 30）；也有人估計，人數介於四十萬人
    到五十萬人之間：Deborah Hertz, "The Genealogy Bureaucracy in the Third Reich," *Jewish
    History* 11, no. 2 (Fall 1997): 53–78。至於戈培爾的想法，參閱：Thorvaldsen, *Censuses and
    Census Takers,* 217。

43. 這個新定義只追溯到上兩代，並沒有比之前的定義更「科學」。它的根據是一九〇〇年之
    前的一個錯誤觀念，認為猶太人與非猶太人鮮少通婚，因此以祖輩的宗教信仰做為判斷依
    據，或許就能符合納粹對種族的觀念。參閱：starred footnote in Luebke and Milton, "Locating
    the Victim," 30。

44. 同 前 注，29–30；Robert M. W. Kempner, "The German National Registration System as a
    Means of Police Control of Population," *Journal of Criminal Law and Criminology* 36, no. 5
    (1946): 378–379. Hertz, "The Genealogy Bureaucracy in the Third Reich," 61–63; Luebke and
    Milton, "Locating the Victim," 32; Aly and Roth, *The Nazi Census,* 73–74。

45. 關於在「碎玻璃之夜」之前就存在的猶太人檔案，參閱：Luebke and Milton, "Locating the
    Victim," 33。關於死亡人數，各方長久以來所接受的說法是低於一百，但這個數字因為
    新估計值而讓人有所疑慮。新估計值調高了數字，因為相關單位把接下來幾個月在集中
    營死亡的人數也算了進去。可參閱：Alan E. Steinweis, *Kristallnacht 1938* (Cambridge, MA:
    Belknap of Harvard University Press, 2009)。

46. 關於戶籍登記冊，參考：Kempner, "The German National Registration System as a Means of
    Police Control of Population"; Aly and Roth, *The Nazi Census,* 38–43。關於國民檔案，參閱：
    Luebke and Milton, "Locating the Victim," 32; Aly and Roth, *The Nazi Census,* 43–53。納粹德
    國名目繁多的登記冊極度令人混淆。部分原因是納粹行政管理的混亂本質，國家與黨、地
    方與中央的責任互有重疊。但是，有部分原因也是卡片檔案仍然以手寫為大宗而形成的限
    制。戶籍登記冊是按照姓氏字母排序的，無法隨意以年齡排列，因此必須為這個目的建立
    一套全新的登記冊。

47. Aly and Roth, *The Nazi Census,* 81–83; Wietog, "Bevölkerungsstatistik im Dritten Reich," 有意
    思的是，一九四〇年的美國普查中，有些案例也有一張非常類似的附屬卡，用以蒐集敏感
    的所得資料。參閱：Margo J. Anderson, *The American Census: A Social History,* 2nd ed. (New
    Haven, CT: Yale University Press, 2015), 182–183。

48. 這些結果不能與一九三三年的資料直接比較，一方面是因為普查的問題不同，另一方
    面也是因為併吞奧地利之後，普查涵蓋的地域較大。這些數字取自：Luebke and Milton,
    "Locating the Victim."。

49. 關於卡片的後續用途，文獻同前注；F. W. Kistermann, "Locating the Victims: The Nonrole of

Punched Card Technology and Census Work," *IEEE Annals of the History of Computing* 19, no. 2 (June 1997): 31–45; Wietog, "Bevölkerungsstatistik im Dritten Reich," sec. 5. 關於國民檔案裡的猶太人記號：Luebke and Milton, "Locating the Victim"; Aly and Roth, *The Nazi Census,* 64。

50. 關於帝國系譜研究局：Hertz, "The Genealogy Bureaucracy in the Third Reich." 關於民族檔案：Wietog, "Bevölkerungsstatistik im Dritten Reich," sec. 3; Aly and Roth, *The Nazi Census,* 83–84。

51. 最早主張普查扮演重要角色的是：Wietog, "Bevölkerungsstatistik im Dritten Reich," sec. 3; Aly and Roth, *The Nazi Census,* 83–84。Thorvaldsen 則主張，普查沒那麼重要（多半根據 Weitog 的發現）：Thorvaldsen, *Censuses and Census Takers,* 222–226; Wietog and Fischer, *Volkszählungen unter dem Nationalsozialismus: Eine Dokumentation zur Bevölkerungsstatistik im Dritten Reich*。

52. 有些學者想要清楚區隔一九三九年的普查表與附屬卡，例如：Kistermann, "Locating the Victims," 39。關於一般人的觀點，參閱：Aly and Roth, *The Nazi Census,* 46；該文獻引述道（來源不明），以其與國民檔案登記的關聯，「普查問卷已經相當為人所熟悉⋯⋯」，雖然國民檔案不是官方的正式普查，但是通常會被指為是普查。

53. 關於查恩的小傳，可參閱：Aly and Roth, *The Nazi Census,* 24–25。以下文獻曾指出他的納粹黨員身分：Thorvaldsen, *Censuses and Census Takers,* 219。這句話引用自：Thorvaldsen, *Censuses and Census Takers,* 219。

54. Reichardt, "Die Reichsstatistik," part 7. 作者摘錄的譯文取自：Tooze, *Statistics and the German State, 1900–1945,* 216–217。不過，值得注意的是「統計保密性」（statistical confidentiality）一詞是一九四〇年才出現在英語詞彙裡的。萊哈特所使用的詞彙「statistisches Geheimnis」字面上的意義為「統計的機密性」（statistical secrecy）。今日，統計保密性在德文裡為複合名詞「Statistikgeheimnis」，對應於更古老的法律觀念，包括信件的機密性（Briefgeheimnis）、銀行往來的機密性（Bankgeheimnis）、官方機密（Amtsgeheinis）等等。

55. Reichardt, "Die Reichsstatistik," part 1. 關於萊哈特可能的反抗，事例參閱：Wietog, "Bevölkerungsstatistik im Dritten Reich," 592–593; Kistermann, "Locating the Victims," 39。

56. Das Statistische Bundesamt, *Kleine Chronik des statistichen Bundesamtes,* Festschrift, 1956, 32–33; Thorvaldsen, *Censuses and Census Takers,* 227.

57. Aly and Roth, *The Nazi Census,* 51; Adam Czerniakow, *The Warsaw Diary of Adam Czerniakow: Prelude to Doom,* ed. Raul Hilberg, Stanislaw Staron, and Joseph Kermish (Chicago: Ivan R. Dee, 1999). 關於一開始的占領：pp. 27–29 of Hilberg and Staron's introduction。

58. Czerniakow, *The Warsaw Diary of Adam Czerniakow,* 78–86.

59. 同前注。關於遷徙數：Hilberg, *The Destruction of the European Jews,* 226。關於這項措施在其他波蘭城市的運作：William Seltzer, "Population Statistics, the Holocaust, and the Nuremberg Trials," *Population and Development Review* 24, no. 3 (September 1998): 519–520。

60. 關於配給由上而下的精細管理，參閱：Raul Hilberg and Stanislaw Staron, "Introduction," in *The Warsaw Diary of Adam Czerniakow,* 55–60。

61. Chaim Aron Kaplan, *Scroll of Agony: The Warsaw Diary of Chaim A. Kaplan,* trans. Abraham Isaac Katsh (Bloomington: Indiana University Press, 1999), 57, 60.

62. Paul Dostert, "La Resistance Luxembourgeoise (1940–1944)," *Ons Stad,* 2002; Gerald Newton, ed., *Luxembourg and Letzebuergesch: Language and Communication at the Crossroads of Europe* (Oxford, UK: Clarendon; Oxford University Press, 1996), 16.

63. Paul Weber, *Geschichte Luxemburgs im Zweiten Weltkrieg* (Luxembourg: Buck, 1948), 56–57.

64. 同前注，56–57。那句口號的拼音有不同的變化版本：dräimol Letzebuergesch、draimol Letzebuerg 等其他變化。

65. 同前注，58。

66. 同　前　注，58。US Holocaust Memorial Museum, "Luxembourg," Holocaust Encyclopedia, encyclopedia.ushmm.org/content/en/article/luxembourg, accessed August 24, 2019.

67. 關於留守的命令以及辭職的選擇：Moore, "Nazi Masters and Accommodating Dutch Bureaucrats," 190. On Aryan attestation, see Rees, *The Holocaust,* 184。

68. Moore, "Nazi Masters and Accommodating Dutch Bureaucrats," 195–196.

69. 同前注。那本手冊為：J. L. Lentz, *Persoonsbewijzen: Handleiding Voor de Uitvoering van Het Besluit Persoonsbewijzen* (Arnhem: Van der Wiel, 1941)。

70. Rees, *The Holocaust,* 184, 281.

71. 關於中央登記處原來的目的，參閱：Lentz, *De Bevolkingsboekhouding,* 71–73. 關於一九四一年之後的改變："Kleykamp"; de Jong, *Het Koninkrijk der Nederlanden in de Tweede Wereldoorlog,* 5:453。打孔卡索引的描述：Edwin Black, *IBM and the Holocaust: The Strategic Alliance Between Nazi Germany and America's Most Powerful Corporation,* expanded ed. (Washington, DC: Dialog, 2012), 308–313。

72. Rees, *The Holocaust,* 282.

73. 那則日記後來寫到，那張通知不是給安妮的父親，而是瑪戈自己。參閱：Anne Frank, Otto Frank, and Mirjam Pressler, *The Diary of a Young Girl* (New York: Alfred A. Knopf, 2010), 23。

74. Rees, *The Holocaust,* 184, 283.

75. Weber, "11. Bureaucracy," 987。關於造假的德國身分證件在被占領的波蘭處處可見，文獻記載可參閱：Joshua D. Zimmerman, *The Polish Underground and the Jews, 1939–1945* (New York: Cambridge University Press, 2015), 313, 332; Emanuel Ringelblum, Joseph Kermish, and Shmuel Krakowski, *Polish-Jewish Relations During the Second World War* (Evanston, IL: Northwestern University Press, 1992), 102。

76. De Jong, *Het Koninkrijk der Nederlanden in de Tweede Wereldoorlog,* 5:453–455.

77. Moore, "Nazi Masters and Accommodating Dutch Bureaucrats," 197; *Part 5: Public Opinion and Relations to the Jews in Nazi Europe, in The Nazi Holocaust: Historical Articles on the Destruction of European Jews,* ed. Michael R. Marrus (Westport, MA: Meckler, 2011), 2:646–648.

78. 關於配給卡措施，參閱：Rene van Eunen, "De Geschiednis van Het Persoonsbewijs," Persoonbwijzen.nl (Database Persoonsbewijzen W.O.II), 2019, persoonsbewijzen.nl/passie/sites/index.php?mid=226952&kid=4302&pagina=tekstpagina。關於第一次的轟炸請求："Image of Memorandum Dated 29.11.43, Numbered 3942" (November 29, 1943), Accession number 7.000SPAond (inventory number 25024), National Archive of the Netherlands, nationalarchief.nl/onderzoeken/fotocollectie/b2862c13-4364-ddec-9c03-cb9e5682a47a。關於克雷坎普的轟炸請求：Pieter Schlebaum, "Airraid on Kleykamp," trans. Fred Bolle, Traces of War, December 29, 2011, tracesofwar.com/articles/2441/Airraid-on-Kleykamp.htm。

79. Bowman, *Mosquito Menacing the Reich,* location 5116.

80. "Kleykamp"; ibid., location 5069.

81. De Jong, *Het Koninkrijk der Nederlanden in de Tweede Wereldoorlog,* 5:456–457.

82. 這個解釋由 J. C. H. Blom 提出："The Persecution of the Jews in the Netherlands: A Comparative Western European Perspective," *European History Quarterly* 19, no. 3 (July 1989): 333–351。Croes 探究了此說以及其他假設，但主張更多在地因素的重要性：M. Croes, "The Holocaust in the Netherlands and the Rate of Jewish Survival," *Holocaust and Genocide Studies*

20, no. 3 (January 1, 2006): 474–499。

83. Heide, *Punched-Card Systems and the Early Information Explosion,* 133–134, 152–160, 192–208, 222–225.

84. 同前注，225–229；Black, *IBM and the Holocaust,* 321。

85. "Nazis Extend Nuremberg Laws to Occupied France," *Jewish Telegraphic Agency News,* May 12, 1941, vol. 3, no. 128; Black, *IBM and the Holocaust,* 313–318; US Holocaust Memorial Museum, "France," Holocaust Encyclopedia, encyclopedia.ushmm.org/content/en/article/france, accessed August 24, 2019.

86. Black, *IBM and the Holocaust,* 319–322; Heide, *Punched-Card Systems and the Early Information Explosion,* 229.

87. Black, *IBM and the Holocaust,* 322–323.

88. 關於傳統派人士的擔憂：René Rémond, ed., *Le "Fichier Juif"* (Paris: Plon, 1996), 141. 關於卡爾密耶謝給瓦拉特的書信，見：Black, *IBM and the Holocaust,* 323–324。

89. Black, *IBM and the Holocaust,* 324–329。

90. 同前注，328–330。此話語出華特‧懷爾德（Walter Wilde），329。

91. 同前注，訪談見：432–434。

92. 職業普查所用的打孔卡（不見得是唯一一張）有兩個地方可能會標記猶太種族。第二欄是用於區分猶太人的身分識別號碼的第一碼。第四十至四十三欄是用於國籍。重製的卡片版面資料，參見：Heide, *Punched-Card Systems and the Early Information Explosion,* 228；身分識別號碼的結構，描述參閱：Pierre Piazza, "The Identity Registration System, Identification Number and National ID Card During the Vichy Regime (France, 1940–1944)," *Criminocorpus,* November 15, 2017, journals.openedition.org/criminocorpus/3659。另請參閱：《IBM 與大屠殺》一書第三百二十九頁關於第十一欄的陳述，引述自卡爾密耶更早的陳述，他提到的是第十一個問題，而非第十一欄：Robert Carmille, "Des Apparences à La Réalité: Le ʻFichier Juif ʼ. Rapport de La Commission Présidée Par René Rémond Au Premier Ministre: Mise Au Point" (1996)。

93. US Holocaust Memorial Museum, "Documenting Numbers of Victims of the Holocaust and Nazi Persecution," Holocaust Encyclopedia, February 4, 2019, encyclopedia.ushmm.org/content/en/article/documenting-numbers-of-victims-of-the-holocaust-and-nazi-persecution; US Holocaust Memorial Museum, "France"; US Holocaust Memorial Museum, "The Netherlands," Holocaust Encyclopedia, encyclopedia.ushmm.org/content/en/article/the-netherlands, accessed August 24, 2019.

94. US Holocaust Memorial Museum, "Documenting Numbers of Victims of the Holocaust and Nazi Persecution."

95. Chil Rajchman and Solon Beinfeld, *The Last Jew of Treblinka: A Survivor's Memory, 1942–1943* (New York: Pegasus Books, 2011).

96. 他們針對這個主題做的漸進研究，總結於：William Seltzer and Margo Anderson, "Census Confidentiality Under the Second War Powers Act (1942–1947)," Confidentiality, Privacy, and Ethical Issues in Demographic Data, Population Association of America Annual Meeting, New York, 2007, sec. 1。

97. 就像納粹歐洲的猶太人一樣，定義誰算或不算為日本人有其困難之處。參閱：Paul R. Spickard, "Injustice Compounded: Amerasians and Non-Japanese Americans in World War II Concentration Camps," *Journal of American Ethnic History* 5, no. 2 (1986): 5–22。

98. 雖然資料有鎖定對象，一名前普查局副主任曾替這類總和性統計資料的編製辯護，主張這麼做仍符合道德倫理，參閱：Hermann Habermann, "Ethics, Confidentiality, and Data

Dissemination," *Journal of Official Statistics* 22, no. 4 (2006): 599–614。

99. Anderson, *The American Census,* 189–190。卡普特之言引述自普查顧問委員會一九四二年一月會議的謄本第一百九十五頁。

100. Seltzer and Anderson, "Census Confidentiality Under the Second War Powers Act (1942–1947)," sec. B.1.

101. "Spy Data Sought from 1940 Census," *New York Times,* February 7, 1942; Korematsu v. United States, 323 U.S. 214 (1944). 另參：Anderson, *The American Census,* 196。

102. "Personal Justice Denied," Report of the Commission on Wartime Relocation and Internment of Civilians, Washington, DC, December 1982, 238; Trump v. Hawaii, 585 U.S. ___ (2018); Ilya Somin, "Justice Scalia on Kelo and Korematsu," The Volokh Conspiracy (blog), February 8, 2014, washingtonpost.com/news/volokh-conspiracy/wp/2014/02/08/justice-scalia-on-kelo-and-korematsu.

103. 布雷克的《IBM與大屠殺》是對這個案件的明確控訴：Black, *IBM and the Holocaust*；IBM的回應，參見：IBM, "Addendum to IBM Statement on Nazi-Era Book and Lawsuit," March 29, 2002, www-03.ibm.com/press/us/en/pressrelease/828.wss。

104. 關於技術的能力範圍，參閱：Heide, *Punched-Card Systems and the Early Information Explosion,* 246；布雷克詳述蘭茲用打孔卡創造的索引系統，但即便此處也沒有說明，除了自現有卡片檔案編製總合統計數據，它是否有用於其他目的，參閱：Black, *IBM and the Holocaust,* 308–313。關於德國的設施，參閱：Heide, *Punched-Card Systems and the Early Information Explosion,* 180–192。

105. Moore, "Nazi Masters and Accommodating Dutch Bureaucrats," 198.

106. Avinoam Patt, "Jewish Resistance in the Warsaw Ghetto," in *Jewish Resistance Against the Nazis,* ed. Patrick Henry and Berel Lang (Washington, DC: Catholic University of America Press, 2014), 411.

107. Black, *IBM and the Holocaust,* 332.

108. 關於蘭茲的描述，引述自：De Jong, *Het Koninkrijk der Nederlanden in de Tweede Wereldoorlog,* 5:455。

109. Jonas H. Ellenberg, "Ethical Guidelines for Statistical Practice: A Historical Perspective," *American Statistician* 37, no. 1 (February 1983): 1; Shelley Hurwitz and John S. Gardenier, "Ethical Guidelines for Statistical Practice: The First 60 Years and Beyond," *American Statistician* 66, no. 2 (May 2012): 99–103; UN General Assembly, "Resolution Adopted by the General Assembly on 29 January 2014: 68/261. Fundamental Principles of Official Statistics (A/RES/68/261)," March 3, 2014.

110. Kempner, "The German National Registration System as a Means of Police Control of Population," 374–375.

第 5 章 世界普查

1. 除非有另外注記，本章人口總數以及相關統計數據的資料來源如下：自一九五〇到二〇二〇年的估計值，以及自二〇二〇年起的預測值，UN Population Division, "World Population Prospects 2019," population.un.org/wpp (medium variant projection unless otherwise noted)；一九五〇年之前的估計值，Colin McEvedy and Richard Jones, *Atlas of World Population History,* Penguin Reference Books (Harmondsworth, UK: Penguin, 1978)。除非有另外注記，本章中每屆普查實際統計的人數估計值資料來源如下：一九五〇年以及之前的普查，UN Statistical Office, *Demographic Yearbook 1955* (New York: United Nations, 1955), table 4；一九六〇年以及之後的普查，作者分析主要的根據如下：UN Population Division, *Inventory*

of Censuses, Surveys and Other Primary Sources of Demographic Data by Country or Area (New York: United Nations, 2019); UN Statistics Division, "Demographic Statistics Database" (updated February 20, 2019), data.un.org/Data.aspx?d=POP&f=tableCode%3a1; UN Statistics Division, *Demographic Yearbook 1997: Historical Supplement* (New York: United Nations, 1999), table 2。

2.　關於工業化時期對馬爾薩斯的經典論述，參閱：Arnold Toynbee, "10. Malthus and the Law of Population," in *Lectures on the Industrial Revolution of the 18th Century in England* (1884; repr., Cambridge, UK: Cambridge University Press, 2011)。一八八六年，托爾斯泰稱馬爾薩斯為「極其悲涼的英國作家，他所有的著作都已被遺忘，是最不起眼的人物當中最微不足道的」，對於他的論點多有貶損。參閱：Robert J. Mayhew, *Malthus: The Life and Legacies of an Untimely Prophet* (Cambridge, MA: Belknap Press of Harvard University Press, 2014), chap. 6, quote at p. 149。

3.　關於世紀之交到一九六〇年代，參閱：Alison Bashford, *Global Population: History, Geopolitics, and Life on Earth,* Columbia Studies in International and Global History (New York: Columbia University Press, 2014)。

4.　Matthew James Connelly, *Fatal Misconception: The Struggle to Control World Population* (Cambridge, MA: Belknap Press of Harvard University Press, 2008), 185–187, quote at p. 187.

5.　尼克森之語，參見：Phyllis Tilson Piotrow, *World Population Crisis: The United States Response,* Law and Population Series, Special Studies in International Economics and Development 4 (New York: Praeger, 1973), 168–170, quote at p. 169。

6.　Paul Ralph Ehrlich, *The Population Bomb* (1968; repr., Cutchogue, NY: Buccaneer Books, 1971), xi.

7.　卡爾森的影片似乎已經佚失。可參閱：the description in John Tierney,"Betting on the Planet," *New York Times Magazine,* December 2, 1990; the interview with Ehrlich on Mark Malkoff, "Dr. Paul Ehrlich," *The Carson Podcast,* April 12, 2018; "Playboy Interview: Dr. Paul Ehrlich," *Playboy,* August 1970。埃利希的英國訪問：Bernard Dixon, "In Praise of Prophets," *New Scientist and Science Journal,* September 16, 1971。一九六九年，埃利希曾在生物研究院（Institute of Biology）講學。他沒放過這個機會，對聽眾說：「我敢打賭，到了公元二〇〇〇年，英格蘭已經不存在。」關於他的澳洲之行：George Mc-Gann, "The Road to Extinction," *Australian Women's Weekly,* July 28, 1971。

8.　本章的人口資料來源，請參閱注一。

9.　Ehrlich, *The Population Bomb,* 17–19.

10.　同前注，34。

11.　T. R. Malthus, *An Essay on the Principle of Population,* ed. Geoffrey Gilbert, Oxford World's Classics (1798; repr., Oxford, UK: Oxford University Press, 2008), 17。至於埃利希沒有在他的書裡提到馬爾薩斯，他的解釋可參閱：Mayhew, *Malthus, 197,* and note 18, p. 267。從馬爾薩斯一直到埃利希，「荒誕的情境」在其他著述裡也一再出現，例如：Bashford, *Global Population,* 49; Connelly, *Fatal Misconception,* 256。就連聯合國人口部門的專家也都使用這種說辭：United Nations, Department of Economic and Social Affairs, Population Division, *The Future Growth of World Population,* Population Studies (New York: United Nations, 1958)。

12.　里喬利的研究成果英譯與分析，參閱：Martin Korenjak, "Humanist Demography: Giovanni Battista Riccioli on the World Population," *Journal of Early Modern Studies* 7, no. 2 (2018): 73–104; William Petty, *Another Essay in Political Arithmetick, Concerning the Growth of the City of London: With the Measures, Periods, Causes, and Consequences Thereof* (London, 1682), 464–465, en.wikisource.org/wiki/Another_Essay_(Petty_1683); Gregory King, "Natural and Political Observations and Conclusions upon the State and Condition of England," in *An Estimate of the*

Comparative Strength of Great-Britain, by George Chalmers (1696; repr., London: J. Stockdale, 1802), 412–414。

13. 參 閱：discussion in United Nations, Department of Social Affairs, Population Division, *The Determinants and Consequences of Population Trends,* Population Studies, (New York: United Nations, 1953), 25。

14. Wynnard Hooper, "Population," in *Encyclopaedia Britannica,* 9th ed., vol. 19 (American repr., Philadelphia, 1891), 528.

15. 關於「超過一半」的宣告，具體而言是四四％的一八八○年普查的全球人口數，參見："Earth, Area and Population of, The," in *Appleton's Annual Cyclopædia and Register of Important Events of the Year 1891,* vol. 16, new series (New York: D. Appleton and Company, 1892), 262。關於波特的計算，參閱：Geoffrey Austrian, *Herman Hollerith: Forgotten Giant of Information Processing* (New York: Columbia University Press, 1982), 69。

16. 「全球普查計劃」是科羅西以下著作的書名英譯：*Projet d'un Recensement du Monde* (Paris: Guillaumin, 1881)；長句引述譯自該著作第八頁，內容述及一九○○年的重要工作；參閱：K rösy József, *Die Seculare Weltzahlung vom Jahre 1900: Denkschrift an die St. Petersburger Session des Internationalen Statistischen Institutes* (Berlin: Putkammer & Muhlbrecht, 1897)。Longstaff 稱這項計劃為「他〔科羅西〕畢生的使命」，參閱：G. B. Longstaff, "Suggestions for the Census of 1891," *Journal of the Royal Statistical Society* 52, no. 3 (September 1889): 436–467。

17. J. W. Nixon, *A History of the International Statistical Institute: 1885–1960* (The Hague: The Hague International Institute, 1960), 148–150.

18. 關於六○％的人口歷經普查："Earth, Area and Population of, The," 262。關於進入二十世紀的前十年，參閱注一。

19. A. J. Christopher, "The Quest for a Census of the British Empire c.1840–1940," *Journal of Historical Geography* 34, no. 2 (April 2008): 268–285. 關於國際建議對大英帝國普查實行的影響，參閱：Bruce Curtis, *The Politics of Population: State Formation, Statistics, and the Census of Canada, 1840–1875* (Toronto: University of Toronto Press, 2001), 21。

20. *Census of the British Empire 1901* (London: H. M. Stationery Office, 1906), xxxiv, lxiii, 146.

21. John J. Banninga, "The Indian Census of 1911," *National Geographic,* July 1911, 635.

22. Jill Liddington and Elizabeth Crawford, *Vanishing for the Vote: Suffrage, Citizenship and the Battle for the Census* (Manchester, UK: Manchester University Press, 2014), 125–131, quote at p. 127.

23. 同前注，231、296。

24. Christopher, "The Quest for a Census of the British Empire c.1840–1940," 280–281.

25. 關於人口問題，參閱：Bashford, *Global Population,* 60–67, 133–134, 215。一九一六至一九二一年間，國際統計學會出版了《國際統計年鑑》（*Annuaire international de statistique*），不過只有一九一六年和一九一九年兩冊以總人口數為焦點；國際聯盟出版的《統計年鑑》（*Statistical Year-book*）則涵蓋一九二六年至一九四二――一九四四年。國際統計學會或許一度有機會得到國際聯盟的背書，做為正式、但隸屬民間的獨立組織，但這項提案遭到否決，於是有了長達二十年不安的競爭。參閱：Nixon, *A History of the International Statistical Institute: 1885–1960,* 22–27 and 27–34。

26. League of Nations Economic Intelligence Service, *Statistical Year-Book of the League of Nations 1931/32* (Geneva, 1932), table 2. 關於中國實施普查的嘗試，參閱：Leo A. Orleans, "The 1953 Chinese Census in Perspective," *Journal of Asian Studies* 16, no. 4 (August 1957): 565–573。

27. League of Nations Economic Intelligence Service, *Statistical Year-Book of the League of Nations 1931/32,* 32, table 2. 一八八〇至一九一五年間，有三千兩百萬人離開歐洲；參閱：Connelly, *Fatal Misconception,* 27。

28. Margaret Sanger, *Proceedings of the World Population Conference* (London: Edward Arnold & Co., 1927), "Announcement" and pp. 363–368.

29. 馬爾薩斯在《人口論》的第八章裡寫到「其他非自然方法」。而他在一八〇三年版的第一冊第二章寫的則是「掩蓋不合常規往來之後果的失當手段」。

30. Connelly, *Fatal Misconception,* 51。桑格那本小冊子的早期版本裡還有這句：「成為數百萬軍人與水手，為金主和統治階層打仗。」後來的版本把這些字句刪去了。參閱：reproduction in Joan M. Jensen, "The Evolution of Margaret Sanger's 'Family Limitation' Pamphlet, 1914–1921," *Signs* 6, no. 3 (1981): 548–567。

31. Mayhew, *Malthus,* 150–154; Peter C. Engelman, "From Geneva to Cairo: Margaret Sanger and the First World Population Conference," *Margaret Sanger Papers Project Newsletter,* Spring 1994, nyu.edu/projects/sanger/articles/from_geneva_to_cairo.php.

32. 大會的描述取自："Announcement" in Sanger, *Proceedings of the World Population Conference.* Also see Bashford, *Global Population, 84–85, 211–212*。宣傳家的評語來自全國天主教福利理事會（National Catholic Welfare Council），以下文獻有引述：Connelly, *Fatal Misconception,* 98。即使這些變化也不足以說服保守的國際聯盟贊助大會，於是聯盟的人員還得用自己的私人時間出席。參閱：Stanley Johnson, *World Population and the United Nations: Challenge and Response* (Cambridge, UK: Cambridge University Press, 1987), 5; Connelly, *Fatal Misconception,* 69–70。

33. Bashford, *Global Population,* 88–97.

34. 同前注，241–246。Connelly, *Fatal Misconception,* 65, 105。

35. 關於國際控制生育資訊中心，參閱：Bashford, *Global Population,* 217–224。最終，國際人口問題科學調查聯盟在重組時去掉了名稱裡「問題」這個詞彙，並把「科學調查」換成「科學研究」（scientific study）。關於桑格認為大會是個失敗，參閱：Connelly, *Fatal Misconception,* 74。

36. Bashford, *Global Population,* 270; Connelly, *Fatal Misconception,* 106, 124.

37. Frank W. Notestein, "Demographic Work of the United Nations," *Population Index* 16, no. 3 (July 1950): 186.

38. 關於人口委員會的形成，參見：Johnson, *World Population and the United Nations,* 8。關於包括 GNP 在內的國民所得衡量指標群，參閱：Diane Coyle, *GDP: A Brief but Affectionate History* (Princeton, NJ: Princeton University Press, 2014), 11–23（注：《GDP 的多情簡史》，好優文化出版）; Dirk Philipsen, *The Little Big Number: How GDP Came to Rule the World and What to Do About It* (Princeton, NJ: Princeton University Press, 2015), chaps. 5–6。

39. 關於年鑑，參見：Johnson, *World Population and the United Nations,* 9。關於一九五〇年回合普查的呼求，參閱：Connelly, *Fatal Misconception,* 142–143。這段早期的歷史，此篇諾特斯汀的文章也有談及："Demographic Work of the United Nations"。

40. Pierre Martinot-Lagarde, "The Intricacy of Demography and Politics: The Case of Population Projections" (IUSSP General Conference, Salvador, Brazil, 2001). 關於國際聯盟在最後的日子為全球預測鋪下的墊腳石，參閱：Frank W. Notestein, *The Future Population of Europe and the Soviet Union: Population Projections 1940–1970* (Geneva: League of Nations, 1944); United Nations, Department of Economic and Social Affairs, Population Division, "The Past and Future Growth of World Population — a Long-Range View," *Population Bulletin of the United Nations* (1951): table 5。

41. Johnson, *World Population and the United Nations,* 9–11; Bashford, *Global Population,* 321–322.

42. 關於把人口問題設定為威脅和平的議題，參閱：Johnson, *World Population and the United Nations,* 28; Connelly, *Fatal Misconception,* 116。關於錢德拉塞卡的評論，引述於：Bashford, *Global Population,* 215, 285。

43. 關於蘇聯對人口委員會的反對，參見：Johnson, *World Population and the United Nations,* 8。馬克思對馬爾薩斯的貶斥，出現在《資本論》一則長達數千字的注腳裡，參閱：Karl Marx, *Capital: A Critique of Political Economy (Volume I),* ed. Frederick Engels, trans. Samuel Moore and Edward Aveling, 1st English ed. (1887), chap. 15, marxists.org/archive/marx/works/1867-c1, note 6 (within the chapter)。

44. Gunnar Thorvaldsen, *Censuses and Census Takers: A Global History,* Routledge Studies in Modern History (London: Routledge/Taylor & Francis Group, 2018), 197–208.

45. George B. Cressey, "The 1953 Census of China," *Far Eastern Quarterly* 14, no. 3 (May 1955): 387。中國普查項目裡，「國籍」（nationality）的意思較接近今日更常說的「族裔」（ethnicity）。普查顯示，中國人口中有九三％是漢族，將近二‧五％是信奉伊斯蘭教的好幾種少數族裔（包括東干族和維吾爾族），還有〇‧五％的藏族。另參：Xiaogang Wu, *Census Undertakings in China: 1953–2010,* Population Studies Center Research Report (Ann Arbor: Population Studies Center, University of Michigan Institute for Social Research, 2014), psc.isr.umich.edu/pubs/abs/9011; Orleans, "The 1953 Chinese Census in Perspective"。

46. 一九四五年，國際聯盟仍然發布了預估人口數：四億五千萬。聯盟的人口學家似乎覺得，他們並無什麼有意義的基礎可以更新數據。參閱：League of Nations Economic Intelligence Service, *Statistical Year-Book of the League of Nations 1942/44* (Geneva, 1945), table 2。對於普查的反應，一開始至少有一種是抱持懷疑態度，表示這些總數「必須以相當程度的保留態度視之」；參閱：Cressey, "The 1953 Census of China." 後來有一項更仔細的評估結果對該評論不表認同，認為「這是關於中國人口可得的最新、最佳資訊」；參見：Orleans, "The 1953 Chinese Census in Perspective"。

47. 參閱本章注一。引述自：UN Statistical Office, *Demographic Yearbook 1955,* 2。

48. 參閱本章注一。

49. United Nations, Department of Economic and Social Affairs, Population Division, "The Future Growth of World Population", quote at p. v, detailed projections table 1 (B), p. 70.

50. Nico Keilman, "Data Quality and Accuracy of United Nations Population Projections, 1950–95," *Population Studies* 55, no. 2 (2001): 149–164; ibid., viii.

51. Johnson, *World Population and the United Nations,* 16; Bashford, *Global Population,* 318–322，赫胥黎之語的引述，參見：319。

52. Connelly, *Fatal Misconception,* 90–91, 113–116; Massimo Livi Bacci, *A Concise History of World Population,* 6th ed. (Hoboken, NJ: John Wiley & Sons, 2017), 172–179.

53. William Paddock and Paul Paddock, *Famine — 1975!* (Boston: Little, Brown, 1967), 19–20. 關於類似的情緒表現，參閱："the idea was in the air": Connelly, *Fatal Misconception,* 122; Bashford, *Global Population,* 320。關於優生學家在戰前的陳述，參閱：Connelly, *Fatal Misconception,* 55。

54. 述自：Kingsley Davis, "The World Demographic Transition," *Annals of the American Academy of Political and Social Science* 237, no. 1 (January 1945): 1–11。資料來源參閱本章注釋一。

55. Bashford, *Global Population,* 310–317.

56. Connelly, *Fatal Misconception,* 175–176, 201–206, 213–231, 251–252.

57. Connelly, 267–269.

58. Connelly, 162; Bashford, *Global Population,* 336–338.

59. 關於 CBS 的紀實節目：Connelly, *Fatal Misconception,* 187; Georg Borgstrom, *The Hungry Planet: The Modern World at the Edge of Famine* (New York: Macmillan, 1965); Paddock and Paddock, *Famine — 1975!* 。

60. Rachel Carson, *Silent Spring* (New York: Houghton Mifflin, 1962); Ehrlich, *The Population Bomb,* 60.

61. Johnson, *World Population and the United Nations,* 24–32, 60, 80, Lyndon Johnson quote at p. 26–27. "Washington Report: Birth Control Boom," *Life,* January 29, 1965, 34D.

62. 聯合國人口委員會本身就有各種觀點，對於「爆炸」一說並沒有一致的共識。參見：Johnson, *World Population and the United Nations,* 88–89。

63. Ehrlich, *The Population Bomb,* 15–16.

64. United Nations, Department of Economic and Social Affairs, Population Division, "File 11a: The 30 Largest Urban Agglomerations Ranked by Population Size at Each Point in Time, 1950–2035," in *World Urbanization Prospects: The 2018 Revision,* 2018, population.un.org/wup/Download.

65. Jim Dwyer, "Remembering a City Where the Smog Could Kill," *New York Times,* March 1, 2017, New York edition, sec. A; Eric Monkkonen, "Homicides in New York City, 1797–1999 [And Various Historical Comparison Sites]: Version 1" (Inter-University Consortium for Political and Social Research, November 29, 2001), doi.org/10.3886/ICPSR03226.v1.

66. Harry Harrison, *Make Room! Make Room!* (New York: Orb, 2008), 12, 284.

67. Johnson, *World Population and the United Nations,* 23–24; Ehrlich, *The Population Bomb,* 64.

68. "Growth in United Nations Membership, 1945–Present," United Nations, un.org/en/sections/member-states/growth-united-nations-membership-1945-present/index.html, accessed September 15, 2019; Neil MacFarquhar, "Renovating the U.N., With Hints of Green," *New York Times,* November 21, 2008.

69. Johnson, *World Population and the United Nations,* 76, 125, 引言見：125。

70. Johnson, chaps. 6–7; Connelly, *Fatal Misconception,* 304–316; "Chinese Statements on Population at Bucharest, 1974, and Mexico City, 1984," *Population and Development Review* 20, no. 2 (June 1994): 449.

71. Cormac Ó Gráda, *Famine: A Short History* (Princeton, NJ: Princeton University Press, 2010), 23. 確切的數字不明：有的估計值高達四千五百萬。參閱：Frank Dikotter, *Mao's Great Famine: The History of China's Most Devastating Catastrophe, 1958–1962* (New York: Walker & Co., 2010)。

72. Judith Banister, *China's Changing Population* (Stanford, CA: Stanford University Press, 1991), 12–16; Wu, "Census Undertakings in China: 1953–2010," 81. 一直遲至一九八三年，聯合國統計處的報告記載，中國最近一次的普查是在一九五三年；參見：UN Statistical Office, *Demographic Yearbook 1981,* 33 (New York: United Nations, 1983), table 1。

73. Connelly, *Fatal Misconception,* 179–180, 339–348; Livi Bacci, *A Concise History of World Population,* 195–197, 周恩來之語，引自：195。

74. Connelly, *Fatal Misconception,* 339–348.

75. 同前注，207–231, 317–326。

76. Christopher S. Wren, "China Counts Its Quarter of the World's Noses," *New York Times,* July 6, 1982, National edition, sec. A.

77. Connelly, *Fatal Misconception,* 341–343.

78. "China, Pop. 1,008,175,288: One-Fourth of the World," *New York Times,* October 28, 1982,

National edition, sec. A; Wu, "Census Undertakings in China: 1953–2010," 13. 有些官方資料記載的總數仍不同，為十億三千一百九十萬。

79. 關於《人口炸彈》一書的成功，參閱：Connelly, *Fatal Misconception,* 258–259。關於詞彙的使用："Search for 'Overpopulation, Population Problem, Population Explosion,'" Google Ngram Viewer, books.google.com/ngrams/graph?content=overpopulation%2Cpopulation+problem%2Cpopulation+explosion&case_insensitive=on&year_start=1800&year_end=2000&corpus=15&smoothing=0, accessed July 6, 2019。關於埃利希在一九七〇至一九八一年間十八次參加《今夜秀》的完整列表："Paul Ehrlich (II) (Writer)," IMDB, imdb.com/name/nm1693584, accessed September 15, 2019。

80. Gallup 發現，在一九六三至一九九二年期間，熟悉人口問題的美國人比例從六八％降到五一％。參閱：Mark Gillespie, "Concern Over Population Growth Among Americans Less Prevalent Now Than in Past," Gallup, October 11, 1999, news.gallup.com/poll/3547/concern-over-population-growth-among-americans-less-prevalent-now-than-past.aspx。關於雷根對聯合國人口活動基金的政策，參閱：Connelly, *Fatal Misconception,* 351–355。後來執政的共和黨政府也傾於蕭規曹隨。

81. Connelly, *Fatal Misconception,* 355–369; Livi Bacci, *A Concise History of World Population,* 186–187; *Programme of Action Adopted at the International Conference on Population and Development, Cairo, 5–13 September 1994* (United Nations Population Fund [UNFPA], 2004). 二〇〇〇與二〇一五年的目標分別是千禧年發展目標，以及永續發展目標。

82. Chris Buckley, "China Approves Two-Child Policy to Help Economy," *New York Times,* October 30, 2015, sec. A.

83. Connelly, *Fatal Misconception,* 87–90, 168–170, 192–193.

84. Connelly, 245–247。關於這類措施的重要性：Tiloka de Silva and Silvana Tenreyro, "Population Control Policies and Fertility Convergence," *Journal of Economic Perspectives* 31, no. 4 (November 2017): 205–228。

85. Livi Bacci, *A Concise History of World Population,* 184–191.

86. Connelly, *Fatal Misconception,* 160, 332–333.

87. Liddington and Crawford, *Vanishing for the Vote,* 128–129.

88. 關於戰前的人口衰退：Bashford, *Global Population,* 234–238。

89. 總生育率超過五的國家為：安哥拉、布吉納法索、蒲隆地、查德、剛果共和國、甘比亞、馬利、尼日、索馬利亞和烏干達。除了索馬利亞（六・一二）和尼日（六・九五），其他全都介於五和六之間。

90. Sabrina Juran and Arona L. Pistiner, "The 2010 Round of Population and Housing Censuses (2005–2014)," *Statistical Journal of the IAOS* 33, no. 2 (May 12, 2017): 400–401. 沒有實行普查的非洲國家為：中非共和國、葛摩、剛果民主共和國、赤道幾內亞、厄利垂亞、馬達加斯加、獅子山、索馬利亞，以及西撒哈拉的爭議領土；Umar Serajuddin et al., "Data Deprivation: Another Deprivation to End," World Bank Policy Research Working Paper, 2015。

91. UNFPA Evaluation Office, *Evaluation of UNFPA Support to Population and Housing Census Data to Inform Decision-Making and Policy Formulation (2005–2014): Volume 1* (New York: UNFPA, 2016), secs. 3.1, 3.2; World Bank Independent Evaluation Group, "Data for Development: An Evaluation of World Bank Support for Data and Statistical Capacity" (Washington, DC: World Bank, 2018), 24; US Census Bureau, "International Programs: Capacity Building & Technical Assistance," April 12, 2018, census.gov/programs-surveys/international-programs/about/training-tech-asst.html.

92. Feyi Fawehinmi, "The Story of How Nigeria's Census Figures Became Weaponized," Quartz

Africa, March 6, 2018, qz.com/africa/1221472/the-story-of-how-nigerias-census-figures-became-weaponized; Dawit Endeshaw, "Commission Postpones Census," *Reporter* (Ethiopia), March 23, 2019, thereporterethiopia.com/article/commission-postpones-census.

93. 新科技的例子，可參閱：Eric M. Weber et al., "Census-Independent Population Mapping in Northern Nigeria," *Remote Sensing of Environment* 204 (January 2018): 786–798。

94. 顯現印度與中國的糧食自給自足的資料，參閱：Table 1 of Jennifer Clapp, "Food Self-Sufficiency: Making Sense of It, and When It Makes Sense," *Food Policy* 66 (January 2017): 88–96. Ehrlich quoted in Graham Chedd, "Some Are Paying Heed...," *New Scientist and Science Journal,* September 16, 1971, 635。

95. Amartya Sen, *Poverty and Famines: An Essay on Entitlement and Deprivation* (1981; repr., Oxford, UK: Oxford University Press, 2010).

96. 在許許多多走訪印度、有同樣反應的西方人當中，埃利希只是時代中最晚近的一個。參閱：Connelly, *Fatal Misconception,* 89–90. United Nations, Department of Economic and Social Affairs, Population Division, "File 11a: The 30 Largest Urban Agglomerations Ranked by Population Size at Each Point in Time, 1950–2035"。美國普查局二〇一八年的資料顯示，紐約的人口在衰退；不過，這究竟是長期趨勢的翻轉，還是單一事件，仍有待觀察。聯合國人口部門的預測持續指出，未來的人口處於緩慢擴張。

97. 所謂的經濟學新理論，指的是與羅默（注：Paul Romer，二〇一八年諾貝爾經濟學獎得主）相關的內生成長理論文獻。參閱：David Warsh, *Knowledge and the Wealth of Nations: A Story of Economic Discovery* (New York: W. W. Norton, 2006); Committee for the Prize in Economic Sciences in Memory of Alfred Nobel, "Scientific Background on the Sveriges Riksbank Prize in Economic Sciences in Memory of Alfred Nobel 2018,"Royal Swedish Academy of Sciences, October 8, 2018。

98. 關於停滯的社會流動性，參閱： David H. Autor, "Work of the Past, Work of the Future," *AEA Papers and Proceedings* 109 (May 2019): 1–32。

99. "File 4: Rural Population at Mid-Year by Region, Subregion and Country, 1950–2050 (Thousands)" in United Nations Population Division, "World Urbanization Prospects 2018," 2019, population.un.org/wup.

100. Ehrlich, *The Population Bomb,* 83。

101. United Nations Population Division, "World Population Prospects 2019," June 2019, population. un.org/wpp. 除了聯合國的預測，也有人預測人口會在接近二〇七〇年時達到九十四億人的高峰：Wolfgang Lutz, William P. Butz, and Samir KC, eds., *World Population and Human Capital in the Twenty-First Century* (Oxford, UK: Oxford University Press, 2014)。

102. Robert Frost, "The Census-Taker," in *New Hampshire* (New York: Henry Holt & Company, 1923), 24.

第 6 章 漏網之魚

1. 這段會議的記述根據：Pippa Green, *Choice, Not Fate: The Life and Times of Trevor Manuel* (Johannesburg: Penguin Books, 2012), Kindle edition, location 9104–9121；有些補充和細微的更正來自作者與奧金的訪談（二〇一九年五月一日）；作者與樂侯拉的訪談（二〇一九年三月二十三日）；"Overview of Key Results," table 2 in Statistics South Africa, *The People of South Africa: Population Census 1996: The Count and How It Was Done* (Pretoria: Statistics South Africa, 1998), https://apps.statssa.gov.za/census01/Census96/HTML/Metadata/Docs/count. html。

2. Green, *Choice, Not Fate,* location 9110–9120.

3. 同前注。

4. "Overview of Key Results," table 2.

5. Green, *Choice, Not Fate,* location 9110–9120；作者與奧金的訪談。

6. M. J. K rösy, "Propositions pour Arriver a une Compatibilite Internationale des Ouvrages de Recensement," *Bulletin de l'Institut International de Statistique* 2 (1887): 215；英譯來自：G. B. Longstaff, "Suggestions for the Census of 1891," *Journal of the Royal Statistical Society* 52, no. 3 (September 1889): 436。無獨有偶，一八六一年，威廉·法爾也曾寫道：「在羅馬，勞工階層沒有納入統計調查；在《末日審判書》裡，甚至在部分現代國家，勞工也只記錄人數；但是在英格蘭，他們全都按名字記在普查冊裡，而且和最高階層的人有同等的立足點，受到同樣的待遇。」參閱："The Forthcoming Census," *Illustrated London News,* April 6, 1861, 524。

7. US Census Office, *Compendium of the Eleventh Census: 1890,* Part 1: Population (Washington, DC: Government Printing Office, 1892), xxxv.

8. Margaret M. Jobe, "Native Americans and the U.S. Census: A Brief Historical Survey," *Journal of Government Information* 30, no. 1 (January 2004): 66–80.

9. 確切的居住條件其實更為繁複，不過這是通則。關於二〇二〇年的提案：US Census Bureau, "Final 2020 Census Residence Criteria and Residence Situations," in *Federal Register,* vol. 83 (Washington, DC, 2018), 5525–5536, federalregister.gov/documents/2018/02/08/2018-02370/final-2020-census-residence-criteria-and-residence-situations。

10. Australian Bureau of Statistics, "Aboriginal and Torres Strait Islander Population, 2016," 2071.0 — Census of Population and Housing: Reflecting Australia — Stories from the Census, 2016, October 31, 2017, 4–5, abs.gov.au/ausstats/abs@.nsf/Lookup/by%20Subject/2071.0~2016~Main%20Features~Aboriginal%20and%20Torres%20Strait%20islander%20Population%20Article~12#.

11. 同前注，8。

12. Boyd H. Hunter and John Carmody, "Estimating the Aboriginal Population in Early Colonial Australia: The Role of Chickenpox Reconsidered," *Australian Economic History Review* 55, no. 2 (July 2015): 112–138; Katherine Ellinghaus, "Absorbing the 'Aboriginal Problem': Controlling Interracial Marriage in Australia in the Late 19th and Early 20th Centuries," *Aboriginal History* 27 (2003): 183–207; Commonwealth Bureau of Census and Statistics, *Census of the Commonwealth of Australia, 30th June, 1961: Statistician's Report,* vol. 8 — Australia (Canberra: Australia, 1967), chap. 14, sec. 3.

13. Bain Attwood and Andrew Markus, *The 1967 Referendum: Race, Power and the Australian Constitution,* 2nd ed. (Canberra: Aboriginal Studies Press, 2007), vi–viii.

14. 同前注，三至六章（特別是二十四頁關於海外利益的描述），以及引述自：*Melbourne Age* at p. 49。

15. 同前注，七至八章。關於一個特別持久的迷思，參見：Sushi Das, "Fact Check: Were Indigenous Australians Classified under a Flora and Fauna Act until the 1967 Referendum?," RMIT ABC Fact Check (blog), July 11, 2018, abc.net.au/news/2018-03-20/fact-check-flora-and-fauna-1967-referendum/9550650。

16. Michael Savage, "The Imposition of Pass Laws on the African Population in South Africa 1916–1984," *African Affairs* 85, no. 339 (April 1986): 181–205.

17. South Africa Truth and Reconciliation Commission, *Truth and Reconciliation Commission of South Africa Report,* vol. 3 (Cape Town: Truth and Reconciliation Commission, 1999), 531–537.

18. William Seltzer and Margo Anderson, "Using Population Data Systems to Target Vulnerable Population Subgroups and Individuals: Issues and Incidents," in *Statistical Methods for Human Rights,* ed. Jana Asher, David L. Banks, and Fritz Scheuren (New York: Springer, 2008), 314–316.

19. "Population Registration Act, 1950," secs. 1, 5(1), en.wikisource.org/wiki/Population_Registration_Act,_1950, accessed May 9, 2019.

20. "People's Opposition Halts Nat Race Tests: Attack on Coloureds Has Been Unlawful," *New Age,* August 25, 1955, Northern edition; "Kimberley Begins to Classify Races," *New York Times,* August 21, 1955; "We Must Stop These Nazis!," *New Age,* August 25, 1955, Northern edition.

21. Akil Kokayi Khalfani et al., "Race and Population Statistics in South Africa," in *White Logic, White Methods: Racism and Methodology,* ed. Tukufu Zuberi and Eduardo Bonilla-Silva (Lanham: Rowman & Littlefield, 2008), 73; Donald G. McNeil, "Who Counts in South Africa? Finally, Everyone," *New York Times,* October 30, 1996, National edition。這種估計人口的方法有時稱為「住宅單位」（housing unit）法，在殖民時期的南非有悠久的歷史，雖然當時沒有運用空照圖；參閱：A. J. Christopher, "The Quest for a Census of the British Empire c.1840–1940," *Journal of Historical Geography* 34, no. 2 (April 2008): 277。如果執行嚴謹，這種方法還是能有合理的準確性。不過，值得一提的是，南非政府並沒有用這種方法數算白人。

22. Khalfani et al., "Race and Population Statistics in South Africa," 77.

23. 這個部分是根據我與樂侯拉的訪談所寫成。

24. Pali Lehohla, "Opinion: Lehohla and the Story Behind the Launch of His Yellow Suit," *Business Report,* October 10, 2017, iol.co.za/business-report/opinion-lehohla-and-the-story-behind-the-launch-of-his-yellow-suit-11534892.

25. "ISIbalo: What Is in a Name?," Statistics South Africa, statssa.gov.za/?page_id=7562, accessed September 26, 2019。樂侯拉家那頭牛的故事讓我靈機一動，於是我上 Ancestry.com 搜尋是否也有人取名叫「普查」。這份「普查」人名清單裡有許多明顯的謄錄錯誤（除非我們把「Census Taken」〔已普查〕或「Census Record」〔普查記錄〕視為人名）。但是這個少數群體似乎至少包含了幾十個真人，像是一九四〇年南達科塔州的 Census Peterson、一九二〇年密西西比州的 Census McGee。

26. 關於賴索托在一九八〇年代早期的情況，參閱：Joseph Lelyveld, "Lesotho Sees Pretoria's Hand in Shadowy Conflict," *New York Times,* September 17, 1981, sec. A。

27. Christopher S. Wren, "South Africa Scraps Law Defining People by Race," *New York Times,* June 18, 1991, Late edition；戴克拉克之語，引用自："South Africa Drops Apartheid Law," *United Press International,* June 18, 1991, upi.com/4982631。

28. 與奧金的訪談。

29. F. M. Orkin, P. J. Lehohla, and J. A. Kahimbaara, "Social Transformation and the Relationship Between Users and Producers of Official Statistics: The Case of the 1996 Population Census in South Africa," *Statistical Journal of UN Economic Commission for Europe* 15 (1998): 266；與奧金的訪談。

30. 與樂侯拉的訪談。

31. 粗估數字是六千兩百四十八萬零五百四十；參閱：Robert P. Porter, "Population of the United States by States and Territories: 1890," Census Bulletin no. 12 (Washington, DC: US Census Office, October 30, 1890): 1；官方數字為六千兩百六十二萬兩千兩百五十，排除未被課稅的印第安人。如果包括後者，官方總數為六千兩百九十七萬九千七百六十六；參閱：US Census Office, *Compendium of the Eleventh Census: 1890,* Part 1: Population (Washington,

DC: Government Printing Office, 1892), xxxv。

32. 一九九六年，美國最高法院首席法官威廉‧芮恩奎斯特（William Rehnquist）指出了這個明顯的矛盾：「普查局能否判斷計數的短少以及人口的規模，這點令人疑惑。具體而言：普查結果要根據什麼指標來評量？畢竟，如果美國的實際人口為已知，那麼實施普查看起來完全就是多此一舉。」參見：Wisconsin v. City of New York et al., 517 U.S. 1 (1996)。

33. Daniel O. Price, "A Check on Underenumeration in the 1940 Census," *American Sociological Review 12*, no. 1 (February 1947): 44; Margo J. Anderson, *The American Census: A Social History*, 2nd ed. (New Haven, CT: Yale University Press, 2015), 201

34. 隨機化（洗牌或混合）是保證樣本具代表性最容易的方法。實務上，現代統計抽樣理論所有錯綜複雜之處，都是因為我們無法輕易（或以低成本）從隨機化的母體裡抽樣，例如一鎮的居民。

35. Anderson, *The American Census*, 176–179; David Card, "Origins of the Unemployment Rate: The Lasting Legacy of Measurement Without Theory," *American Economic Review* 101, no. 3 (2011): 552–557

36. 事實上，彼得森描述了幾個在魚身上做記號的方法，以及幾種估計魚群母體規模與魚群棲息密度的方法。只不過最具影響力的就是這個雙樣本的「捕捉—再捕捉法」。參閱：C. G. J. Petersen, "Report of the Danish Biological Station to the Home Department," 1895, 12–13, archive.org/details/reportofdanishbi06dans。

37. C. Chandra Sekar and W. Edwards Deming, "On a Method of Estimating Birth and Death Rates and the Extent of Registration," *Journal of the American Statistical Association* 44, no. 245 (March 1949): 101–115。關於抽樣法應用於估計人口，還有時間更早的傳聞。諷刺的是，普查在十九世紀的興起，以及隨之而來對完全統計近乎戀物的崇拜，扼殺了這派思想。參閱：Alain Desrosieres, *The Politics of Large Numbers: A History of Statistical Reasoning*, trans. Camille Naish (Cambridge, MA: Harvard University Press, 1998), 25。關於雙系統估計的步驟拆解範例（沒多久就比此處所描述的複雜得多）：Margo J. Anderson and Stephen E. Fienberg, *Who Counts? The Politics of Census-Taking in Contemporary America* (New York: Russell Sage Foundation, 1999), 61–69。

38. Eli S. Marks, W. Parker Mauldin, and Harold Nisselson, "The Post-Enumeration Survey of the 1950 Census: A Case History in Survey Design," *Journal of the American Statistical Association* 48, no. 262 (June 1953): 220, quote at p. 234.

39. 關於一百三十八個國家的調查：Yacob Zewoldi et al., "Report on the Results of a Survey on Census Methods Used by Countries in the 2010 Census Round," Working Paper, United Nations Statistics Division, 2011, 21–22。 另 參：UN Statistics Division, *Principles and Recommendations for Population and Housing Censuses, Revision 3* (New York: United Nations, 2017), 118–123; UN Department of Economic and Social Affairs Statistics Division, "Post Enumeration Surveys: Operational Guidelines," April 2010。

40. C. Y. Choi, D. G. Steel, and T. J. Skinner, "Adjusting the 1986 Australian Census Count for Under-Enumeration," *Survey Methodology* 14, no. 2 (December 1988): 173–189；亦可參閱：commentary in Anderson and Fienberg, *Who Counts?*, 68。非洲大陸先前進行過幾次事後調查，但是似乎沒有用於調整。參閱：David C. Whitford and Jeremiah P. Banda, "Post-Enumeration Surveys (PES's): Are They Worth It?," Symposium on Global Review of 2000 Round of Population and Housing Censuses: Mid-Decade Assessment and Future Prospects, New York, 2001, unstats.un.org/unsd/demographic/meetings/egm/symposium2001/docs / symposium_10.htm。

41. Anderson, *The American Census*, 155, 213–214; Anderson and Fienberg, *Who Counts?*, 32–34.

42. Anderson, *The American Census,* 218；關於今日具差別性的少計，細節可參閱：William P. O'Hare, *Differential Undercounts in the U.S. Census* (New York: Springer, 2019), chaps. 4–12。

43. O'Hare, *Differential Undercounts in the U.S. Census,* sec. 13.5。關於普查困難群體的概述，參閱：UN Statistics Division, *Principles and Recommendations for Population and Housing Censuses,* 180–182。

44. O'Hare, *Differential Undercounts in the U.S. Census,* secs. 13.7–13.9.

45. 同前注，sec. 13.10。

46. 關於每十年的問卷，請參見普查局的彙整：census.gov/history/www/through_the_decades/questionnaires。

47. US Bureau of the Census, *1960 Censuses of Population and Housing: Procedural History* (Washington, DC: Government Printing Office, 1966), 183.

48. Australian Bureau of Statistics, *Informing a Nation: The Evolution of the Australian Bureau of Statistics 1905–2005* (Canberra: Australian Bureau of Statistics, 2005), 98; Australian Bureau of Statistics, "Aboriginal and Torres Strait Islander Peoples and the Census after the 1967 Referendum," Reflecting a Nation: Stories from the Census, 2011, 5; John Taylor, "Census Enumeration in Remote Australia: Issues for Aboriginal Data Analysis," *Journal of the Australian Population Association* 10, no. 1 (1993): 53–67.

49. Australian Bureau of Statistics, "Aboriginal and Torres Strait Islander Population, 2016"; David Martin et al., eds., *Making Sense of the Census: Observations of the 2001 Enumeration in Remote Aboriginal Australia* (Canberra: ANU Press, 2004), 1, 13.

50. Statistics South Africa, "National Population Census — Final Results Announced,"October 20, 1998, web.archive.org/web/19990420070932/http://www.statssa.gov.za/censuspr/Announcement% 20of% 20Census% 20'96% 20Results.htm.

51. 關於工作旅舍：McNeil, "Who Counts in South Africa? Finally, Everyone." On counting the homeless, see Statistics South Africa, *The People of South Africa,* chap. 2; Brenda Goldblatt, *The Great Counting: The Making of Census '96* (South Africa: Mail & Guardian Television, 1997), youtube.com/watch?v=edkhHe-QOCg。關於附加表格：Marius Cronje and Debbie Budlender, "Comparing Census 1996 with Census 2001: An Operational Perspective," *Southern African Journal of Demography* 9, no. 1 (2004): 69–70。

52. Statistics South Africa, "The People of South Africa: Population Census 1996: Calculating the Undercount in Census '96," 1996.

53. 同前注，17–18。

54. 另一個誤差是抽樣過程沒有隨機化。工作進度落後的普勒托利亞統計人員利用回覆的樣本（而不是全部計數）做了一些初步估計。原則上這應該可行，但由於不是每一省都用同樣的方法編排箱子，結果造成樣本不符合隨機。參考：Statistics South Africa, "The People of South Africa," 11；與樂侯拉的訪談。

55. 與樂侯拉的訪談。

56. Statistics South Africa, "National Population Census — Final Results Announced"; Statistics South Africa, "Census 1998 Results Release Part 01," 1998, youtube.com/watch?v=ARmP3IuicwI.

57. *Preproduction/Location (Census 2010)* (DraftFCB, 2010), adage.com/videos/us-census-bureau-preproduction-location/436; US Census Bureau, "U.S. Census Bureau Announces 2010 Census Population Counts; Apportionment Counts Delivered to President," December 21, 2010, census.gov/newsroom/releases/archives/2010_census/cb10-cn93.html。關於二〇〇〇年普查的擴大觸及細節：D. Sunshine Hillygus, Norman H. Nie, Kenneth Prewitt, and Heili Pals, *The Hard*

Count: The Political and Social Challenges of Census Mobilization. (New York: Russell Sage, 2010)。

58. 葛洛夫斯的話，引用於：US Census Bureau, "U.S. Census Bureau Announces 2010 Census Population Counts"。毛誤差率（gross error rate）是另一項可以剖析這個面向的衡量指標，它將所有被遺漏和錯誤計算的人加總起來（而不是這兩個數字相減）。二〇一〇年的普查，毛誤差率大約是一〇%。參閱：Anderson, *The American Census,* 265。

59. Anderson and Fienberg, *Who Counts?,* chaps. 3–7.

60. 關於國際比較：Zewoldi et al., "Report on the Results of a Survey on Census Methods Used by Countries in the 2010 Census Round," Table 5.1。統計學家對於調整的有力評論：Leo Breiman, "The 1991 Census Adjustment: Undercount or Bad Data?," *Statistical Science* 9, no.4 (November 1994): 458–475。關於分站在這個議題兩邊立場的備受尊崇的統計學家名單：Anderson and Fienberg, *Who Counts?,* 218。

61. US Census Bureau, "U.S. Census Bureau Announces 2010 Census Population." 這個誤差範圍是我自己的判斷。普查局根據事後調查抽樣誤差所估計的少計數範圍大約是一百萬；參閱：Peter P. Davis and James Mulligan, *Census Coverage Measurement Estimation Report: Net Coverage for the Household Population in the United States* (Washington DC: US Census Bureau, 2012)。這些是「已知的未知數」，但「未知的未知數」可能更高。就美國人口的真實數字而論，一個重要的取決關鍵在於對無身分人口的假設，而這個數字據估計是在一千萬到一千三百萬人之間。我們可以合理假設，他們是普查人員、事後調查人員和其他統計機構少計的人口群體；而它的估計值只要有一〇%的變異，影響就是一百萬。

62. Timothy Kennel, "2020 Post-Enumeration Survey: Program Overview," October 19, 2018, census.gov/programs-surveys/decennial-census/2020-census/planning-management/program-briefings/2018-10-19-pmr.html.

63. 關於這個事件複雜的時間線，以下是很好的概述：Hansi Lo Wang and Renee Klahr, "Timeline: The Census Citizenship Question's Unusual Journey to the Supreme Court," National Public Radio, April 23, 2019, npr.org/2019/04/23/710220622/timeline-the-census-citizenship-questions-unusual-journey-to-the-supreme-court。引言摘自：Arturo Vargas, executive director of NALEO Educational Fund, in Justin Elliot, "Trump Justice Department Pushes for Citizenship Question on Census, Alarming Experts," Pro-Publica, December 29, 2017, propublica.org/article/trump-justice-department-pushes-for-citizenship-question-on-census-alarming-experts。關於估計非法移民數的方法論，參閱：Jeffrey S. Passel, "Measuring Illegal Immigration: How Pew Research Center Counts Unauthorized Immigrants in the U.S.," Pew Research Center, July 12, 2019, pewresearch.org/fact-tank/2019/07/12/how-pew-research-center-counts-unauthorized-immigrants-in-us。

64. State of New York v. United States Department of Commerce, No. 18-CV-2921 (JMF) (United States District Court, Southern District of New York January 15, 2019), quotes at p. 245 and p. 98 (paragraph 174).

65. 普查局建議的選項，摘要出處：John M. Abowd, "Technical Review of the Department of Justice Request to Add Citizenship Question to the 2020 Census [Memorandum to Wilbur L. Ross, Jr.]," January 19, 2018, documentcloud.org/documents/4500011-1-18-Cv-02921-Administrative-Record.html#document/p1289。普查局一開始的估計，詳見：J. David Brown et al., *Understanding the Quality of Alternative Citizenship Data Sources for the 2020 Census,* CES 18-38, Center for Economic Studies (Washington, DC: US Census Bureau, 2018), sec. 7。普查局修正的估計值，參閱：J. David Brown et al., "Predicting the Effect of Adding a Citizenship Question to the 2020 Census," *Demography* 56, no. 4 (August 2019): 1173–1194；

成本影響的計算依據：未回覆數每增加一個百分點，就會增加五千五百萬美元的跟進成本。根據一項廣為報導的研究預測，這一題會造成普查報告的西語裔減少六百萬人。然而，這個推論自網路固定樣本調查的數字，反映的是選擇不告知自己是西語裔的回覆者，而不是不做普查的人。整體而言，這項研究的設計由於與普查不同，因此不是非常具有參考價值；參閱：Matthew A. Baum et al., "Estimating the Effect of Asking About Citizenship on the U.S. Census," Shorenstein Center Discussion Paper, Harvard Kennedy School, April 2019。整體來說，各項獨立研究當中，沒有哪一項特別有說服力。真正的測試應該是普查局預計在二〇一九年夏天進行的普查測試。那項測試的初步報告顯示（相當出乎意外），這個問題對於自主回覆並不具整體的影響力。截至本書寫作之時，完整的報告還沒有發布。參閱：Victoria A. Velkoff, "2019 Census Test Preliminary Results," Random Samplings (blog), US Census Bureau, October 31, 2019, census.gov/newsroom /blogs/randomsamplings/2019/10/2019_census_testpre.html。

66. 關於普查裡的公民身分題，一個實用的彙總：Hansi Lo Wang and Renee Klahr, "See 200 Years of Twists and Turns of Census Citizenship Questions," National Public Radio, April 23, 2019, npr.org/2019/04/23/630562915/see-200-years-of-twists-and-turns-of-census-citizenship-questions。歷史說的反對者也言過其實，辯稱（多少不夠坦白）公民身分題不曾拿來問每一個人。定義上來說，這是事實，但這只是因為公民身分題多年以來都是國外出生題的追問題。這種「跳躍邏輯」之所以可以採用，是因為美國的公民身分採用出生地原則，所以只有國外出生的人有可能是非公民。普查仍然對每個人蒐集這項資訊。

67. UN Statistical Division, "Recommended Core Topics ('Principles and Recommendations for Population and Housing Censuses') and Their Implementation in the 2010 Census Round," November 2, 2010, unstats.un.org/unsd/demographic/sources/census/wphc/Census_Clock/CountriesPerTopic.pdf; UN Statistics Division, *Principles and Recommendations for Population and Housing Censuses,* 191.

68. Department of Commerce v. New York, 588 US ___ (2019).

69. 關於選區重劃的法律現況，參閱：Wendy R. Weiser and Thomas Wolf, "Why the Census Asking About Citizenship Is Such a Problem," Brennan Center for Justice (blog), March 27, 2018, brennancenter.org/blog/why-census-asking-about-citizenship-such-problem。二〇一九年三月，這個已經相當錯綜複雜的故事又多了一個新曲折：有個名叫史黛芬妮·侯費勒（Stephanie Hofeller）的女子，她的父親是一名最近辭世的共和黨策士，但父女關係疏遠。她在父親的遺物裡發現一塊硬碟，裡頭的電子郵件似乎能證實這個理論。這則新聞是在最高法院言辭辯論之後、宣判之前爆發，因此有些觀察家猜測，案件的判決可能因此轉向。參閱：Charles Bethea, "A Father, a Daughter, and the Attempt to Change the Census," *New Yorker,* July 12, 2019, newyorker.com/news/news-desk/a-father-a-daughter-and-the-attempt-to-change-the-census；關於對最高法院判決可能的影響：Joan Biskupic, "Exclusive: How John Roberts Killed the Census Citizenship Question," CNN Politics, September 12, 2019, cnn.com/2019/09/12 /politics/john-roberts-census-citizenship-supreme-court/index.html。

70. Elizabeth Warren, Twitter, June 27, 2019, twitter.com/ewarren/status/1144292363587719168。二〇一九年七月的調查顯示，八七％自認是共和黨選民的人支持問這個問題，而民主黨選民的支持者只有三一％。參閱：YouGov, "The Economist/YouGov Poll: June 30–July 2, 2019," 2019, table 21。

71. 關於二〇二〇年的預期自主回覆率，參閱：US Census Bureau, "2020 Census Life-Cycle Cost Estimate: Executive Summary (Version 1.0)," December 21, 2017, 15, census.gov/programs-surveys/decennial-census/2020-census/planning-management/planning-docs/cost-estimate.html。關於二〇一〇年的自主回覆率：Earl Letourneau, "Mail Response/Return Rates

注釋　363

Assessment," US Census Bureau, May 30, 2012, 14。關於年輕人的觸及：Tim Henderson and Alayna Alvarez, "How the Census Will Reach the New Urban Millennials," Stateline (blog), February 13, 2019, pewtrusts.org/en/research-and-analysis/blogs/stateline/2019/02/13/how-the-census-will-reach-the-new-urban-millennials。

72. Andrew Anglin, "Stormers: It's Time to Get a Job at the Census Bureau and Report Illegals to ICE!," Daily Stormer (blog), May 30, 2019；另參：reporting in Chris Hamby, "Census at Risk from Glitches and Attackers," *New York Times,* July 5, 2019, New York edition, sec. A。

73. 包含二〇二〇年的長程預測，參閱：US Census Bureau, Population Division, "Projected Population Size and Births, Deaths, and Migration: Main Projections Series for the United States, 2017–2060," September 2018, census.gov/programs-surveys/popproj.html。截至二〇二〇年之前、但不包括二〇二〇年的短程預測，可參閱：US Census Bureau, Population Division, "Table 1. Monthly Population Estimates for the United States: April 1, 2010 to December 1, 2019 (NA-EST2018-01)," December 2018, census.gov/newsroom/press-kits/2018/pop-estimates-national-state.html。根據過去的經驗，更新的預測可能會在二〇一九年十二月發布。

74. 這一幕大致是參考以下所寫成：Jackie Barocio, Ann Hollingshead, and Nick Schroeder, *The 2020 Census: Potential Impacts on California* (Sacramento: California Legislative Analyst's Office, 2018)。

75. 關於機率，參閱：Ian Hacking, *The Emergence of Probability: A Philosophical Study of Early Ideas about Probability, Induction and Statistical Inference,* 2nd ed. (Cambridge, UK: Cambridge University Press, 2006)；另參：Ian Hacking, *The Taming of Chance,* Ideas in Context (Cambridge, UK: Cambridge University Press, 1990)。關於統計學：Desrosieres, *The Politics of Large Numbers*。

76. Oryem Nyeko, "Tanzania Drops Threat of Prison Over Publishing Independent Statistics," Human Rights Watch, July 3, 2019, hrw.org/news/2019/07/03 /tanzania-drops-threat-prison-over-publishing-independent-statistics.

77. 美國政府上下的例子，參閱：Michael Lewis, *The Fifth Risk* (New York: W. W. Norton, 2018)（注：《第五風暴》，早安財經出版）。

78. Statistics South Africa, ed., *Census 2001: Post-Enumeration Survey: Results and Methodology,* Report / Statistics South Africa, no. 03-03-17 (2001) (Pretoria: Statistics South Africa, 2004).

第 7 章 透明的公民

1. Department of Economic and Social Affairs Statistics Division, "2020 World Population and Housing Census Programme: Census Dates for All Countries," United Nations Statistics Division, May 27, 2016, unstats.un.org/unsd/demographic/sources/census/censusdates.htm. 關於二十四億一千萬的月活躍用戶（也就是一個月至少上站一次的用戶），統計資料參閱："Company Info," Facebook.com, newsroom.fb.com/company-info, accessed September 17, 2019。

2. "Facebook on Top but Instagram and Pinterest Growing Fastest," Roy Morgan Research, May 17, 2019, roymorgan.com/findings/7979-social-media-trends-march-2019-201905170731; Andrew Perrin and Monica Anderson, "Share of U.S. Adults Using Social Media, Including Facebook, Is Mostly Unchanged Since 2018," Pew Research Center, April 10, 2019, pewresearch.org/fact-tank/2019/04/10/share-of-u-s-adults-using-social-media-including-facebook-is-mostly-unchanged-since-2018/. 關於臉書的貨幣發行，參見：Harriet Agnew, "France Says It Will Not Support Libra's Development in Europe," *Financial Times,* September 12, 2019, ft.com/content/6d414606-d549-11e9-a0bd-ab 8ec 6435630。

3. UN Statistics Division, *Principles and Recommendations for Population and Housing Censuses, Revision 3* (New York: United Nations, 2017), 175–176.

4. 這還不包括州、市和公民社團為了鼓勵參與的支出。二〇二〇年估計值的出處：US Government Accountability Office, "High-Risk Series: Substantial Efforts Needed to Achieve Greater Progress on High-Risk Areas," March 2019, 134。美國的歷史估計值，出處：Margo J. Anderson, *The American Census: A Social History,* 2nd ed. (New Haven, CT: Yale University Press, 2015), 274–275。其他估計值的出處：Morten Jerven, "Benefits and Costs of the Data for Development Targets for the Post-2015 Development Agenda," Post-2015 Consensus, Copenhagen Consensus Center, September 16, 2014, 34–36 (inflated using BLS CPI)。

5. 當然，後來有人要求刪減美國國家氣象局的資金；參閱：Michael Lewis, *The Fifth Risk* (New York: W. W. Norton, 2018)。關於大型強子對撞機：Alex Knapp, "How Much Does It Cost to Find a Higgs Boson?," *Forbes,* July 5, 2012, forbes.com/sites/alexknapp/2012/07/05/how-much-does-it-cost-to-find-a-higgs-boson。關於科學的類比，更多詳情：Kenneth Prewitt, "Science Starts Not After Measurement, but with Measurement," *Annals of the American Academy of Political and Social Science* 631, no. 1 (September 2010): 7–16。美國的市場研究支出占全球市場研究支出（四百六十億億美元）的四四％，也相當於二〇一七年 GDP（大約是二十兆美元）的〇‧一％左右。參閱：American Marketing Association, "Market Research Is up in the U.S. but Down in the EU," AMA Marketing News (blog), October 16, 2018, medium.com/ama-marketing-news/market-research-is-up-in-the-u-s-but-down-in-the-eu-e857c9a6eef4。

6. Office of National Statistics (UK), "2011 Census Benefits Evaluation Report,"ons.gov.uk/census/2011census/2011censusbenefits/2011censusbenefitsevaluationreport, accessed June 30, 2019; Northern Ireland Statistics and Research Agency, "Northern Ireland Census 2011 Benefits Realisation Report," January 2018; Carl Bakker, "Valuing the Census," Statistics New Zealand, July 2014, stats.govt.nz/assets/Research/Valuing-the-Census/valuing-the-census.pdf; Bruce D. Spencer et al., "Cost-Benefit Analysis for a Quinquennial Census: The 2016 Population Census of South Africa," *Journal of Official Statistics* 33, no. 1 (March 1, 2017): 249–274; Lateral Economics, "Valuing the Australian Census," August 27, 2019, lateraleconomics.com.au/wp-content/uploads/LE-Census-Report-ABS-Full-Final.pdf.

7. Christopher Hope, "National Census to Be Axed After 200 Years," *Daily Telegraph* (London), July 10, 2010.

8. Murray Jack and Connie Graziadei, "Report of the Independent Review of New Zealand's 2018 Census," New Zealand Government, July 2019, quote at p. 10.

9. 引言與數字出自：Aarian Marshall, "The Tragedy of Canada's Census," Citylab (blog), February 26, 2015, citylab.com/equity/2015/02/the-tragedy-of-canadas-census/385846/; "Prime Minister Trudeau Brings Back the Long Form," Census, CBC News, November 5, 2015, cbc.ca/news/prime-minister-trudeau-brings-back-the-long-form-census-1.3305924。

10. US Census Bureau, "American Community Survey: Design and Methodology Report (Version 2.0)," January 30, 2014; US Census Bureau, "American Community Survey: Information Guide," October 2017.

11. 二〇一九年七月二十六日與 Kenneth Prewitt 的訪談。法國已經往這個方向發展，而且更進一步，完全取消定期普查，只依靠滾動式的調查蒐集人口資料。不過，這種純抽樣方法相當難以保證準確度，省下的開銷也不如預期。

12. John M. Abowd, "Technical Review of the Department of Justice Request to Add Citizenship Question to the 2020 Census [Memorandum to Wilbur L. Ross, Jr.]," January 19, 2018, sec. C.2, documentcloud.org/documents/4500011-1-18-Cv-02921-Administrative-Record.html#document/

p1289.

13. Michel Poulain and Anne Herm, "Le registre de population centralise, source de statistiques demographiques en Europe," trans. Roger Depledge, *Population (English edition)* 68, no. 2 (2013): 183–221; Kees Prins, *Population Register Data, Basis for the Netherlands Population Statistics,* Bevolkingstrends (The Hague: Statistics Netherlands, 2017), cbs.nl/-/media/_ pdf/2017/38/population-register-data.pdf.

14. Poulain and Herm, "Le registre de population centralise," table 2; Ian White, "Overview of the 2010 Round of Population and Housing Censuses: Regional Perspectives— UNECE Region (ESA/STAT/AC.277/P2)," October 29, 2013, unstats.un.org/unsd/demographic/meetings/ egm/NewYork/2013/list_of_docs .htm, slide 6; Enver Tasti and Meryem Demirci, "Changing the System from Traditional Census to Register Base Census in Turkey," 57th Session of the International Statistical Institute, Durban, 2009, unstats.un.org/unsd/demographic/meetings/ egm/NewYork/2013/list_of_docs .htm, slide 6; Enver Tasti and Meryem Demirci, "Changing the System from Traditional Census to Register Base Census in Turkey," 57th Session of the International Statistical Institute, Durban, 2009, unstats.un.org/unsd/censuskb20/ KnowledgebaseArticle10647.aspx; C. Chandramouli, "National Population Register (NPR) in India — A Step Towards Register Based Census," 57th Session of the International Statistical Institute, Durban, 2009, unstats.un.org/unsd/censuskb20/KnowledgebaseArticle10646.aspx.

15. Anders Wallgren and Britt Wallgren, *Register-Based Statistics: Administrative Data for Statistical Purposes,* Wiley Series in Survey Methodology (Hoboken, NJ: John Wiley & Sons, 2007); "Publishing Calendar," Statistics Sweden, scb.se /en/finding-statistics/publishing-calendar/?prodKod=BE0101, accessed September 24, 2019. 某些狂熱的政策專家圈把「瑞典行政資料」奉為一種聖物，例如；Jeff Stein, "The Weeds: Examining Some Exciting Swedish Administrative Data," *Vox,* May 27, 2016, vox.com/2016/5/27/11795960/the-weeds-swedish-data-paper。

16. US Census Bureau, "Geographical Mobility: 2017 to 2018," November 2018, census.gov/data/ tables/2018/demo/geographic-mobility/cps-2018.html, table 1. 在美國，有些群體面臨強制登記住址規定，例如移民、領照駕駛人和兵役登記適齡男子。就算是通常來說穩定的屬性也有可能變動：變性和改變種族身分認同的人就對瑞典的制度構成挑戰。

17. 關於社會安全號碼擴張的用途，參閱：*Report to Congress on Options for Enhancing the Social Security Card* (Washington, DC: Social Security Administration, 1997), chap. 2。關於社會安全號碼自動登記，參閱：Patricia P. Martin, "Why Researchers Now Rely on Surveys for Race Data on OASDI and SSI Programs: A Comparison of Four Major Surveys," *Research and Statistics Note,* Social Security Administration, January 2016, ssa.gov/policy/docs/rsnotes/ rsn2016-01.html。關於加拿大的社會保險號碼，參見："Protecting Your Social Insurance Number," Office of the Privacy Commissioner of Canada, July 2017, priv.gc.ca/en/privacy-topics/sins-and-drivers-licences/social-insurance-numbers/protecting-your-social-insurance-number。

18. Roger Clarke, "Just Another Piece of Plastic for Your Wallet: The 'Australia Card' Scheme," *Prometheus* 5, no. 1 (June 1987): 29–45; Alan Gelb, Anit Mukherjee, and Kyle Navis, "What India's Supreme Court Ruling on Aadhaar Means for the Future," Center for Global Development (blog), September 26, 2018, cgdev.org/blog/what-india-supreme-court-ruling-aadhaar-means-future.

19. Helen Mason Kiefer, "Do Americans Want National ID Cards?," Gallup (blog), July 9, 2002, news.gallup.com/poll/6364/americans-want-national-cards.aspx; Alan Travis, "ID Cards Scheme

to Be Scrapped Within 100 Days," *Guardian* (London), May 27, 2010, theguardian.com/politics/2010/may/27/theresa-may-scrapping-id-cards.

20. New York State Department of Health, "Health Insurance Application for Children, Adults and Families (DOH-4220-I 3/15)," health.ny.gov/forms/doh-4220.pdf, accessed July 16, 2019.

21. "Rashi's Commentary on Exodus 30:12," translated by M. Rosenbaum and A. Silbermann, Sefaria, September 17, 2019, sefaria.org/Rashi_on_Exodus.30.12.

22. 關於美國的隱私權規範，參閱：Sarah Elizabeth Igo, *The Known Citizen: A History of Privacy in Modern America* (Cambridge, MA: Harvard University Press, 2018), chap. 6。關於國際的同類例子：Organisation for Economic Co-operation and Development, *Thirty Years after the OECD Privacy Guidelines* (Paris: OECD, 2011), 15–17。關於美國制度的不適切：US General Accounting Office, "Privacy Act: OMB Leadership Needed to Improve Agency Compliance," June 2003。

23. Deutsche Welle staff, "East German Stasi Had 189,000 Informers, Study Says," Deutsche Welle (blog), March 11, 2008, p.dw.com/p/DMQg.

24. "Apartheid with Chinese Characteristics," *Economist,* May 31, 2018, economist.com/briefing/2018/05/31/china-has-turned-xinjiang-into-a-police-state-like-no-other.

25. 同前注；"China's Vanishing Muslims: Undercover in the Most Dystopian Place in the World," Vice News, 2019, youtube.com/watch?v=v7AYyUqrMuQ; Darren Byler, "China's Hi-Tech War on Its Muslim Minority," *Guardian* (London), April 11, 2019, theguardian.com/news/2019/apr/11/china-hi-tech-war-on-muslim-minority-xinjiang-uighurs-surveillance-face-recognition; "China: Big Data Fuels Crackdown in Minority Region," Human Rights Watch, February 26, 2018, hrw.org/news/2018/02/26/china-big-data-fuels-crackdown-minority-region。

26. Darren T. Byler, "Spirit Breaking: Uyghur Dispossession, Culture Work and Terror Capitalism in a Chinese Global City" (PhD dissertation, University of Washington, 2018), 260–272; "The Race Card," *Economist,* September 3, 2016, economist.com/china/2016/09/03/the-race-card.

27. 關於嘗試「監視那些監視者」（watch the watchers），個人記述：Julia Angwin, *Dragnet Nation: A Quest for Privacy, Security, and Freedom in a World of Relentless Surveillance* (New York: Times Books, Henry Holt, 2015), chap. 6。

28. 誠如前美國普查局長葛洛夫斯對我說的：「如果你從事十年一度的普查工作，而你難以接受遲來的感謝，那麼你應該改行。」

清點每一個人

分類、標籤與認同，
人口普查如何定義國家與你我身分

The Sum of the People:
How the Census Has Shaped Nations, from the Ancient World to the Modern Age

作者：安德魯‧惠特畢(Andrew Whitby)｜譯者：周宜芳｜主編：鍾涵瀞｜編輯協力：徐育婷｜企劃：蔡慧華｜視覺：白日設計、薛美惠｜印務：黃禮賢、林文義｜社長：郭重興｜發行人兼出版總監：曾大福｜出版發行：八旗文化／遠足文化事業股份有限公司｜地址：23141新北市新店區民權路108-2號9樓｜電話：02-2218-1417｜傳真：02-8667-1851｜客服專線：0800-221-029｜信箱：gusa0601@gmail.com｜臉書：facebook.com/gusapublishing｜法律顧問：華洋法律事務所 蘇文生律師｜出版日期：2021年12月／初版一刷｜電子書EISNB：9789860763621（EPUB）、9789860763614（PDF）｜定價：550元

國家圖書館出版品預行編目(CIP)資料

清點每一個人：分類、標籤與認同，人口普查如何定義國家與你我身分／安德魯‧惠特畢(Andrew Whitby)著；周宜芳翻譯. -- 初版. -- 新北市：八旗文化出版：遠足文化事業股份有限公司發行, 2021.12

368面；16×23公分

譯自：The sum of the people : how the census has shaped nations, from the ancient world to the modern age

ISBN 978-986-0763-64-5 (平裝)

1.人口普查 2.歷史

515   110018805